现代主义

UNREAD

群星闪耀

咖啡馆、酒馆及其他灵感聚集地

CREATIVE GATHERINGS: MEETING PLACES OF MODERNISM

[美] 玛丽·安·考斯 Mary Ann Caws —————— 著　连汀 ———— 译

北京联合出版公司
Beijing United Publishing Co.,Ltd.

目录

前言：一条聚集的线索

线索的盛事

——安妮·阿尔伯斯[1]

人们究竟是基于何种原则，选择把一些事物归聚到一起，尤其是事关聚集本身时？论及"聚集"时，我们应该如何称说如此多的艺术家和作家聚居地，还有遍地开花、逐年增长的画室、学校和书店？创意团体正是在这些地方聚集，围绕一张桌子或一个想法，相同或相异观点频频交会。我们又该如何绘制现代主义的地图？

至关重要的是，不同于那种艺术集群目录，比如经多人调研编纂而成的《艺术家及作家聚居地：创意工作者的隐居、静修与栖息之地》（*Artists and Writers Colonies: Retreats, Residencies, and Respites for the Creative Mind, 2000*）[2]，本书对于聚集的群落采取的是私人化的视角。大体而言，极具创造性的群体可以用一条集中的线索串联起来：一群数量不定，大致有相同话题、生活方式、工作甚至思维习惯的人，他们的聚集可能会赋予所有参与者全新的、不同于他们各自生存方式的想象力与决心。我对这一话题的最初想法与集会有关。集会可大可小，通常都围绕一张圆桌展开，目的是维系某种身体或精神上的需求。集会也许是出于习惯，也许是临时起意，但它必将涉及一种转移，即激动人心的对话从象征物质需求的桌面转移到画布、纸张或乐谱之上：从桌子到画面、文本等。

关于这些聚居地的叙述大不相同，而差异本身就足够吸引人。冲突——比如相互矛盾的报告——值得玩味，而非懊恼。聚集在一起的创意工作者之间紧张的人际关系，有时候会因艺术家的性

左页：让-弗朗索瓦·拉法埃利《咖啡馆的波希米亚人》（*Bohemians at the Café*），1885 年，粉蜡

格冲突而变得格外激烈，但这种关系毫无疑问是极其重要的。

鉴于这份清单记录了 19 世纪至今的社交模式，就必定需要一条穿引的线索。因此，我会重点强调那些我有过私人接触、回忆和联系的聚会地点。这些接触有的是基于家庭联结，有的是出于职业需要，有的是多年以来萦绕在我脑际的研究议题，还有的是对这个议题的回归。请允许我引用马丁·杜伯曼的一句话，他对黑山学院历史的描述方式同样适用于我："我认为，是时候让历史学家把他们的性格和名字都写入书中了。"[3] 我很感激能有这样一个机会，向这些聚会场景致敬。关于这些场景的回忆常常涌上我的心头，而它们留在文化地图和文化历史上的影响如此之大，远非个人和群体兴趣所能及。这些聚会的影响将持续存在。

圆桌谈话

当然了，一段谈话，无论其形式或氛围如何，都是活跃和鼓舞艺术生命的核心：与其他创意生灵交流共事，正是这本书的关键——可惜这些场景无法再现，只能大致还原。这一限制在我看来却有着积极意义，我是一个想象主体，而非誊写员。这已经为我们的讨论涉及的内容设定了界限。我面临的诱惑很多，其中之一便是基于一生的印象，去描述发生在画室、书店、会议厅、研讨室、图书馆大厅，或那些同样重要的定期或临时集会场所中的种种场景。

请允许我暂不铺陈，仅举几个例子。说到巴黎的书店，我们可能首先会想到"书友之家"，这是阿德里安娜·莫尼耶于 1915 年在奥德翁路开设的图书馆兼书店。后来在 1919 年，莫尼耶与她形影不离的伴侣西尔维娅·毕奇合并了生意，正是后者创办了大名鼎鼎的莎士比亚书店，并在 1920 年将书店从迪皮特朗路 8 号搬到了位于奥德翁路 12 号的一块更大的地盘。好几代作家都受到了这二人的款待和滋养，包括米娜·罗伊、布莱尔（安妮·威妮弗雷德·埃勒曼）、希尔达·杜立特尔、珍妮特·弗兰纳、朱娜·巴

亨利·方丹－拉图尔《巴迪侬画室》（*A Studio at Les Batignolles*），1870 年，布面油画

恩斯，不用说，还有娜塔莉·巴尼。格特鲁德·斯坦因在这里待多久都不嫌够，她写信给弗朗西斯·斯泰洛夫——后者于 1920 年创办了高谈书集书店，即纽约版的莎士比亚书店——信中说："我们都在这儿，这是再自然不过的事了。"[4]

至于我们想讨论的咖啡馆，恐怕要从格拉纳达彼时的阿拉梅达咖啡馆说起。从 20 世纪 20 年代开始的十五年间，诗人费德里科·加西亚·洛尔迦就是在这里聚集起了年轻的文学团体"小角落"。他会选择角落里的一张桌子，大声朗读他的作品。或者我们可以从马德里的奇科特酒吧说起——路易斯·布努埃尔一生中曾多次回到这家酒吧拍摄电影。再或者，我们可以从庞波咖啡馆说起，早在学生时代，布努埃尔、达利和洛尔迦就常常在这里相聚。洛尔迦同样会在这里大声朗读他的戏剧，三个人不止一次地一致同意其中一幕"狗屁不通"。[5] 这些咖啡馆就是这样，而这也是我想赞美的精神。围绕圆桌展开的谈话活泼生动，丝毫没有学究气。

19 世纪 60 年代的巴黎，克利希大街上的托尔托尼咖啡馆和盖尔波瓦咖啡馆十分红火。盖尔波瓦咖啡馆有两间长屋，刚好能容纳下巴迪侬团体的成员。这一团体的核心成员是爱德华·马奈，

费德里科·加西亚·洛尔迦（左）和萨尔瓦多·达利在西班牙卡达克斯

此外还包括亨利·方丹－拉图尔画中的那些艺术家，他们常常选择周日和周四聚在咖啡馆。［我们还记得拉图尔画的那幅《致敬德拉克洛瓦》（*Homage to Delacroix*，1864），画中詹姆斯·惠斯勒正居中间，尽管这与画作标题并不相符。］这些聚会场地成了他们的大本营，至于聚会给他们带来的是恼怒还是自豪，我们就不得而知了（估计两者都有）。若能知晓，想必很有趣。比如马奈为盖尔波瓦的主人画了一幅画，名叫《好酒》（*Le Bon Bock*，1873），但不知道这幅画获得了怎样的回应。这一团体中其他著名人物包括皮埃尔－奥古斯特·雷诺阿、弗雷德里克·巴齐耶、惠斯勒本人、莫奈、塞尚、摄影师纳达尔（本名加斯帕德－费利克斯·图尔纳雄），

亨利·方丹－拉图尔
《致敬德拉克洛瓦》
（Homage to Delacroix），
1864 年，布面油画

还有作家埃米尔·左拉和西奥多·庞维勒。

三十年后，莫奈仍念念不忘这群神采奕奕的伙伴，写下了这一聚集的魔力：

> 没有什么能比这些谈话更加有趣的了，他们的观点永远在碰撞。你的头脑会保持机警，你会想诚心诚意、不偏不倚地做调研，你被源源不断的激情包围，可以连续工作好几周，直到脑海中的那个项目确定成形。你离开咖啡馆的时候，觉得自己变得硬实，已经准备好应战，意志坚定，目标明确，头脑清晰。[6]

位于皮加勒广场的新雅典咖啡馆，则聚集了许多印象派画家，包括马蒂斯、梵高和德加。德加的《苦艾酒》（L'Absinthe，1875—1876）正是取景于此。

埃里克·萨蒂（Erik Satie）——原名"Eric"，他名字里的字母"k"正反映了这位天才的古怪，他会一次性购买七件灯芯绒套装——在这家咖啡馆里弹钢琴，也正是在这里遇见了年轻的莫里斯·拉威尔。超现实主义者相聚在白色广场上的西哈诺咖啡馆，关于这家咖啡馆，后文还会详谈，但它的精神应在这里得到欢颂。

正如塞巴斯蒂安·斯密在《竞争的艺术》（*The Art of Rivalry*）中所说，每一个团体都有自己的等级秩序。马奈是巴迪侬团体的非正式领导，而年纪较小的德加则很少坐下来，总是在后面的台球厅里来回踱步，并且"喜欢突然从外面冲过来，扔下几句辛辣尖刻的评论，令人拍案叫绝"。[7] 读者只要对德加反犹、反对德雷福斯[1]的故事有所耳闻，知道他既不喜欢孩子也无法忍受鲜花，就会立刻认出 1919 年保尔·瓦莱里的《与泰斯特先生夜叙》（*La Soirée avec Monsieur Teste*）文中的那位反英雄人物。德加拒绝承认该作是题献给他的，可他明显就是标题里的那位"头先生"（Mr Head）。他激辩说："愚蠢不是我的特长。"这的确不是他的特长，但他还有不少别的显眼之处。

若利斯－卡尔·于斯曼在他最近再版的文章《咖啡馆常客》（*Les Habitués de Café*）中，精彩地描述了那些经常光顾咖啡馆的人，也提到了他们常去闲荡的原因以及咖啡馆的布置：

> 有一些酒饮在咖啡馆之外的任何地方饮用，都会失去酒饮本身的独特之处，失去它的味道和香气，失去它存在的意义。这些酒在自己家或者朋友家里会变得虚伪，几乎粗俗得令人厌恶……所有被酒毁坏肠胃的人都会承认，这些开胃酒的最终结果其实是倒人胃口，然而即便如此，对于那些曾经站在

---

[1]　德雷福斯，犹太裔军官，于 1894 年被构陷犯有间谍罪和叛国罪而遭流放，四年后真正的罪犯被发现但未能翻案，直到 1906 年最高法院才判定德雷福斯无罪。在此期间，社会各界纷纷呼吁为德雷福斯平反，其中就包括著名作家左拉。

让－路易·福兰《新雅典咖啡馆》(*The Café Nouvelle Athènes*)，1877 年，蚀刻版画

肮脏的大理石桌台前心不在焉饮酒的人，开胃酒却是必须的。这些人每天都定时回来，灌酒下肚。当然，他们完全可以在任意一个酒商那里买到这些腐蚀性的液体，甚至价格更便宜，质量也更好；他们也完全可以坐在家里，用更舒适的方式品酒。但公共空间的魅力令他们着迷，而咖啡馆的神秘之处也就此展开……

　　这些咖啡馆仿佛来自另一个时空，即便是这个动荡的世纪也无法将它们撼动。它们坐落在巴黎，在塞纳河的左岸，这里的街区散发着神圣又亲昵、古老又温柔的气息。在第

六行政区的边缘地带，聚集着牧师和图书装订工、书店和宗教画的商贩，而咖啡馆的常客聚集在这里，按自己的风格创造出了这些小餐馆，里面无人玩闹，几乎无人说话，在这里，人们的行为举止就像是身处一个老寡妇的陈旧客厅[8]。

发展中的艺术聚集地

不同国籍的艺术家会涌向特定的艺术聚集地。我们知道在沃普斯韦德的艺术家大部分是美国人和英国人，当然也有德国人；圣艾夫斯和格雷有很多美国人和斯堪的纳维亚人；而聚集在蓬塔旺的是英国人、瑞典人和丹麦人，据称那里曾有四五十位不同国籍的画家。

当时，先锋派小众出版圈中的人士为了聚会或阅读，都会聚集在美术馆、沙龙和私人住所，例如阿尔弗雷德·克兰伯格在新泽西里奇菲尔德的住所，即著名的格兰特·伍德艺术聚集地，与杂志《里奇菲尔德一伙》（*Ridgefield Gazook*）有关的成员就在那里聚集；阿尔弗雷德·斯蒂格利茨的朋友喜欢聚在纽约的艺术画廊291；梅布尔·道奇的沙龙则聚集了《小评论》（*Little Review*）的妇女参政权论者、女权主义者、无政府主义者和社会主义者。位于西67街33号的艺术家工作室是沃尔特·艾伦斯伯格和路易丝·艾伦斯伯格的家，也是《盲人》（*The Blind Man*）杂志的大本营，在那里你随时可以找到如星光般璀璨的艺术家和诗人：米娜·罗伊、阿瑟·克拉凡、杜尚、"男爵夫人"艾莎·冯·弗雷塔格–洛林霍文、查尔斯·德穆斯、曼·雷、莫顿·尚伯格、查尔斯·德穆斯、约瑟夫·斯特拉、马里厄·德·扎亚斯、让·克罗蒂、华莱士·史蒂文斯、朱丽叶特·若什、阿尔伯特·格列兹、弗朗西斯·毕卡比亚、加布丽尔·布菲–毕卡比亚。

艺术聚集地通常会有一个主导力量，例如欧洲和美国的许多艺术聚集地都有著名的个人或小团体：巴比松和米勒相关，蓬塔旺先是和罗伯特·怀利有关，后来自然是与高更相关，普罗温斯敦则是和查尔斯·韦伯斯特·霍桑有关；20世纪40年代，亚利桑那州的塞多纳总是与马克斯·恩斯特和多萝西娅·坦宁联系在一起，许多艺术家从欧洲远道而来，比如亨利·卡蒂埃-布列松和伊夫·唐吉；在新罕布什尔州的彼得伯勒，爱德华·麦克道威尔的妻子玛丽安·麦克道威尔受到了罗马美国学院的启发，创办了"麦克道威尔艺术村"；康涅狄格州弗罗伦斯·格里斯沃德别墅的关键人物是贝丝·波特·凡诺和罗伯特·凡诺；1907年的莱姆艺术村与托马斯·科尔、弗兰克·杜蒙德密不可分；20世纪早期的圣菲艺术村与杰拉德·卡西迪相关；黑山学院则和查尔斯·奥尔森相关。

远离尘嚣之地对人们有巨大的吸引力，直到现在也是如此。最好的例子莫过于缅因州孟希根岛上的那个泥泞偏远的小渔村，那里是罗伯特·亨利、爱德华·霍普、乔治·贝洛斯和洛克威尔·肯特逗留的好去处。在美国和欧洲，沿海村庄艺术聚集地的数量迅速增加，人们热情追捧，不仅因为美景，也因为地处偏远。于是法国出现了翁弗勒尔、杜瓦讷内，还有牡蛎乱蹦的康卡勒；美国新英格兰地区的傍水胜地则包括科斯科布和特鲁罗。

有桌之地

如我们所知，聚会之地多种多样，其间摆放的桌子也各不相同，有真实的也有假想的。一群人可能会定期或偶尔聚集在这些桌子周围，不管桌面上摆的是什么东西，是液体还是固体，艺术家都会从相聚中汲取能量，然后将其运用于其他水平或竖直的平面——不论是画架还是乐器、写字桌还是纸张，这种能量将成为创作的物质基础。

其他一些更具挑战性的聚会场所，虽然也保持着特定的仪式和等级秩序，参与者却是不断变动着的，比如纽约市那几个传说中的酒吧、餐厅和演出场所。过去有名的聚会场所包括马克斯的

位于巴黎蒙帕纳斯大道的丁香园咖啡馆，夏尔·波德莱尔、奥斯卡·王尔德、埃米尔·左拉和塞缪尔·贝克特等人曾光顾此地

堪萨斯城俱乐部，安迪·沃霍尔曾在那里的里间举办过展览；聚集了抽象表现主义者和其他艺术家的雪松酒馆；还有最近的巴雷什尼科夫艺术中心和"红鱼"表演中心，那里有可以围坐的小桌子，还有各式表演者和节目。人们可以交流分享，也可以什么都不做。

　　2017年，在"红鱼"，一群颇具修养的奥利维埃·梅西安[1]爱好者，将日本钢琴家木川贵幸的演出票抢购一空。木川贵幸演奏了《鸟志》（Catalogue d'Oiseaux，1956—1958）这一杰出作品，该乐曲阐释了77种鸟叫声，也糅合了他对能听到鸟鸣的这些法国地区的理解，包括埃克兰山、布列塔尼菲尼斯泰尔省的一个小岛、普罗旺斯的莱博和阿尔皮勒山。环顾四周这些先锋音乐信徒，对他们很多人来说，来"红鱼"已经成为一种仪式，就像爵士乐爱好者相聚在"蓝色音符"一样。我不由得想起库尔特·施维特斯那同样让人望而生畏的乐章《原始奏鸣曲》（Ursonate，1922—1932），完全是由对鸟声和其他声音的模仿写就的。在参加这场纪

[1]　奥利维埃·梅西安（1908—1992），法国作曲家、风琴家及鸟类学家，20世纪代表性作曲家之一，他的音乐中常出现鸟鸣的声音。下文中提到的《鸟志》即梅西安的作品。

念梅西安的音乐会时，我发现与其说聆听是为了辨识出高山红嘴山鸦、金色黄鹂、黄褐色猫头鹰和森林云雀的叫声，不如说是为了倾心感受作曲家的诗意文本。七本乐章被逐次介绍，鹬鸟悲伤的啼鸣声在重复中隐去；紧接着，雾气之下的水流退去，发出阵阵溅水声，夜晚徐徐展开。这样的音乐聚会通常都杂糅了声音、视觉与回忆。

我们一再到访的地方，常常会留在记忆中被反复讲述，尽管这些记忆并不会在纸上以文本的形式清晰地呈现。例如，枫丹白露森林附近的巴比松旅馆、玛丽·亨利在普度旅馆（原先是别墅）附近的餐馆或咖啡馆，以及弗罗伦斯·格里斯沃德在旧莱姆的住宅——一群人在那里会面、作画、聊天。大大小小的人群围绕在一张桌子、多张桌子或壁炉和画架周围。在沙龙和画室里，这些群体将滋养不竭的艺术创造力，而这些精神养分与身体摄入的物质养分同等重要。食物大小各异，形状和材料各异，能够满足各种各样的目的。本书的灵感之一源于电影和小说中圆桌聚会的场景，比如《极乐大餐》（*La Grande Bouffe*，1973）、《美食总动员》（*Ratatouille*，2007）和《巴贝特之宴》（*Babette's Feast*，1987）。

这本书并未收录音乐聚会场所，比如德国的达姆施塔特。20世纪50年代初期到60年代初期，达姆施塔特流派相聚在达姆施塔特国际新音乐夏季课程。这一课程由沃夫冈·斯坦纳克于1946年创办，滋养了许多音乐家，比如皮埃尔·布列兹、路易吉·诺诺、莫顿·费尔德曼、卡尔海因茨·斯托克豪森、大卫·图尔多、埃德加·瓦雷兹、捷尔吉·里盖蒂和伊阿尼斯·泽纳基斯的重要作品。时至今日，韦伯恩与梅赛因仍在此地发挥着深远的影响。

相聚"后工作室"

人们总是想象创造者在画室或书房独自工作。比如格伦·古尔德坐在他的矮椅上，弯着腰在键盘上弹奏；又如塞尚在普罗旺斯的房外独自摆弄着他的静物。这种浪漫的想法，有时候需要让位于那些自行组建或被邀成行的团体，比如罗马路上围绕着伟大诗人斯特芳·马拉美的聚会，又如在枫丹白露的美国音乐学院，年轻的钢琴家们围绕杰出的音乐教师娜迪亚·布朗热所形成的团体。不管是过去还是现在，各种学院和机构都是极其重要的。比如朱利安学院设在巴黎的几个分支机构；辗转从德绍到柏林再到芝加哥，一路经历种种转变的包豪斯学院；又如 19 世纪 70 年代的格拉斯哥学院，学院培养了玛格丽特·麦克唐纳、弗朗西丝·麦克唐纳等格拉斯哥女孩，她们也是"四人组"的成员；再如 1882 年成立的格拉斯哥女性艺术家协会，为女性艺术家聚会和展览提供了场地。格拉斯哥男孩则在威廉·约克·麦克格雷戈的工作室会面，他们受到日本版画、法国现实主义和詹姆斯·惠斯勒的影响。而惠斯勒在伦敦的家、切尔西工作室和巴黎巴克路 10 号的工作室，也成为艺术家、收藏家和他们的朋友们常常相聚的地方。

在这些地方，"后工作室运动"蓬勃发展，它延展了"艺术家是孤独的"这一概念，而本书也是这一概念的延伸。"后工作室"的模式是现代的，天才不再隐居于与世隔绝的单间，工作和谈话地点往往相邻或在同一公共区域，这样每个人都可以随意或在特定的时间见面，友好或敌对地相处，也会或多或少地进行交流。这种聚会的鼎盛时期无疑是在 19 世纪末，以及 20 世纪二三十年代两次世界大战之间，但这本书收录的聚会超越了这一时间限定。

中心人物与冲突

并非所有聚会都像黑山学院一样，有大量杰出的创造者以其个性定义了黑山。黑山的许多元素都让人想起本书其他章节的聚居地，这种融合交织的特点正是黑山的惯例。正如文森特·卡茨在《黑山学院：艺术实验》（*Black Mountain College: Experiment in Art*，2002）一书中所说，美国文化正是在这一奇迹般的背景下诞生的，从欧洲包豪斯和其他地方过来的流亡者一并为此做出了贡献。

当然，通常情况下，每个团体都有一个出众的人，这件事本身令人愉悦，但常常会把其他人置于阴影之中。我们会立刻想到普度和蓬塔旺的高更、黑山学院的查尔斯·奥尔森、罗马路上坐在热情聚众中间的马拉美，还有普罗温斯敦长点画廊的罗伯特·马瑟韦尔。这些多姿多彩的人物赋予整个聚会以生命和养分，也为那些地方、那些桌子和那些时刻增添了氛围。

令人饶有兴趣的是那些"谁和谁合不来"的故事：在黑山学院，亚伯斯夫妇必须在埃斯特伯·文森特来此地教书前离开，因为他们非常合不来；还有本·沙恩和罗伯特·马瑟韦尔，两个人都受不了对方——如此种种。当然，这种事情到处都会发生，故事越多越欢乐。八卦万岁！

自由之上

描述户外工作的文字有很多，比如圣艾夫斯如诗如画的水上风景就十分吸引人，但大量游客的入侵对当地画家来说却是巨大的威胁。对同一个地方，不同人的描述截然不同，比如讲求实验性的黑山学院成员，他们对北卡罗来纳州伊甸湖的植被描述就大不相同。当然，各不相同的风景、水景和城市景观有许多，看景的方式也是。

曾经有太多不可或缺的咖啡馆，现在也是如此。就拿巴黎来说，我们会想起双叟咖啡馆，就是在那里，诗人保罗·艾吕雅把光彩照人、戏剧性十足的多拉·玛尔引荐给了巴勃罗·毕加索。玛尔故意引诱毕加索，用一把小刀刺向手指中间的空隙，偶尔还会有血滴染在她黑色的手套上。[9]危险的玩刀游戏吸引了这位画家，正如他被斗牛的各种血腥活动吸引一样。他请求留下她的手套，把它们放在像圣物盒一样的小匣子里。当然，他们两个人最终也走到了一起。我们还会想起花神咖啡馆，原则上来说，存在主义运动就是在这里发起的。让－保罗·萨特和西蒙娜·德·波伏娃所在的酒店和住处采暖不好，于是他们就去花神咖啡馆二楼的暖气旁写作。朱丽特·格蕾科还有其他人也常在花神咖啡馆打发时间，所有旅居国外、锚定在巴黎的人，也会长时间在那里逗留。但那是在很久之后，远不如昔日那么光彩。

在布拉格，我们想到的是罗浮咖啡馆，这里一直是一众作家的大本营，其中最负盛名的是弗兰兹·卡夫卡，以及摄影师约瑟夫·苏德克。我们恐怕还应该考虑到英国的酒馆，或是于斯曼笔下的人物会去闲逛的那种咖啡馆——而他只需调动想象就可以去，不必亲自到访英格兰。还有卡巴莱夜总会，它不一定非得是在巴黎，比如马奈、莫奈等人会造访的那种咖啡馆，有时候也会出现在其他城市，比如苏黎世的伏尔泰酒馆——达达主义的老家；比如佛罗伦萨的米开朗琪罗咖啡馆——斑痕画派曾在 19 世纪 50 年代在那里见面；再如罗马的古希腊咖啡馆，它于 1760 年开张，是意大利第二古老的咖啡馆，仅次于威尼斯的弗洛里安咖啡馆，司汤达、歌德、拜伦、李斯特、门德尔松、瓦格纳等人，正是在那里的大理石桌面上啜饮咖啡，2018 年 10 月，我也在那里快乐地做着同一件事。

关系

在这样有限的关于聚会的集合中，令人好奇的元素之一是人物之间的关系，无论这些交往如何匆忙草率，都是十分特别的。比如——以下不按次序排列——本书提到的大多数画家，都与朱利安学院的发展脉络有所关联。在那里，保罗·塞吕西耶展出了《护身符》（*The Talisman*，1888），为此相聚的观众则来自沃普斯韦德、巴比松和蓬塔旺。这幅画不论是在视觉还是象征上，都凝聚了如此厚重的色彩。再有科拉罗西学院，女性画家可以在这里画裸体模特；还有大茅舍艺术学院，许多昔日和现代的著名画家都在这里工作，而这些学院彼此都相距很近。

举个例子

关于这个让人忍俊不禁的例子，因为故事的版本太多，我们现在已经无法得知真相。在巴黎的宏伟酒店，普鲁斯特、乔伊斯和斯特拉文斯基、佳吉列夫、毕加索等知名艺术家，以及其他几位同样引人注目的名流一起共进晚餐。其时是 1922 年 11 月 19 日，晚餐由西德尼·希夫和维奥莱特·希夫宴请，两人在宏伟酒店（现在的拉斐尔酒店）定了房间，离普鲁斯特位于哈梅林路 44 号的公寓（现在是爱丽舍联合酒店）只有几分钟路程，他们想借此亲近这位作家。

从 4 月到 11 月，西德尼·希夫（他竭力想取代斯科特·蒙克里夫成为普鲁斯特的翻译）都在这一带活动。11 月 19 日，希夫夫妇举办晚宴，邀请了上述的现代主义明星们。关于这件事，理查德·达文波特－海因斯在《宏伟酒店的一晚：普鲁斯特和 1922 年伟大的现代主义晚宴》（*A Night at the Majestic: Proust and the Great Modernist Dinner Party of 1922*，2006）一书中描绘得十分华丽且有趣。据书中考证，斯特拉文斯基（他记得晚宴的主人是维奥莱特·穆拉特公主）声称他压根儿没认出来乔伊斯——这一说法也被克利夫·贝尔证实。[10] 曾在 1910 年看过佳吉列夫的舞剧，也在小说中影射过这些演出的普鲁斯特，与乔伊斯进行了交谈。交谈的内容后来被多人复述，但版本天差地别，其中一种说法是这样的——普鲁斯特说："我从来没读过你的作品，乔伊斯先生。"而乔伊斯对此的回答是："我从来没读过你的作品，普鲁斯特先生。"

乔伊斯曾在 1920 年告诉英国画家弗兰克·巴津自己读过几页普鲁斯特，因此就连这一叙述本身也显得模棱两可。据巴津的另一段回忆，普鲁斯特说，他们两人的对话中提到最多的字是"不"。

与此类似，乔伊斯也曾指出："（对话）根本不可能，普鲁斯特（生涯）才刚刚开始，而我都已经快结束了。"[11]

福特·马多克斯·福特对当时的场景进行了绘声绘色的描述，极富戏剧性：两把椅子相对而设，两位作家（演员）忠诚的追随者聚集在他们身后，围拢成了半圆形。而威廉·卡洛斯·威廉姆斯 1924 年到访巴黎时，听到的则是另一个版本，口味不同的读者可能会觉得这一版本更为讨喜，我把故事誊录在此。故事摘自理查德·达文波特－海因斯的书，这本书完全围绕晚宴而写，题外话不少，一句比一句有趣，就好像一整场文学八卦的晚宴：

> 乔伊斯说："我每天都头疼，眼睛也坏透了。"普鲁斯特回答："我可怜的肠胃，我拿它怎么办呢？都快要我的命了。说实话，我现在就得离开。""我也一样，"乔伊斯回答，"要是我能找到人扶着我的胳膊就走。再见！""charmé，"普鲁斯特说，"哎哟，我的胃。"[12]

本杰明·泰勒在最近出版的《追寻普鲁斯特》（*Proust: The Search*，2015）一书中用了整整十二句话叙述晚宴，其中有相同的主角人物，也提到了这段逸事的种种变体，因为乔伊斯喜欢每次都用不同的方式讲故事；然而普鲁斯特却没有对任何人提起这次会面。在尴尬的社交礼仪之后，普鲁斯特似乎询问乔伊斯对松露有什么看法，乔伊斯说他喜欢——谈话诸如此类，寡淡无奇。无论如何，有一件事是肯定的：这两位对立的伟大作家都不愿再见对方了。[13]

之所以先提到这个例子，是因为我认为这一至关重要的会面正是吸引我们大多数人的那种聚会，不论逸事涉及什么范围，不论我们对"事实"或"真相"有何种追求。强强相遇，才华各有千秋，不论是发生在个人还是集体之间，这些故事或低调平淡，或冲突强烈，或介于两者之间，其重要性不论大小，都值得仔细检视。尤其使人感兴趣的是关于聚会地点的描述和第一人称叙述，一些内容将在以下十九章中出现，成为布景的一部分。

独一无二的模范团体

看到我们最关心的这些艺术创作者在沙龙或私宅里打发时间，我们多想成为其中的一员啊！想想看，就拿拉威尔来说，我们知道他的"捣蛋帮"是在 1900 年前后成立的。他们常在周六见面，开始是在画家保罗·索尔德位于蒙马特杜隆路的住宅，或在蒙苏里公园大道上特里斯坦·克林索的家，后来在莫里斯·德拉赫位于赛孚黑路的音乐工作室。虽然这些地方无比美妙，但我们只是知道它们的名字而已。

总的来说，汇集这些聚集之地的动力，正是为了探索某些种类的艺术社群。它们成功地滋养了源源不断的艺术创造力和对创造力的渴望，完成了孕育这种创造力的准备工作，也萌生了对昔日社群的怀旧情绪，而怀旧本身便足具创造性。

"捣蛋帮"成员的团体合照，约 1900 年。从左至右依次是里卡多·韦纳斯、罗伯特·莫迪埃夫妇、艾贝·莱昂斯和莫里斯·拉威尔

　　我十分喜爱塞西莉亚·博克斯描述的，创意性团体所欢迎的那种工作式的同伴关系："激情往往退让给朦胧的回忆，但至乐的友谊留存了下来，在记忆中，像启明星一样清澈难忘。"[14]

　　最后，在我看来，这样的创造力似乎与艺术中的自我发现有关，正如伊娃·海瑟所说，这种发现在与其他个体进行交换的过程中进行，越过了个人而成为集体性的、合作性的，或至少也是超越自我的："我最终得以找到我想在艺术中得到的东西。但我的工作必须超越这一点，我最关心的是超越我所知，以及我所能知的东西。"[15]

　　请允许我再一次引用马丁·杜伯曼的话，他在回忆起黑山学院的艺术聚集地时，对那里的复杂性和为整个事业所付出的心血做了一番沉思，并这样评价自己的文字："但是我怀念的正是重量本身；重量充斥了这一空间，而那些杰出的人，他们愚蠢可笑，他们勇敢，他们努力——是的，他们的努力胜过一切……而我也努力过了……努力在自我找寻的道路上与他们相配。"

　　不论是个人还是集体，如此宣扬努力，似乎都能为前言的结尾奠定积极的论调。这些不同的团体拥有不可复制的背景和情境，这本身就是一种实验，也许，这些实验将一直对我们具有积极的价值。[16]

　　大部分我所想象的时光，我都没有亲身经历过，因此欢迎所有亲临过那些地方的人不吝赐教。这些相聚也许是自发的，也许是约定好的，但至少都涉及了这样一群人——他们在不同的场地和时刻，发明了存在的方式和创造的方法，而我长久以来都为此着迷。本书正是对这些相聚的想象

玛格丽特·沃索尔和德弗罗·利比特，约1929—1934 年

和描述。我总是听我的祖母玛格丽特·利比特讲起她在艺术聚集地、在宴请的人家和艺术沙龙、在欧洲的学府中逗留的际遇，这极大地调动了我的兴趣和胃口，我总想听到更多关于这些地方的故事。

一些个人回忆

为了公平起见，我承认我在这些创造性聚会中融入了一些个人经历，不论这经历属于专业领域还是私人领域。不过对我来说，我从未学会在"学术"与"个人"之间做出明确的区分。

最引人发笑的经历，恐怕是我作为超现实主义团体的一员，在巴黎一个咖啡厅的桌子旁进行的失败尝试，真是可惜。我记得当时我们是在圆亭咖啡馆，罗伯特·斯图尔德·肖特组织我们玩一个超现实主义游戏，你只需要简单说出脑海里正在想的事情就可以。自动主义，行吧。我以为我只要想什么说什么就可以了，我确实也这样做了。唉，可其他人觉得这样"无聊"（的确如此），认为我"重复"了之前说过的话（的确是这样！）。所以，我不应该直接说出我在自己身上发现的东西，如果我认为这样说无法满足要求，就应该发明一些其他有趣的东西来说？我显然没有通过这项测试。我后来回想道，啊呀，可惜对成员的考验不是让安德烈·布勒东问我 20 世纪最重要的史诗是什么。阿瑟·阿达莫夫告诉过我，他知道答案是什么，其中包括布勒东自己的诗《傅里叶颂诗》（当然了！）、T. S. 艾略特的《荒原》以及特里斯唐·查拉的《近似的人》（*Approximate Man*，我非常喜爱这部作品，曾翻译了两次，一次是在 20 世纪末，另一次是在 21 世纪初）。如果是这样，我肯定能获准进入团体，那么随便我们在哪里的什么咖啡馆见面，我都会兴高采烈地坐在桌子旁，每天在同一时间喝同一种酒饮。我可能会说些无聊的话，但至少我有位置坐。

应该特别提到的是，多年以来，有许多艺术聚集地、机构和组织都曾欢迎我，为我提供了物质和精神食粮，给我带来了快乐

和心灵的补给。他们好客的方式大不相同，但一旦坐在他们的桌子旁，在个人或集体、或大或小的房间里，感觉却都是相似的。其中有弗吉尼亚创意艺术中心，他们允许我进入附近的斯威特布莱尔学院图书馆，会有好心人开车载我过去，这帮了我的大忙。作为一个不会开车的人，我在任何聚居地和机构组织都受到了很多明显的限制。待在加利福尼亚圣莫尼卡的盖蒂基金会时，我买了一辆自行车，方便沿着威尼斯海岸独自前往附近的玫瑰咖啡馆。那辆老旧的自行车吱吱作响，和我在英格兰剑桥买的那辆差不多，当时我总是穿着长裙，踩着车子前往火车站和市区，或者沿着特兰平顿街去吃晚饭。这两次，我都把吱呀作响的自行车留给了后来的访问学者，作为我的道别礼物。我清楚地记得自己躬身在把手上方，奋力踩踏自行车，歪歪扭扭地穿过剑桥的一座桥，当时一位和善的警察高呼道："您都一把年纪了，夫人！"[1] 我尴尬极了。两次，我的破自行车都没有丢，不像我在纽约的那辆旧兰令车，侧面的书筐总让我失去平衡，最终车也消失不见了。

　　我也并不总是骑车出行。洛克菲勒的贝拉吉奥基金会位于北意大利的科莫湖畔，我曾有幸相隔十年两次入住那里。在交通方面，我总是步行到镇上，享受更为平静（也更安全）的时光，也会在河道上乘船从贝拉吉奥前往水上巴士的各个站点，直到现在，我仿佛还能听到预报将到站点的铃声。我尤其感激纽约大学人文学院亲切地欢迎我。我很喜欢那里的下午茶时间，周围放着各种杂志供我细读，多种不同的谈话也会在此进行，这正是它的闻名之处。

　　不论在哪个国家、城市和乡镇，我们都可以在这些机构组织里，见到志同道合或颇有异趣的人，和他们讨论、争执对长久的生活大有裨益，而这种造福双方的能量，对工作同样不可或缺。能够拥有这样的优厚条件，我深怀感激。

左页：玛格丽特·沃索尔·利比特《静物珠宝》（*Stilllife with Beads*），约 1939 年

---

[1]　作者玛丽·安·考斯出生于 1933 年。

1

甘纳客栈与巴比松画派—巴比松

正如我们在 16 世纪和 17 世纪早期有枫丹白露画派一样，19 世纪带给我们的是巴比松画派。"画家之村"巴比松，早在 1903 年就获其聚居形态。巴比松派画家的名声和思想后来得到了广泛传播，尤其在美国波士顿，许多画家远渡重洋，在两地之间往来交换。漂亮的巴比松市政博物馆向每一位来访者分发宣传小册，上面简单叙述了这个著名客栈自 19 世纪以来的历史。巴比松离枫丹白露森林相当近，吸引了许多艺术家慕名而来。当时，埃迪梅和弗朗索瓦·甘纳（一个裁缝）在巴比松开了一家杂货铺，彼时的巴比松还是沙伊昂比耶尔下属的一个小村子。1834 年，他们把这间杂货铺改造成了一家客栈。

这里价格低廉，设施简易，许多艺术家干脆就在墙壁和家具上作画，以此换取食宿。1870 年之后，甘纳的女婿约瑟夫 - 贝尔纳·卢尼奥特嫌这里条件太差，另建了一栋"艺术家别墅"，把老客栈的家具和陈设都搬了过去。后来这里又变成一排公寓，名叫"宅舍"，不过最终也被拆毁了。

1900 年，随着"甘纳客栈"演变成"宅舍"，老巴比松的氛围也消失殆尽。但在 1930 年，有一个叫皮埃尔 - 里昂·戈捷的人，把这些家具的门板连同上面的画作一同收购，安置在他房子的一层，于是第一个"甘纳博物馆"就此开张。1990 年，巴比松市镇又把这些家具买了回来，陈列在泰奥多尔·卢梭（1812—1867）的画室里，直到 2003 年成为巴比松博物馆。多年之后，重新扩建装修的博物馆灿烂、壮观，恢复了 1830 年至 1875 年这一著名旅居之地的样貌。历史从未被如此清晰地呈现在眼前。

1820 年至 1870 年，所有艺术家都住在二层。前不久，这些房间被重新翻修时，人们发现墙上到处都是油画颜料的痕迹。我

左页：海报上宣传的是通往巴比松的默伦铁路，于 1849 年开通

巴比松的杜巴斯－布雷
奥客栈

们可以看看 1851 年画家阿梅代·塞尔万（1829—1884）是如何回
答他的画家朋友乔治·嘉西（1829—1919）的，借以简略描述客
栈的景象："它坐落在枫丹白露森林，在绝美的地方。你可以在
参天的橡树下抽烟斗，也可以画各种色彩的石头，你会明白这里
有多可爱！"[1] 烟斗的烟雾能驱散昆虫，这倒是很有用……当然了，
在当时，人们觉得只有强盗、隐士和离群索居的人才会住在森林
里。那时，通向村子的是一条坑坑洼洼的小路，路边村舍的房顶

巴比松的甘纳客栈

巴比松村庄里的一条小路

都是草铺的，褪成了灰色，上面散落着寄生植物，几朵野花顶开稻草伸出头来。

　　至于枫丹白露森林的魅力，传记作家阿尔弗雷德·森西尔曾说：

　　　　他们（艺术家）抵达了兴奋的巅峰，激动得过了头，完全无法工作……古老的树木傲然耸立，岩石和灌木丛都不曾有人触碰……他们陶醉在这一切的美和气息之中。说实话，他们完全着了魔。[2]

　　这些住在甘纳客栈的前印象主义者信奉与自然的直接接触。正如巴比松的画家泰奥多尔·卢梭所说，他们意外到访"la Nature chez elle"（大自然之家），目睹了真实的色彩，不去想颜料管中挤出来的成作是什么样子。19世纪重要的风景画家，比如亨利·卢梭、让–弗朗索瓦·米勒、夏尔–弗朗索瓦·多比尼、让–巴蒂斯特–卡米耶·柯罗——柯罗似乎总是第一个冲到外面，着急"给

自然画像"——在规矩严格的法兰西艺术学院都不得志，他们要么没通过考试，要么就是连考试都没参加。

　　1824年的巴黎沙龙给巴比松画派的画家留下了深刻印象，沙龙展出了英国的风景画家，如康斯坦布尔、波宁顿和透纳的作品，还有17世纪的荷兰风景画家雅各布·勒伊斯达尔等人的画作。巴比松画家决定画出他们眼中的自然。对他们的创作至关重要的元素之一是1841年金属颜料管的发明，有了它，颜料不仅便携，而且可以使用一整天。

　　画家一行离开甘纳客栈时，通常会在背包里装上一盒颜料（或几管颜料），带上一把折叠凳，口袋里装着野餐的食物，当然还会带一柄阳伞、两张画布：一张用于捕捉早晨的光线，另一张是为

让－巴蒂斯特－卡米耶·柯罗《枫丹白露森林》（*Forest of Fontaine-bleau*），1834年，布面油画

泰奥多尔·卢梭，纳达
尔摄，1855 年 9 月

光线截然不同的下午准备的。对于一位处境优渥的画家来说，他
的穿着通常是这样的（现在的博物馆里有展示）：蓝布长衫、丝绒
裙裤，打着绑腿，用来防止虫蚁和蚊子的叮咬。与之相对的是甘
纳客栈自称"甘纳画家"的另一群人，他们离开甘纳客栈的时候，
穿鞋却不穿袜子，几乎全裸，像动物一样，正如下面用方言写就
的打油诗所描绘的：

不穿裤子去画画，

不比野牛更文雅。

　　巴比松的鼎盛时期是在 1835 年，那是在颜料管发明的一年后。其时，艺术圈子已经成功地挣脱了学院令人窒息的约束，不再需要按规定去画历史事件和神话传说。因此，巴比松的名声完全交付给了那些描画风景和动物的艺术家。除了描摹岩石和树木，艺术家们还会在河中泛舟，在室内外做游戏。

　　这群艺术家住在客栈其乐融融，也方便许多，他们可以讨论诸如"在哪里买颜料"这种实际的细节问题。午饭时间他们会玩游戏，比如把阳伞柄像标枪一样掷向瓶子——有时候会由一个倒霉的人替代瓶子，远远地站在岩石上面。晚餐之前，他们会玩"瓶子之舞"，摆一排空瓶子，其间只留狭窄过道，人们穿梭跳过。居斯塔夫·库尔贝到访甘纳客栈的时候，他会在前面打头，所有在

左：让－巴蒂斯特－卡米耶·柯罗在户外作画，约 1845—1875 年

右：夏尔－弗朗索瓦·多比尼（1817—1878），纳达尔摄

泰奥多尔·卢梭《巴比松风光》(*Barbizon Landscape*)，约1850年，布面油画

场的男男女女在其后排成一列。

1849年，米勒来到巴比松，住在一个农民的房子里，把画室也设在那里。他的房子后来被拆毁，取而代之的是"三钟饭店"，但画室被保留了下来。巴比松仍珍存着关于米勒的记忆，嘉西这样写过他：

> 关于米勒，我想说的是他的善良，他总是和善地欢迎年轻人，真诚地与他们分享他那些令人仰慕的作品，让他们翻阅自己的画盒和相册。而你只要翻阅他的旅行相册就能看出来，他对自然的感受和印象，永远都传达着强烈的诗意。[3]

让－弗朗索瓦·米勒，纳达尔摄，约 1856 年 8 月

　　艺术家们在 1846 年 8 月 15 日留下了一首打油诗，以纪念这家客栈：

　　　　在枫丹白露森林

　　　　边上有一家客栈，

　　　　还有边上的一群人

　　　　他们去那里吃肉。

　　　　这些巴比松画家

　　　　脸上胡子赛野牛。

让-巴蒂斯特-卡米耶·柯罗《枫丹白露森林》（*Forest of Fontaine-bleau*），1846 年，布面油画

在甘纳老爹的客栈：
你能看到美丽的画，
画家可不是新手，
也比傻瓜强过头。
这些巴比松画家，
像野牛一样画画。

　　龚古尔兄弟在小说《玛奈特·萨洛蒙》（*Manette Salomon*，1867）中描写过这家旅店，说它有一个"旧货店"般的院落，其间有咖啡馆、农场、酒铺和工作坊。一层显眼的位置摆放着一个柜台，上面放着布袋和瓶瓶罐罐，说明这里不仅提供餐饮，还卖糖、咖啡、肉桂等其他从殖民地运来的家用货物。就在同一个房间里，放着一张双人床，但不会干扰任何人，因为这里的店主总是最后一个睡觉，却在所有人之前起床。"人们去了又来，在庭

院里买东西、等人、欢声谈笑。这里向所有饥饿劳顿的人敞开大门。"[4]

从门上挂着的一幅 1839 年的画可以看出来，显然，艺术和众人共享这一空间，画中展现的是"围舞潘趣"（dance around a punch），其中最显眼的就是一个碗中盛着的欢庆酒饮。每间房中都有几张床，主卧室里还能再加几张折叠床。

1870 年之后，维克图瓦·甘纳的丈夫约瑟夫－贝尔纳·卢尼奥特觉得这里过于陈旧，也不舒适，于是新建了一栋有城堡屋顶的建筑，这栋"艺术家别墅"叫作卢尼奥特－甘纳酒店。旧客栈被租赁出去，甘纳客栈也因此步入末日。艺术家们逮住新酒店挖苦了一番：

> 这些优雅的小老爷
>
> 卢尼奥特里吃大餐
>
> 画画都不摘手套
>
> 这些滑稽的老爷爷
>
> 真觉自己是小孩？

1867 年，巴比松的住客埃马纽埃尔·西龙把他的房子改成了一间展览画廊，甚至连拿破仑三世都来此地参观过。后来这里变成了杜巴斯－布雷奥客栈，墙上的文字表明，罗伯特·路易斯·史蒂文森就是在这家客栈里写就了散文《森林笔记》（Forest Notes），文中将这里闲散的漫步，与两年后更为著名的骑驴之旅进行了对比[5]，《携驴旅行记》（Travels with a Donkey in the Cévennes，1879）一书中也有记载。

住在客栈的艺术家年龄大多在 25 至 30 岁。他们常常在春天来到此地，一直待到秋天，其间和巴比松居民的生活作息一致。他们总是在牛角声中醒来，动物们正是在这一声音的带领下，沿"大路"走向草场。艺术家和他们的朋友在客栈喝完牛奶咖啡后，把甘纳夫人准备好的食物放进他们的帆布背包。

等待晚餐的时候，他们会在森林入口前的那片小场地上，玩boules（滚球）游戏，接着：

> 没有灯笼也没火炬，
> 今晚来到了好地方，
> 我们像猪儿吃得香，
> 我们像猪倌喝得爽。
> 巴比松这儿有种酒，
> 野牛喝了也放开扭。

这里提供的晚餐包含所有你想要的面包和酒，蔬菜和肉都很丰盛。前菜是汤，光气味就很抚慰人心。所有新来的艺术家都会受邀抽一种叫"calumet de la paix"（和平烟管）的烟斗，这种巨大的烟斗是用壁炉的木柴做的。人们会根据烟斗冒的烟，决定这个新来的同伴应该做个古典画家还是水彩画家。

吃过甜点后，每个艺术家都会拿出白天新绘制的画作，让他人批评，可能还会在墙上画下草图，供以后更为成熟的作品使用。在这之后，他们才钻进用百里香熏过的寝具里睡觉。到现在你还

夏尔－埃米尔·雅克的别墅，及杜巴斯－布雷奥客栈

能看到这些画作的痕迹。

如果天逢下雨，艺术家会找来一些旧家具进行加工装饰。到最后，几乎所有的空间都画满了画。离开之前，所有人会在"livre d'or"（客人簿）上涂个简笔画或作两句诗，或是画下想象中的场景。按照惯例，他们要为主人留下一份礼物。但是颜料质量太差，我们今天看到的远远不是画作曾经的模样。巴比松的一位重要画家嘉西谈及纳尔西斯·维尔日勒·迪亚时指出，因为当时颜料的质量不佳，画作已经发黑了：

> 多可惜啊，他的画作现在都发陈、发黑了。我们应该狠狠斥责那些颜料商，他们只顾利润，在产品上弄虚作假，却不顾以后……如果这样的颜料商活在 15 世纪，意大利的早期绘画会变成什么样子？你看这些画作，才过了五六十年，就已经完全失去了当时在画室的效果。[6]

巴比松画派的结束和印象派的开启是在 1875 年。亨利·卢梭于 1867 年去世，随后巴比松在 1875 年痛失柯罗和米勒，而在 1876 年，迪亚也去世了。

左页：《枫丹白露森林的巴比松，一个艺术家聚集地》，1875 年 9 月《画报》刊载的插画

甘纳客栈的餐厅，现为巴比松画派博物馆

甘纳客栈墙上的画作

甘纳客栈墙上的画作，从中能大致看出巴比松画派当时的审美略显情色，画中的调色盘象征着艺术家在这里工作

2 作家、艺术家的流亡之地——佛罗伦萨

佛罗伦萨——"意大利的雅典",多少欧美的艺术家曾流亡到此地,几个世纪以来,这一辉煌夺目的瑰宝之地,令许多艺术家和作家魂牵梦萦。

阿尔诺河沿岸,四处都栖息着神话、传说与真理。1966年,洪水如猛兽般席卷了这里,直到现在,教堂和城墙上仍能看到洪水留下的痕迹。洪水过后,世界各地的学生和艺术爱好者聚集于此,帮助精心修复了圣十字教堂的齐马步埃十字架以及收藏在地下室的手稿档案。安德烈·布勒东想说服身在巴黎的雅克·杜塞收购毕加索闻名世界的《亚威农少女》(Les Demoiselles d'Avignon, 1907)时,正是把该画比作了这座中世纪的十字架——游行队伍高举十字架穿过街道,群众夹道致敬。

在佛罗伦萨上方的贝洛斯瓜尔多山上,一些建筑特别标志着历代伟大艺术家和作家的聚会。最好的例子便是卡斯泰拉尼别墅,即现在的美第奇别墅。这里曾群星璀璨,一层北侧住着亨廷顿、伊莎·布莱格登还有格里诺一家。丧偶的美国艺术品收藏家弗朗西斯·布特和他的女儿利兹·布特也住在这里。他们的故事给亨利·詹姆斯的《一位女士的画像》(The Portrait of a Lady, 1881)带来了灵感,尤其是他的杰作《金钵记》(The Golden Bowl, 1904),书里的人物以父女二人亚当和玫姬为中心,其他人物——比如王子和夏萝这对昔日的恋人——因为他们重新聚在了一起。

只要一个诗人把他作为诗人的角色视为至高无上,那么诗人的"品位",其实就是他对生命的积极体悟。以此真言视之,把握住对生命的感知,无异于穿梭在意识的浩大迷宫之中,而手握银线。

——亨利·詹姆斯,《金钵记》前言(1904)

后来，情况变得越发复杂：希望成为艺术家的女儿利兹·布特在摩洛哥跟随弗兰克·杜韦内克上课，并最终嫁给了他。杜韦内克是从辛辛那提来的德国人，穷困潦倒、矮壮粗俗、不善言辞且经常醉酒，但他毕竟是位好老师，也是一小群艺术家的领头人，其中也包括詹姆斯的好友威廉·韦特莫尔·斯托里［霍桑曾在他的小说《玉石雕像》（*The Marble Faun*，1860）中描写过斯托里的一件雕塑作品］。威廉·迪安·豪威尔斯在小说《小阳春》（*Indian Summer*，1886）中写到了杜韦内克夫妇。杜韦内克在书中成了小团体"英格尔哈特男孩"的重要成员，这一团体的成员原型包括美国画家约翰·亨利·特瓦克特曼和朱利叶斯·罗尔斯霍文。2017年，纽约摩根图书馆与博物馆的展览《亨利·詹姆斯与美国绘画》展出了一幅杜韦内克画于1887年的卡斯泰拉尼别墅，还有一幅利兹画的别墅。

利兹因肺结核在巴黎早逝，弗朗西斯·布特委托他人为她制作了一尊真人大小的雕塑，就像法国教堂中摆放的那种陵墓

左：亨利·詹姆斯，
1910 年

右：弗兰克·杜韦内克和
利兹·布特，约 1886 年

雕塑一样。雕塑通身覆有月桂枝条，面庞如其他逝者的雕塑一般高贵。原始雕像现安放在佛罗伦萨的桂墓（现已经褪成了美丽的灰色），还有一尊在辛辛那提，另外一座亮金色的雕像则置于纽约大都会博物馆的美国馆。利兹·布特的雕像为许多人所熟知。

亨利·詹姆斯太喜欢佛罗伦萨了，他在 1873 年到 1894 年不断到访此地，1894 年、1895 年的连续两个夏天都住在布契利·哥伦毕别墅。詹姆斯住在一层，他可爱的作家朋友康斯坦丝·芬妮摩尔·伍尔森就住在楼上。她爱他，而他爱的是自己独处的空间。他们的友谊延伸到了威尼斯，他们约好在那里相见，但詹姆斯却没见到她。她跳入了大运河。詹姆斯没有参加她的葬礼，却在两

弗兰克·杜韦内克《卡斯泰拉尼别墅》（*Villa Castellani*），1887 年，布面油画

年之后回来，睡在她曾经的床上。他们两个人的行事风格都很戏剧化，这似乎非常具有威尼斯风格。但他们的回忆也留在了贝洛斯瓜尔多和菲耶索莱。

在菲耶索莱，佛罗伦萨的山上，还有一处聚会地点，几个世纪以来吸引了诸多访客驻足。这就是位于新圣玛利亚广场的依帕马力诺别墅。1886 年至 1887 年，这里的主人是弗农·李（原名维

上：利兹·布特（1846—1888）之墓，克莱门特·巴霍尔创作于 1891 年，现存于佛罗伦萨的桂墓

下：利兹·布特的丈夫弗兰克·杜韦内克 1927 年创作的陵墓铸铜雕塑，现存于纽约大都会博物馆

一群孩子在菲耶索莱的
街道上观看一位男子作
画，20 世纪 50 年代

奥莱特·佩吉特）[1]，今天这里仍然属于她的家族，由费德莉卡·帕
里蒂经营。我十分荣幸受到依帕马力诺别墅机构邀请来此地做客，
这要多谢来自劳伦森的评论家塞丽娜·切尼。对于那些想在古老
的源头获得滋养的年轻（或年长）的作家和画家来说（当然这么
说几乎涵盖了所有的作家和画家），这个地方无异于避风港。在这

---

[1]　维奥莱特·佩吉特，英国作家，1856—1935，弗农·李是她的笔名。

里，人们会感觉它曾经的住客从未离开：安德烈·纪德、伊迪斯·沃顿、亨利·詹姆斯、胡戈·冯·霍夫曼斯塔尔、托马斯·曼、约翰·辛格·萨金特和威廉·斯托里。

这里流传着一个美妙的故事，据说《阿斯彭文稿》（*The Aspern Papers*）的情节其实源于亨利·詹姆斯在这栋别墅里听到的一个传说，他是从萨金特那里听到的，而萨金特是从这里的一位钢琴家那儿听到的……一个个故事就这样流传开来，兴味与能量越发增强，所有故事都在这个极具传奇性又确实存在的地方承接延续。漫步在维多利亚式的混合型风格花园里，宛如奇遇，你完全可以想象出维多利亚女王多么喜欢这儿，不管她曾经在这里漫步过多少次。1889 年至 1935 年，除了战争时期，维奥莱特·佩吉特一直居住在依帕马力诺别墅，接待宾客。

同样在菲耶索莱，还有完全不同的另一群人：1908 年，格特鲁德·斯坦因和雷欧·斯坦因在巴尔蒂别墅加入了迈克尔·斯坦因一家，而爱丽丝·托克勒斯则独自居住在附近的里奇之家。罗伯特·勃朗宁和伊丽莎白·巴雷特·勃朗宁也来到了菲耶索莱，但只做了短暂停留，因为罗伯特更喜欢威尼斯和罗马。他的传记作家称，他觉得佛罗伦萨有些 "死气沉沉"（顺便一提，我并不觉得，我认识的人也不这样觉得）。坐在威尼斯的水上巴士上，能直接看到罗伯特·勃朗宁的纪念碑，十分美妙。

佛罗伦萨是一座充满回忆的城市：在表演艺术剧院——现在叫作佩哥拉剧院——戈登·克雷（1872—1966）曾为剧作布景、排练，这部广受欢迎的剧作由著名的意大利女演员埃莱奥诺拉·杜塞出演，在 20 世纪初的八年里，她曾是加布里埃莱·邓南遮的情人。在邓南遮位于阜姆的胜利庄园的最后一栋别墅里，摆放了一尊她的头部雕像，用以纪念她的美丽。邓南遮在这里一直待到1938 年去世，享年 74 岁，就在他最著名的剧作《约里奥的女儿》（*The Daughter of Iorio*，路伊吉·皮兰德娄执导，乔治·德·基里科担任舞台设计）在罗马上演后不久。有桩趣事称，因为杜塞不

约翰·辛格·萨金特《托雷加利》(*Torre Galli*),1910 年,水彩

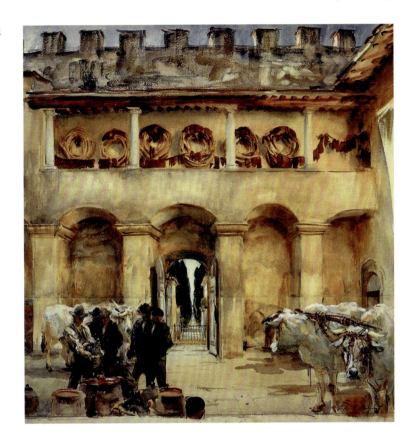

说英语,而克雷也不说意大利语,所以只能由克雷的情妇——美丽的米娜·罗伊在两人中间周旋。克雷坚称自己的创作是完美的,杜塞则抗议舞台太小,但米娜却告诉克雷说杜塞很欣赏他的伟大作品,然后告诉杜塞说克雷很喜欢她的表演。翻译的一大荣耀正在于它的欺骗性,正如俗语所说的:traduttore, traditore(翻译者,背叛者)。[1]

艺术家和作家聚会的主要地点当然还包括米开朗琪罗咖啡馆,在这里聚集的是斑痕画派画家,或者叫"点彩者"(macchia 是斑点或彩斑的意思,这个画派以他们的绘画技法得名)。这一团体包括美国艺术家伊莱休·韦德和托马斯·海勒姆·霍奇基斯,后者也是哈得逊河画派的成员。后来,类似的聚会地点变得多了起来:20 世纪初未来主义流行时,还出现了红上衣咖啡馆,这家咖啡馆因服务员穿的红制服而得名,现在依然存在。

左页:约翰·辛格·萨金特《亨利·詹姆斯》,1913 年,布面油画

　　自菲利波·托马索·马里内蒂于1909年发表《未来主义宣言》
（*Futurist Manifesto*）开始，所有的未来主义者都聚集于此，随后
是达达主义者。"达达之父"特里斯唐·查拉曾在此留影，他站
在安德烈·布勒东——超现实主义无可争议的领头人身边，照
片是在他们来访佛罗伦萨的时候拍摄的。这两场革命性的运动
始终不减各自的表演精神和聚会热情。这群运动倡导者一定在
佛罗伦萨度过了一段美妙的时光，正如所有来这里的艺术家和
知识分子，所有到访佛罗伦萨博物馆、教堂和城市景观的游客
一样。

　　来自欧洲各地的艺术家和作家相聚在桌子和厨房周围，关
于这点有太多故事可讲：比如，画家兼作家弗雷德·丹尼尔斯
告诉我，历史悠久的知名餐厅索斯坦扎餐厅（意为"养分"）过
去墙上有一个洞朝向隔壁的酒吧，大小正好够一只手伸过去。如
果餐厅坐满了，就有人伸手过去，有几根手指就代表有几位饥
饿的艺术家，然后他们就可以过去摄取他们创意或物质的"养
分"了。

　　现在，佛罗伦萨较为热闹有趣的咖啡馆之一叫穆拉特，这家

相聚在米开朗琪罗咖
啡馆的斑痕画派，约
1900—1903 年

佛罗伦萨的文学咖啡馆

　　文学咖啡馆所在的建筑曾是女子监狱。这里挤满了年轻人，他们在纸上涂涂写写，说话聊天，享用免费的开胃前菜。正如佛罗伦萨的其他地方一样，这里的过去与现在共存。这座拥有宏伟教堂的伟大城市，历史上繁盛的艺术中心，保持着不变的更新。

3

亨利·詹姆斯与水边的艺术家——威尼斯

"水边的生活，美妙的潟湖，都呈现在我的眼前，窗口传来威尼斯嘈杂的人声，不绝于耳……"

"远处闪闪发光的潟湖，河边旅社的粉墙，遥远的岛屿，轻轻摇晃的码头，贡多拉的剪影。"

——亨利·詹姆斯，1907 年版《一位女士的画像》序言（1881）

威尼斯，"亚德里亚皇后"，"La Serenissima"（宁静共和国），曾经的商业巨头。尽管这座城市正在逐渐沉入潟湖，尽管偶有惨剧发生，比如 1996 年的那场火灾——大火吞噬了壮丽的凤凰剧院，它曾装修得富丽堂皇，上演过无数精彩剧目——但威尼斯昔日的光辉仍在。本章，我们将回顾威尼斯生机勃勃的历史，从最显而易见的景致沉潜，深入幽微之处，追寻惠斯勒和亨利·詹姆斯的踪迹。

哈利酒吧及其他

几个世纪以来，各个时期、各个门类的众多艺术工作者，都被威尼斯的不同面向所吸引，我们只要想想阿德里安·斯托克斯在《15 世纪：意大利文艺复兴的另一种观念》(*The Quattro Cento: A Different Conception of the Italian Renaissance*) 一书中的描述，就知道威尼斯何其美妙了："人们或在岸边步行，或乘船滑水，总是会经过石头相接之处……在威尼斯，海洋和各种元素都以石头的方式表达出来，而这些石头塑造着这里的明媚气候。"[1] 我们还可以看看玛丽·麦卡锡的《我眼中的威尼斯》(*Venice Observed*)，书中这样评价圣罗科教堂的丁托列托壁画："假装游客眼中的威尼斯不是真实的威尼斯，是件徒劳的事：贡多拉、落日、变幻的日

左页：约翰·辛格·萨金特《阴天的威尼斯》(*Venice in Grey Weather*)，约 1880—1882 年，帆布油画

画家乔治·德·基里科（右）和诗人马里欧·斯代法尼（中）在圣马可广场，1972 年

光、弗洛里安咖啡馆、油画咖啡馆、托切罗岛、哈利酒吧、穆拉诺、布拉诺、鸽子、玻璃珠子、水上巴士。威尼斯本身就是一张折叠的风景明信片。"[2] 弗洛里安咖啡馆和油画咖啡馆很早起就敞开大门，欢迎那些创作者、艺术家以及其他所有人。美国人会记得，就在位于水上巴士站瓦莱索的哈利酒吧，海明威、奥森·威尔斯以及其他百余名著名的酒客一同写就了这里的传奇故事。[3] 在这里的特色酒单上，有一款由新鲜桃汁和普罗赛柯[1]调成的贝里尼，还

---

[1]　一种意大利起泡葡萄酒。

2001 年，意大利政府将哈利酒吧列为国家级地标

有一款由葡萄汁和普罗赛柯调成的提齐安诺。这可美了那些在这儿打发时间的人，不管他们彼此间在争论什么、附和什么，面前都少不了下酒小菜和酒吧零食。

罗坎达蒙提

多年前（其实并不久远），威尼斯的画家和作家曾围坐在浓浓的绿荫下，正如同其他各地的聚会者一样，为前一天聚餐时的某个观点争论不休，或者为画材的价格忧心忡忡，他们讨论在哪里能买到某种特定的颜色，甚至哀声抱怨一些画家已经用丙烯颜料替代了油画颜料。在纽约、巴黎、佛罗伦萨和威尼斯，人们说起艺术家用餐喝酒、争执讨论的地点，一定少不了罗坎达蒙提，在今天也是如此。直到 20 世纪 90 年代，艺术家仍然通过他们的作品来支付账单。

最近几年，这里食物的声誉明显下滑，我决定前去一试。我选了一杯简单的普罗赛柯，用来佐配我的贻贝，贻贝上浇了用少许香料调味的番茄酱，篮子里放着品种不明的面包，可以蘸酱食

用，但我宁愿选择香脆可口、切成薄片的面包棍。面无表情的服务员算不上热情，可能是因为我赶在厨房即将关门的两点半挤了进来。离开的时候，我宁可到外面随便找一家冰激凌店，来一份任意口味的冰激凌——最好是焦糖口味的，比如奶酪拿铁味——也不愿吃罗坎达蒙提提供的甜点。于是我进到里面的房间，仔细端详那些已经褪色的旧照片。出人意料的是，这里还存有各种各样的画作。有些明显是现代作品，有些是古典画作；有卡通涂鸦，也有严肃之作；有风景，也有肖像。我从中认出了弗雷德·丹尼尔斯和鲁贝尔托·费路奇的水彩和油画，他们在 20 世纪七八十年代是这里的常客。

罗坎达蒙提的旅店和餐厅

博物馆和回忆

不用说，学院美术馆每每都会夺人眼球。一旦我找到路，第一站永远是去看卡尔帕乔的《圣乌苏拉》（*St Ursula*）系列（1497—1498）。因为由此衍生了太多的传统和文本：首先是拉斯金，接下来是亨利·詹姆斯，然后是普鲁斯特，以及布鲁姆斯伯里派的文人。在这幅描绘"圣徒之梦"的绘画中，乌苏拉的卧室花瓶里有三枝花，在瓦妮莎·贝尔看来，这三枝花正代表了自己和邓肯·格兰特、大卫·加奈特的关系：三者拥抱在一起。[1]1872 年 7 月 5 日，

---

[1] 瓦妮莎·贝尔，英国画家、室内设计师，弗吉尼亚·伍尔夫的姐姐。邓肯·格兰特，英国画家、设计师。大卫·加奈特，英国作家、出版人。三人都是布鲁姆斯伯里派成员。格兰特是贝尔的婚外恋人，与她生有一女安杰丽卡。格兰特与贝尔是开放式关系，格兰特曾有多位同性恋人，包括大卫·加奈特。安杰丽卡成人后，与大卫·加奈特结婚。

拉斯金沉思着写下了关于这幅画的一段文字：

> 1869 年，离开威尼斯之前，我仔细地看过了维托雷·卡尔帕乔那幅关于年轻公主睡梦的画。卡尔帕乔事无巨细地描绘了公主那间小卧室在黎明时分的样貌，他竭尽全力地向我们展示了这位公主过的是怎样的生活……
>
> ……
>
> 床是宽大的四柱床，镀金或者包金的柱子上雕刻着各种枝叶花纹，上方撑着一顶暖红色的顶篷……
>
> ……
>
> 房间的门口处，一位天使正走进来（有只小狗躺在地上，虽然醒着，神情戒备，却丝毫没有注意到这位天使）……
>
> ……
>
> 公主就这样酣睡着，她受到赐福的双眼无须世间的黎明……但这幅画的可爱之处，正是在于公主的生活明显是愉悦的。她坐拥皇家权力，到处散发着快乐：花朵，她的书，她的起居坐卧，她的祈祷，她的梦境，她的大地和天堂……[4]

维托雷·卡尔帕乔《大使启程》（*The Ambassadors Depart*），1495—1500 年，帆布油画

27th Nov. 1846.

拉斯金与阿尔伯特·古
德温、阿瑟·塞文和
琼·塞文以及朋友们在
威尼斯，1872 年

拉斯金的《威尼斯之石》（*Stones of Venice*，1851）就在那里承载着我们的谈话，如同支撑着威尼斯建筑的那些木质圆柱一样坚实。还有伟大的普鲁斯特，他追忆起圣马可和那里的镶嵌画，在回忆中致敬清真寺和他的母亲，致敬圣乌苏拉和卡尔帕乔——永远的卡尔帕乔，这段描述如此令人难忘：

> 而到了现在，一想起圣马可的浸礼池——想到圣约翰将基督浸入约旦河的水中，而贡多拉就在毕亚契塔广场的上岸处等待我们——我不再无动于衷。就在我身边阴凉半影处，一位妇人身披丧服，那肃穆、激动又癫狂的神情像极了学院美术馆卡尔帕乔《圣乌苏拉》里的那个老妇人，一样脸颊潮红，脸颊悲伤，身穿黑纱。在圣马可避难所的柔光之中，没有什么能被拿走，而我一定会在那里找到她，因为那里永远有她的位置，如同马赛克贴画一般永恒，而她应该是我的母亲。[5]

左页：约翰·拉斯金《威
尼斯，雨后的圣马可速
写 》（*St Mark's, Venice,
Sketch after Rain*），
1846 年，纸上水彩

从学院美术馆出来，还有许多卡尔帕乔的作品值得献上敬意：在圣乔治会堂可以找到《圣乔治屠龙》（*St George Killing the*

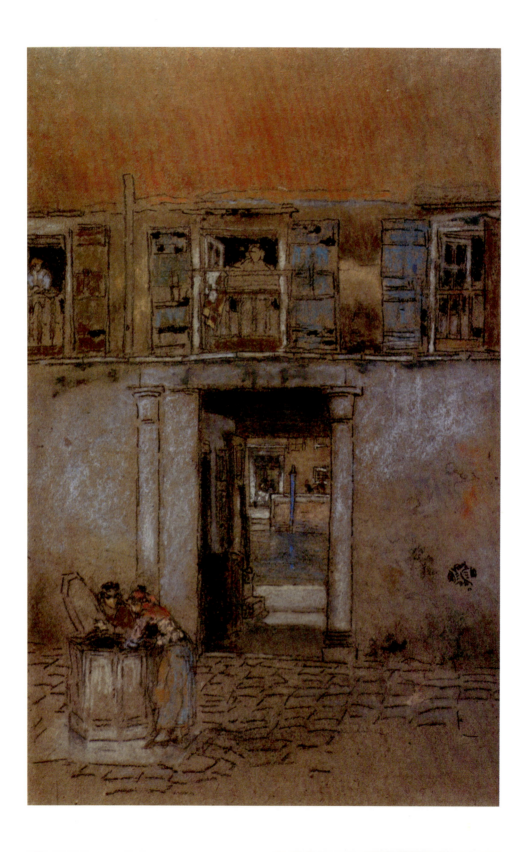

Dragon）——多么威猛的一条龙！此外还有《奥古斯丁在工作室里》（*St Augustine in His Study*）和他可爱的小狗。离那儿不远是圣像博物馆，藏在铁门后面，绿植掩映，惠斯勒画过这里的风景速写。

威尼斯式的激情

拉斯金、萨金特、普鲁斯特和亨利·詹姆斯对威尼斯的热情，在詹姆斯·惠斯勒和他的门徒那里也得到了回应，同样钟爱威尼斯的还有弗兰克·杜韦内克和"杜韦内克男孩"，这些导师或教师身边都围绕着年轻的学生。这些艺术创造者留下的作品和回忆，将我们带入了他们的谈话，不论这谈话是发生在想象中，还是被他们记录在信件和日记中。

1881 年，詹姆斯在斯拉夫人堤岸 4161 号的四层拥有好几间装修好的房间，就在圣乔治·马焦雷岛对面。他早上在弗洛里安咖啡馆用过咖啡，乘一条贡多拉前往奇达林浴室，洗完热盐水浴之后，走路去油画咖啡馆吃早餐，一直工作到晚上六点，用过晚餐后再回到弗洛里安咖啡馆。

从书中，我们读到詹姆斯曾经拜访过凯瑟琳·德·凯布朗森位于阿尔维西之家的画室——1887 年 2 月，詹姆斯就住在这里，详细地描写了窗外咆哮的风暴——他也是在这里遇见美国人丹尼尔·柯蒂斯和艾丽安·柯蒂斯的，后者买下了学院桥正对面的巴巴罗宫。这座宫殿从 1881 年起就一直属于柯蒂斯家族，他们先是租下这块地方，1885 年买下后进行了扩建。他们出门旅行的时候——比如去巴伐利亚阿尔卑斯山脉的上阿玛高观看耶稣受难剧时——就把这里租给伊莎贝拉·斯图尔特·加德纳[1]，这位勇敢无畏的女士总是把位于顶层图书馆的房间留给詹姆斯。宫殿的"sala"，即会客厅，是极具威尼斯风情的 18 世纪洛可可装饰风格，这里有：

左页：约翰·拉斯金《总督宫门廊南侧》（*South Side of the Loggia of the Ducal Palace*），1850—1851 年

[1]　伊莎贝拉·斯图尔特·加德纳，1840—1924，美国著名的艺术收藏、慈善家和艺术赞助人，在美国波士顿创建了下文中提到的加德纳博物馆。

约翰·辛格·萨金特《伊莎贝拉·斯图尔特·加德纳》(Isabella Stewart Gardner)，1888 年，帆布油画

右页：约翰·辛格·萨金特《威尼斯之门》(Venetian Doorway)，1902年，水彩

威尼斯巴巴罗宫

高挑华丽的房间……阳光照射着波光粼粼的大海……在富丽堂皇的天顶上，光线和装饰画中的"人物"嬉戏玩耍……到处都装饰着贝壳花纹、镀着金边；一群白色的小天使，友善的空中生灵，填满了铸模图饰的凹陷处……[6]

对于身居威尼斯艺术圈的异乡人来说，作为聚会地点的巴巴罗宫有着十分重要的意义。巴巴罗宫很快成了以加德纳为首的美国艺术工作者的聚集之地。这里的常客还包括约翰·辛格·萨金特，他在 1899 年的画作《威尼斯室内》（*An Interior in Venice*）中描绘了柯蒂斯家族的四个人：丹尼尔、艾丽安，还有他们的儿子画家拉夫和他的妻子丽莎。

除詹姆斯之外，这里的访客还包括英国诗人罗伯特·勃朗宁——丹尼尔·柯蒂斯的好朋友，他最后一场面向公众的诗歌阅读会就是在巴巴罗宫举行的。此外还有法国画家德加，他的几幅画作在 1990 年波士顿著名的加德纳博物馆盗窃案中被盗。B. A. 夏皮罗妙趣横生、扣人心弦的小说《艺术伪造者》（*The Art Forger*，

2012）中，有伊莎贝拉·加德纳于 1897 年写给她侄女艾美利亚的信，信中描述了她与德加的会面。之所以提及这些信，是因为女主人公"临摹"或"伪造"过《浴后》（*After the Bath*）这幅画，或者说，这幅画的替代品被挂在了博物馆里。[7] 雄伟的巴巴罗宫备受加德纳的喜爱，这里激发了她对博物馆的设计灵感，当时博物馆还叫作芬威馆。巴巴罗宫也是詹姆斯《鸽翼》（*The Wings of the Dove*，1902）一书虚构的洛可可风格的雷普芮里宫的原型，1997 年的同名电影就是在这里拍摄的。詹姆斯有许多作品都以巴巴罗宫为灵感，比如在他的自传《作为儿子和兄弟》（*Notes of a Son and Brother*，1914）中关于威尼斯的那些章节，描述了他在伦敦与一位美国作家威廉·迪安·豪威尔斯共进了一顿"威尼斯式的早餐"，彼时豪威尔斯刚刚从威尼斯长途旅行归来。关于威尼斯的描述在《鸽翼》中篇幅更长：鸽子般纯洁的米莉·蒂尔遇上了美丽又危险的凯特·克洛伊，后者想让自己的情人丹什与行将就木的米莉结婚，好让自己和丹什从此过上富足的生活。米莉的居所正是雷普芮里

威尼斯弗洛里安咖啡馆，咖啡和杏仁羊角包

宫。医生马克勋爵来到威尼斯，将她不久于人世的消息告诉米莉。
丹什担心米莉获悉她的病情，他走在圣马可广场时见到了马克勋
爵，得知米莉即将离世的噩耗，止步在弗洛里安咖啡馆门口。托
马斯·曼的小说《威尼斯之死》（*Death in Venice*，1912）中也出
现了威尼斯的魅影。在艺术和文学中一样，命运的重幕总是垂在
威尼斯的水上。

悲剧的布景已经在别处就绪，烛光映照下的弗洛里安咖啡馆
不仅透露了亨利·詹姆斯的生活习惯，也揭示了他构思出的场景。
这个著名的咖啡馆于 1720 年由弗洛里安诺·弗兰彻斯科尼创办，
起初名为威尼斯凯旋咖啡馆，1859 年又重新装修，增添了独立的
私密空间，卢梭、歌德和拜伦以前经常光顾这里。而油画咖啡馆
曾经的常客则是司汤达、巴尔扎克和普鲁斯特，咖啡馆里各种各
样数不清的蜡烛后来在詹姆斯的洛可可宫殿里重新亮相。詹姆斯

弗洛里安咖啡馆外景

对雷普芮里宫的描绘不仅反映了巴巴罗宫洛可可风格的一面，也具有詹姆斯晚年的风格，这与威尼斯的壮丽是十分吻合的：

> 雷普芮里宫的历史静止在它广阔的怀抱中，像是一尊彩绘人像，一个庄严人偶的四周挂着装饰。周围还有画像和遗迹，有威尼斯丰富的历史和不可磨灭的人物，他们的在场一样受到尊敬和爱戴……
>
> 在硕大的客厅，蜡烛的数目比他们朋友的津贴还要多……蜡烛照亮了这里弥漫着的神秘风格……而整个地方如此高雅，优雅的设计、美丽的细节，毋庸置疑是伟大的客厅，欧洲的客厅。[8]

当你在大运河上乘一只贡多拉经过巴巴罗宫，你会看到它占据着自己的角落，满载回忆。在冬日绯色的暮光中，似乎传来了往昔的回声。

在《鸽翼》中，丹什和凯特·克洛伊的对话发生时，詹姆斯成功地将威尼斯打造成了杰出的舞台，这里的会客厅历史悠久：

> 一如既往，谈话在圣马可广场中间进行，这里是极佳的社交沙龙，地板光滑，屋顶是蓝色的，设施便利，是说话的好地方；或者准确来说，不是广场中间，而是两人离开清真寺般的教堂之后，突然受到共同的驱使而停下来的地方。现在，教堂和它的穹顶高高地耸立着，不过是在他们身后。他们面前有一大片空地，周围是拱廊，而在那个时刻，大部分人都在拱廊那边。威尼斯正处于早餐时间，这是旅客和潜在熟人的威尼斯……
>
> ……
>
> ……辉煌的广场，众所周知，在这些年来，比任何欧洲的地方都见证了更多生命的快乐。而在他们远离人群的地方，这一广场给他们提供了安全的独处时光。[9]

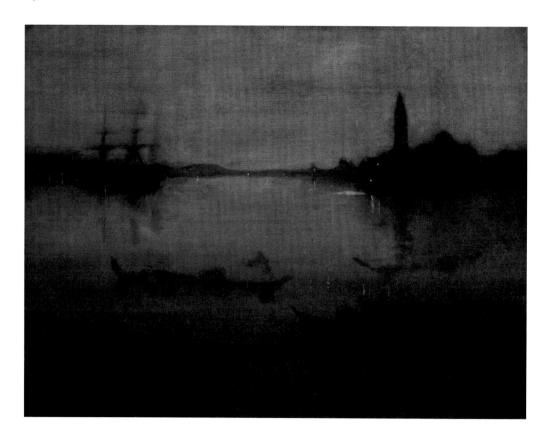

惠斯勒的威尼斯

　　狡黠又难相处的詹姆斯·惠斯勒深受马拉美和所有爱好幽默的人的喜爱，他在杰出的作品《温柔的树敌艺术》（*The Gentle Art of Making Enemies*，1890）一书中，列举了那些歇斯底里地攻击他的可笑言论。惠斯勒关于威尼斯的画作和蚀刻，甚至他所有的作品，都因为不同寻常、晦涩难懂而成了人们完美的讥笑对象。

　　这里摘录了一些惠斯勒关于威尼斯的作品（或者说杰作）的片段：

　　威尼斯
　　"惠斯勒先生又贡献了一小段玩笑。"
　　没错。

詹姆斯·惠斯勒《蓝与银色夜曲：威尼斯潟湖》（*Nocturne in Blue and Silver: the Lagoon, Venice*），1879—1890年，帆布油画

6. 鱼店

"这些作品对于威尼斯的昔日光辉没有任何感情，这样的缺席真令人痛苦。"

——阿里，《观察报》(*Spectator*)

"惠斯勒真是粗俗得非凡。"

——《格拉斯哥先驱报》(*Glasgow Herald*)

9. 水果摊

"城市历史和诗意的面向对惠斯勒先生毫无吸引力，在他作品中也毫无地位。"

10. 圣乔治

"演出未完成的艺术家。"

——F. 威德默

12. 宫殿夜曲

"黑暗中的绘画，本身就是个悖论。"

——《文学世界》(*Literary World*)

同样地，对于《夜曲: 蓝》(*Nocturne: Blue*)和《金: 威尼斯圣马可》(*Gold—St Mark's, Venice*)遭受的负面评论，惠斯勒也极为享受:

"画里没有一个建筑的装饰细节，就连最近的建筑都没有——只看形式和轮廓，我们也猜想不出原建筑是什么；我说这话可不是冲动之言，只要把卡纳莱托[1]画作的细节部分和银版相片的蚀刻画放在一起，就能证明（我的观点）。"

——拉斯金教授，艺术教师

---

[1] 卡纳莱托，1697—1768，意大利风景画家，尤以准确描绘威尼斯风光而闻名。

"我们可以放心地说，惠斯勒的作品里面没有文化。"

——《文艺协会》（*Athenaeum*）

"想象一下追随惠斯勒的会是什么样的天才！"

——《先知报》（*Oracle*）[10]

给每个人，我们的威尼斯

不论吃的是浸透了墨鱼汁的黑色意面，还是配着"polenta"（传统意大利粥）清口吃乌贼鱼，或者像我一样，午夜时分在酒店转角处来四只烤贝类，每一次到访都在为我们共同构造的威尼斯添砖加瓦。

当我在圣祖利安广场一边喝阿贝罗酒，一边在詹姆斯的《意大利时光》（*Italian Hours*）中读到"宫殿倾塌，被埋在宝藏之下，令他难过"[11]，我觉得我们似乎和他做了同样的噩梦，就好像格里马尼收藏的博斯的画作一样——2017年2月在总督宫展出了这些经过最新修复的画作[12]，同时展出的还有110幅《格里马尼祈祷书》（*Grimani Breviary*，约1515—1520）无比精美的袖珍画像。当我们在圣洛克大会堂举起厚重的木边镜子，仰视丁托列托宏伟的艺术作品，并彼此分享；当我们每一次徘徊在惠斯勒创作的希腊圣乔治堂速写前；当我们看到福图尼设计的时装斗篷——其灵感正是源于卡尔帕乔的《在里亚尔托治愈的着魔者》（*Healing of the Madman*，约1496），而这幅画后来也进入了普鲁斯特的《追忆似水年华》——我们深知自己就是这一源远流长的对话的一部分，而威尼斯穿过文化和我们的回忆，始终欢迎我们。即便威尼斯沉入水中，也永远不会毁灭。

大放异彩的先锋艺术家——朱利安学院

其时，许多新兴的美国画家迫切地阅读国外年轻画家的资讯，希望有朝一日加入他们。这些新兴画家大都读过美丽又有才华的俄国画家玛丽·巴什基尔采夫写的日记，这些日记最初是在 1887 年发表的。巴什基尔采夫的画作《带颜料盘的自画像》(Self-Portrait with Palette) 完成于 1880 年，她的日记中记满了自己在朱利安学院的学习经历，以及她与鲁道夫·朱利安（1839—1907）之间的友谊。

1873 年，朱利安学院的一位学生乔治·摩尔，在《印象与意见》(Impressions and Opinions) 一书中形容鲁道夫·朱利安是"一位赫拉克勒斯式的人物，深色头发，强壮，肩膀宽阔，短腿，声音轻柔，具有南法的全部魅力"。[1] 朱利安常常谈起他位于沃克吕兹省拉帕吕的村庄，他曾在那里的"花园"居住，后来该建筑改名为加鲁特城堡（现在被用作多功能厅，是村子里的文化中心）。最终朱利安买下了其他建筑，一栋建筑坐落在主路和邮政街的交叉口（有一座颜料盘形状的陶瓷纪念雕塑），另外他在村子中心附近的车站大道上也有一大片房产。

朱利安还养过 18 条巨型大丹犬和拉布拉多寻回犬，它们都被关在一处巨大的圈地里。他会派其中一条叫歌利亚的狗去村子里跑腿，歌利亚会从屠夫那里把几包肉带回家。在当地暴发狂犬病时，朱利安不得不把他的狗给杀了。

拉帕吕是普罗旺斯许多依靠种植茜草和养蚕致富的村子之一，茜草可以用来喂蚕，植物的根部能被用作深红色的染料。拉帕吕一度有 11 家咖啡馆和 8 家酒店，但跟其他地方一样，在德国发明了一种更加廉价的化学染剂之后，养蚕业遭到了重创。就在沃克吕兹省一个叫莫尔穆瓦龙的村子——因蜜蜂的嗡嗡声而得名，早期人们释放蜜蜂以对付入侵的萨拉森人（故事是这么说的）——

那里原先有 5 家杂货店，最终只有 1 家存活了下来。在这些贫穷的村子里，很多人家的窗户都用板子封住了，因为税收是以窗户为单位计算的。

　　朱利安本人是那种最典型的文艺复兴时期多才多艺的 "honnête homme"（正人君子）。他当过摔跤手，参加过各种地方比赛，而且一直跟用普罗旺斯语写作的诗人关系很近，尤其是弗雷德里克·米斯特拉尔和费利波希吉诗文社，该组织致力于用阿维尼翁地区一种叫奥克的法语方言写作交谈。1863 年至 1879 年，朱利安还是一位成功的插画师和画家，参加过各种沙龙。后来他放弃了绘画，转而开办学校，学校不断取得成功，直到成为巴黎除法兰西艺术学院、科拉罗西学院和大茅舍艺术学院以外最知名的艺术学院。1890 年，他在龙街 31 号开办了画室，专收备考法兰西

杰佛逊·大卫·夏乐芳《布格罗在朱利安学院的画室》（*Bouguereau's Atelier at the Académie Juian*），巴黎，1891 年，嵌板油画

艺术学院、竞争罗马大奖或希望在沙龙里展出作品的学生。

朱利安学院的历史

1959 年，朱利安学院被一个更大的学院兼并，之后的 1968 年，它又跟培宁根画室合并，成为图像艺术研究生院。

但朱利安学院的历史是辉煌的，这里曾出现许多重要人物，比如纳比派艺术家莫里斯·丹尼斯、保罗·塞吕西耶、爱德华·维亚尔和皮埃尔·波纳尔，野兽派的亨利·马蒂斯和安德烈·德兰，还有马塞尔·杜尚、让·杜布菲、雅克·亨利·拉蒂格、艾琳·格雷、亨利·范·德费尔德、海报天才卡桑德尔，以及罗伯特·劳森伯格——1948 年他在这里学习。[2] 有记录表明，许多美国画家都一心加入绘画学院学习，否则他们会认为自己的教育是不完整的，这些记录里也提到朱利安对他人的关切。其中一份报告尤其典型：

> 所有来找朱利安的男女学生，只要朱利安在他们身上发现了真正的使命和兴趣，只要他发现了一个人成功必备的那种强烈的坚持，那么他就愿意尽其所能地帮助他，要么是在物质方面予以帮助，要么是为他提供建议和鼓励。

他的个人魅力似乎很让人难忘，1909 年 11 月的一份记录中写道："只要他一出现……一片沉默……每个人都迅速拿起铅笔或画刷，开始不知疲倦地跟随自然、寻找真理。朱利安广受敬畏，也备受爱戴。"[3]

女性学生

在最初的校址全景廊街，女性画家都住在二楼。只要有男性同学在场，她们是不能画男性裸模的。给朱利安学院学生授课的都是极为著名的教授，包括朱尔斯·约瑟夫·莱菲博瑞、古斯塔夫·布朗热、威廉 – 阿道夫·布格罗、让 – 保罗·劳伦斯及让·约瑟夫·本杰明 – 康斯坦特，后者像朱利安一样，也曾在法兰西艺术学院跟随亚历山大·卡巴内尔、莱昂·科涅和托尼·罗伯特 – 弗洛里学习。弗洛里曾教过塞西莉亚·博克斯和安娜·伊丽莎白·克卢普克，后者是罗莎·博纳尔[1]的好朋友。

说来有趣，罗莎·博纳尔必须拿到法国官方的一纸许可，才能穿男性化的服饰。她总是穿裤装，罩袍不系腰带，很像是夏尔·傅里叶[2]的学徒。傅里叶和他的乌托邦社群对许多女性画家具有极为重要的意义，比如我的祖母玛格丽特·利比特，她曾在朱利安学院学习，也常去沃普斯韦德、普罗温斯敦和旧莱姆等艺术家聚居地（我们去纽约大都会艺术馆的时候，她会坚持让我们向博纳尔致敬）。即便在这些群体内部，也可以不遵从既定规则。也

[1] 罗莎·博纳尔，1822—1899，19 世纪最著名的女性画家，以动物画出名。
[2] 夏尔·傅里叶，1772—1837，法国哲学家、思想家、经济学家、空想社会主义者。

朱利安学院的女性学员，
1905 年

许正是因为社群里的自由氛围，艺术家才能创作大胆冒险的作品而不受社会约束吧。

至于才华横溢、勇敢又极有修养的玛丽·巴什基尔采夫，她在 1884 年因肺结核过早地去世了。她一直认为（或者说知道）自己会被后人长久铭记，而她也确实预感过自己会英年早逝。她的母亲编辑了她留在身后的 84 本日记，但是篡改了日期，似乎把她的出生日期和去世日期都提前了，因此我们永远无法得知她出生的确切日期，这使得一切都更加戏剧化。这位母亲在巴什基尔采夫去世仅三年后就发表了这些日记，这些日记在女性艺术家中间广为流传，包括贝尔特·莫里索、朱莉·马奈和塞西莉亚·博克斯。

1985 年，巴什基尔采夫的作品目录中有 200 多件作品。她似乎一直在坚持工作，总是打扮低调，不想引人注意，而且时刻保持清醒，如她所说，"中产阶级是不可能了解她的艺术态度的"。

朱利安学院的女性学员，约 1885 年

（哇哦。）鉴于她的这种自信，也许她不会是你喜欢的那种人，但我们怎么可能不为她的日记风格而惊叹呢？巴什基尔采夫一直想成为一名歌手，却缺乏这样的天赋，不论你是否为此惋惜，她的风格本身已经令人仰慕。算了，玛丽对自己说，对公众她也如此以笔明志，她可以用艺术或者她的日记做到这一点；显然她两者都做到了。以下是巴什基尔采夫早期日记的部分片段：

> 1875 年 1 月，尼斯
>
> 我是为情感、为成功而生的；因此，我最好是成为一名歌手……我是贵族血统，因此不必赚钱谋生；这会让我赢得更大的成功，让我的攀升更为容易。因此生活是完美的。我什么都不要，只梦想出名，为全世界所知。

> 1876 年 7 月 2 日，尼斯和罗马
>
> 结婚生孩子！任何洗衣妇都能做到这一点……我想要什么？哦，你最知道了。我想要荣耀。

> 1876 年 4 月 13 日，巴黎
>
> 等我 22 岁的时候，我要么出名，要么已经死亡。
>
> ……我发誓我会出名；我严肃地发誓——以福音之名，以基督之爱之名，以我之名——在四年之内，我会出名。[4]

巴什基尔采夫的确在她 26 岁死前出名了，因此从这个角度来说，的确如她所知的那样，她所言不虚。

关于在朱利安学院的学业，她描述得十分具体：毕竟她是第一个坚持女性画家应该使用裸模的人，未来学院的女性艺术家完全有理由为她的坚持欢呼。她描述了鲁道夫·朱利安来到全景廊街的女性画室，观看她的画作——叙述中不乏我们之前看到的种种自我赞美，但绝不乏味。

玛丽·巴什尔采夫《雨
伞》（*The Umbrella*），
1883 年，帆布油画

第一次使用裸体男性模特的时候，是朱利安本人把她带到
画室的：

1877 年 10 月 4 日，巴黎

至于裸体绘画习作，自然而然就画成了，朱利安先生连
一处线条都没有改动……他说有时候他的女性学员和男性学
员一样聪明……[5]

巴什基尔采夫说，如果女性画家只能使用披着衣服的模特，

那么就理当与男性一起工作，她相信这是她应得的。但既然现在她们都能对着裸模作画，那男性学员也就没什么优势了。于是她留在了女性画家中间，在日记中写道：

> 1877 年 11 月 17 日，巴黎

> 我必须告诉你，朱利安先生和其他人在男性画室说过，我的手法、风格和能力完全不像女性，他们想知道我是不是从我家里人那里继承了这么多的天分和活力，甚至是绘画中的残酷，我的作品那么坚毅……

> 1877 年 10 月 6 日，巴黎

> 至于裸体绘画习作，自然而然就画成了，朱利安先生连一处线条都没有改动。我到的时候他还没有来；是一位学生告诉我从何入手的；我之前从未见过裸体习作……我开始画画的方式让朱利安很满意。"冬天结束时你就可以画一些很不错的画像了。"他跟我说。我，啊！好开心。

> "别害怕，"朱利安说，"你会学得很快的。"[6]

她做到了。1880 年，她的一幅画被沙龙接收，这个消息是在同年的 4 月 7 日，朱利安亲自告诉她的。画室里的工作以及跟朱利安的相处都进展顺利，她常常和朱利安吃饭、聊天。她称呼他为"著名的狂人朱利安主任"，还有"朱利安祖父"。一位记者说，即便作为一位十分出色的教师，朱利安本人对此也十分谦逊，反而称赞了布格罗和托尼·罗伯特－弗洛里等人，说他们是公认的杰出教师。[7]

巴什基尔采夫的大放异彩给朱利安带来了荣耀，这一点她远非毫不知情。"你鞭策我是因为我带来的钱，以及我为画室赢得的荣耀。"她说。[8] 朱利安想让她画一幅女性画室的作品，也许是维维安路上的新画室，她照做了，并在 1881 年的沙龙展出。在她早

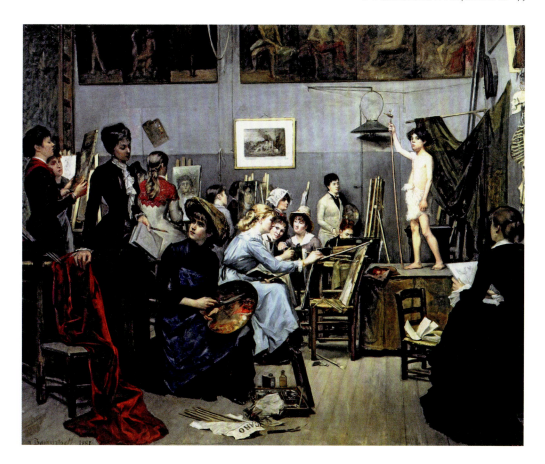

玛丽·巴什基尔采夫《在画室》(In the Studio)，1881年，帆布油画

逝的前几天，罗伯特－弗洛里和鲁道夫·朱利安来和她共进午餐，这时因为朱利安公务繁忙，她已经很少见到他了。

最重要的是，巴什基尔采夫把她的自信留给了我们，这一定激励了很多女性画家。尽管她们可能会抛弃如此极端的自我褒扬，但内心不被她的自信所打动——哪怕只有一点——也是很难的，她的自我确信，她对自然的热爱达到了近乎抒情的高度。朱利安总是坚持画家应该在自然中找到真理：

1884年3月11日，巴黎

在我看来，没有人，没有人像我一样热爱一切——艺术、音乐、绘画、书籍、社会、裙子、奢侈、兴奋、平静、欢笑和眼泪、爱、忧伤、薄荷糖、雪和阳光；所有季节、一切大气效应，俄罗斯的寂静平原，那不勒斯周围的山脉；冬天的霜，秋天的雨，春天的反复无常，夏天安静的日子，还有繁星明亮的夜晚……我敬仰、喜爱这一切。一切在我看来都是有趣的、崇高的；我想看到、拥有、拥抱这一切，想被时间吞噬，然后死去，因为我必须在两年之内，或者在30岁之前——在狂喜中死去，这样才能分析清楚这一最终的谜题，结束这一神圣的开始。

《日记》序言，1884年5月1日

如果我没有早逝，我希望能作为伟大的艺术家活下去；但如果我早早离去，我会发表我的日记，而日记绝不能无趣。[9]

1884年6月25日，巴黎

想知道该干点什么。去意大利？留在巴黎？结婚？画画？能做什么？如果我去了意大利，就不能在巴黎了，而我想同时在所有地方！！一切都充满活力！！！

如果我是男人，我恐怕已经征服了欧洲。我是个年轻女孩，光阴都浪费在多嘴多舌和愚蠢的怪癖上了。啊，痛苦！……为什么我要有之前的抱负，想象一切荣华富贵？为什么我从4岁开始，从我能连贯思考开始，就对辉煌、伟大、混乱但激烈的事物有如此强烈的渴望？啊，在孩童的幻想里，有什么是我没做到的！[10]

学生和学院的声名

朱利安学院的学生都读到过这些关于学院的叙述，这样的描述激发了太多人的兴趣，是许多年轻女性入学的一大动力。鲁道夫·朱利安从未登过广告，而是依靠人们口口相传，而且这里又没有入学考试，不像法兰西艺术学院那样（那里的教学和结构都没那么灵活），因此各种有才华的学生——当然也有才华欠缺的人——都被接收了。

朱利安学院的一大优势是学生可以工作到很晚，而在法兰西艺术学院，画室下午就关闭了。朱利安的主要目标，用他自己的话来说，是通过两所学校的对比来确立的："在这里，每个人都能享受绝对的自由，以自己认为合适的方式工作。区别在于，这里由自由统治，而那里缺乏自由。"[11]

我祖母曾在朱利安学院跟随亚历山大·卡巴内尔学习，后者因他的东方主义和对明亮色彩的运用而知名。我祖母的确是以适合她的方式工作的，她创作了一幅极像卡巴内尔的画作，有蜡烛

亚历山大·卡巴内尔《自画像》（*Self-portrait*），1852 年，帆布油画

的烛光，空间被珠宝和挂毯占满。卡巴内尔像布格罗和劳伦斯一样，后来也去法兰西艺术学院教书，开设男女混班的课程。

朱利安学院成名还有一个原因：高更影响下的纳比派正是在这里学习的，亨利·马蒂斯也是在此师从布格罗，日后才去了法兰西艺术学院跟随居斯塔夫·莫罗工作的。学院其他著名的学生包括美国人罗伯特·亨利，他是我祖母的好朋友，祖母很喜欢读他的书；还有约翰·辛格·萨金特，我祖母在卢浮宫临摹画作的时候，萨金特赞美了她的褐色头发，说她像提香笔下的人物。萨金特还主动提出在她的画上签名，这算是一种极高的称赞，即使祖母拒绝了他。

巴什基尔采夫说朱利安学院是唯一严肃对待女性画家的学院 [12]，她说得没错（当然，由惠斯勒管理、只短暂存在过的卡门学院，以及科拉罗西学院同样接收女性，很多女性学员都在那里学习过）。当女性画家刚来到朱利安学院，发现她们每周只能得到一次作品点评，却要付双倍的价钱时，都十分错愕，要知道男性画家只要付她们学费的一半，便能一周得到两次点评。所有的费用都是预付，你可以选择待上一年、一个月或者几天：从没有学生被拒绝过。

学院分支

鲁道夫·朱利安本人花在作品点评上的时间越来越少，他的精力更多地放在分院管理上。分院数量大幅增长，在 1868 年全景廊街上的分院后又增添了维维安路的分院；还有另一所专为女性开设的著名分院于 1888 年在第八区的贝里路 5 号落成。

学院教授通常成对授课或点评作品。因此，布朗热和莱菲博瑞这一对著名搭档，一直合作教学到 1888 年布朗热去世，后来莱菲博瑞继续授课直到 1911 年去世。本杰明 – 康斯坦特的搭档是让 – 保罗·劳伦斯。朱利安学院浸透了忠诚的品质，许多教授生前一直在这里授课：其中之一是布格罗，他享有的声誉可谓实至名归。

朱利安学院最有趣的学生要数来自费城的画家塞西莉亚·博克斯了，她值得被常常提及。她的父亲让·阿道夫·博克斯在尼姆和阿维尼翁长大，是个地道的普罗旺斯人。后来，流亡的胡格诺派教徒把赞美诗的歌声带到了纽约的教堂，博克斯就是听着这样的歌声长大的：

> 雅各的石头，
>
> 一切尽善美。
>
> 他口中所宣说，
>
> 他手下必会做。
>
> 哈利路亚！哈利路亚！（重复）
>
> 因他就是我们的上帝，
>
> 我们在高处的退隐。[13]

博克斯随了母亲的名字，她母亲在生下她不久之后就去世了，这让人想起保拉·莫德松 – 贝克尔[1]的命运。博克斯赴巴黎的朱利安学院学习时，已经会说法语了，这多亏了她父亲的坚持。博克斯曾大篇幅地讲述她在贝里路的朱利安学院学习的日子，并将其与科拉罗西学院进行了比较，1889 年她曾在那里上夜校，并得到库尔图瓦、帕斯卡·达尼安 – 布弗雷和本杰明 – 康斯坦特画室的点评。她更喜欢朱利安的课程，这里的学生更加认真、有抱负。就是在那个时候，她发现，和素描相比，油画更麻烦，因为艺术家每次都要清洗他们的颜料盘。

她详细地描述了这里的工作人员，特别是画室的 C. 女士，她负责管理和学生有关的大小事宜，安排学生在画室里的位置；还有这里的女佣或帮手，她们会去街上或商店里买学生的午餐："一

---

[1]　保拉·莫德松 – 贝克尔，1876—1907，德国现代主义艺术代表人物，在诞下女儿后不到一个月因肺栓塞去世。

枚硬币买面包，两枚硬币买黄油，还有五枚硬币，给女士买肉冻卷。"博克斯说，有些人会吃"'une cuisse'……冷切鸡腿……这对我们大多数人来说可是奢侈品。我的选择几乎永远是'肉冻卷'，一种用小牛肉以及其他口感顺滑的固体食物做的'pâté'（肉酱），在切割利落、形状优美的肉冻片里，有黑松露点缀其间"。[14]

尽管没有登过广告，朱利安的课程总是满员，真是令人震惊。每一个画架和椅子上都用白粉笔标了记号，如果有女画家占了别人的座位，或者没有按时出现在自己的座位上，就麻烦了。这里几乎没有多余的空间。每周都会确定一个绘画主题，学生周六交上作品；每周一早上，画新的人像写生时，上周作品最好的艺术家有权优先选择位置。

"我运气不错，经常胜出。"[15]塞西莉亚·博克斯说。请允许我指出，她没有赞美自己的天分，而是将之归为她的好运：我们欣赏的正是这样的创作者。她记下了老师对学员作品进行点评的很多片段。课程总是从"学院式的授课"（传统的全身素描）开始。罗伯特－弗洛里是她的主要教员：

> 我从画架后面观察他的时候，觉得自己第一次知道了法国和巴黎之所以成为圣地的那种限制因素。他似乎带着什么东西走进了房间，这恐怕不是他的个人特质，而是地方渊源和生活赐予他的东西。
>
> ……
>
> 我们都站在弗洛里——或者任何一个当时正在点评的人身后，他双臂交叉，站在画布前咆哮。他指着我的画，恶狠狠地问："Qui est-ce que a fait ça？"（这是谁画的？）C.女士把我拖出来推到前面。我在他面前吓得发抖，因为他常挖苦人。"哼，"他说，"c'est vous? Je n'ai pas vu les autres, mais je sais bien que c'est la meilleure."（是你？我还没看其他人的，但我知道这绝对是最好的。）

朱利安学院的女性绘画课，
1905 年

第二天，朱利安来到班上。他举起我的画作，大概有 8 英寸 ×10 英寸那么大，然后看着我微笑。这幅画将被 accrocheé sur le mur（挂在墙上）。[16]

这是学生能获得的最高荣誉，因为一幅画一旦上墙，就会永远挂在上面——

左页：塞西莉亚·博克斯《梦想家》（*The Dreamer*），1894 年，帆布油画

pour toujours（永远）。这些画永远不会让出地方。曾经有价值的，永远都有价值——它们将成为学院的记录。这种对恒久标准的信念是多么简单！

……朱利安先生跟我说了几句话，十分严肃，有些动感情……“小姐，”他敦促我说，“你必须把自己献给情感表达，不要把时间浪费在无足轻重的东西上……”[17]

说来一切都关乎感情，关乎 la vérité（真实）。这一集聚之地

对于美国艺术家和其他人而言相当重要，关于这里的记录在我看来尤其珍贵。唯一能与其相当的——虽然有些牵强——恐怕要数纽约艺术学生联盟[1]了，许多普罗温斯敦和旧莱姆的艺术家都在那里教书。

托尼·罗伯特－弗洛里在他的工作室，约1885—1890年

[1]   纽约艺术学生联盟（ Art Students League of New York ）是一所位于美国纽约市曼哈顿的艺术学校，成立于 1875 年。

5 美国画家的理想之地——旧莱姆

在康涅狄格州旧莱姆的弗罗伦斯·格里斯沃德别墅，从1900年开始，美国第一个艺术集群的源头始见于记载。弗罗伦斯·格里斯沃德是新英格兰地区一个有名望的家族的最后一名成员，当时她需要进项以维持家业。附近是科斯科布艺术集群。1892年，约翰·亨利·特瓦克特曼和J.奥尔登·威尔在纽约艺术学生联盟任职，向学生教授暑期课程。从那时起至20世纪20年代，在柴尔德·哈萨姆、西奥多·罗宾逊和欧内斯特·劳森的协力下，科斯科布繁荣发展了起来。从19世纪90年代到20世纪20年代，这群艺术家和作家就在位于科斯科布港口的霍利屋相聚，那里是康涅狄格州的第一个印象主义艺术聚集区。这些艺术家中，有一些人常去弗罗伦斯·格里斯沃德别墅，在那里延续他们之前的绘画风格。科斯科布和日后的弗罗伦斯·格里斯沃德别墅，以及喜欢水域的画家之间，有着确切而持久的联系。过去有许多画家去水边支起他们的画架，现在也是如此。[1]

威尔·豪·富特和约翰·亨利·特瓦克特曼都用蜡笔和水彩作画，莱昂纳德·奥赫曼1892年曾来过科斯科布，而克拉克·沃黑斯曾跟随奥赫曼学习，1896年到访旧莱姆。在奥赫曼之前，沃黑斯和其他画家曾画过康涅狄格的东海岸：19世纪90年代有雷诺兹·比尔、查尔斯·哈罗德·戴维斯和罗伯特·麦诺尔，后来约瑟夫·亨利·波士顿为布鲁克林艺术学院在莱姆开设了暑期学校。

这里是绘画的理想地，也是聚在一起讨论和绘画相关话题的完美地点。整个地区风景如画，有沟壑、岩石、水域、滩涂——完美的绘画场所。幸运的是，亨利·沃德·兰杰于1899年到访旧莱姆，和之前的许多画家一样，他被这里的风景吸引。这里住宿方便，水边和附近霍利屋旁的聚居区都有不少写生的好地方。于是在沃黑斯的建议下，兰杰把他的朋友都召唤到了"弗罗伦斯小姐"好客

MISS FLORENCE IN HER DINING ROOM

的屋檐之下。弗罗伦斯小姐有着显赫的家族，她本人也颇具教养，是一位完美的东道主，十分健谈。她将这栋位于莱姆街的房子向住客敞开大门，先是兰杰，慢慢地，整栋房子都住满了画家。[2]

20 世纪 30 年代的弗罗伦斯·格里斯沃德

　　弗罗伦斯·格里斯沃德别墅沿承了法国的蓬塔旺艺术聚集区、布列塔尼和附近的普度的风格。在普度，玛丽婶婶的别墅仍秉承传统，举办画家展览。高更和其他人正是在这些地方相聚、争论，讨论工作和绘画的，他们住在一处，不过，因为高更能量巨大，声如洪钟，所以分在两个餐厅用餐。巴比松和吉维尼的艺术聚集地同样激励人心，弗罗伦斯·格里斯沃德的许多住客都去过这两个地方，也去过蓬塔旺和普度，当然还有康沃尔的圣艾夫斯。这种传统从法国和英国传到了美国，正如我们在本章中看到并称颂的那样。

　　许多最终成为弗罗伦斯·格里斯沃德别墅团体的成员，都曾在法国绘画，也到访过那里的艺术聚集区，因此之前许多聚集的习惯被带到了美国，尤其是最开始的那些聚集区。艺术聚集区和聚会的重要性与乐趣，在很大程度上正在于一代代艺术家的传承，由此，同样的精神总能在作品与作品的分享之中保留下来。

绘画

在旧莱姆的别墅诞生的第一幅画作来自亨利·沃德·兰杰，他在 1990 年完成了《月光下的弓桥》（*Bow Bridge by Moonlight*）。而事实上，许多挂在弗罗伦斯·格里斯沃德别墅餐厅里的画作，都源自兰杰脑海中的记忆，源自那些他在法国见到的艺术聚集区成员所作的绘画和装饰——尤其是巴比松的甘纳客栈，以及布列塔尼普度现在的"玛丽婶婶的客栈"。在这两家客栈，橱柜、墙壁和其他所有地方都被用于作画，因此直到现在，每间房间仍像有人在里面居住和工作。按照法国当时的惯例，许多画作都被艺术家留下用以支付账单或作为离别时的礼物。

亨利·兰金·普尔 1905 年的长横幅画作《猎狐》（*The Fox Chase*）中，包含了当时住在"圣屋"（别墅当时的称呼）的所有成员。画作的右上角有一瓶几乎空了的威士忌和满满一瓶玛蒂树脂[1]，两个瓶子像在对话一样，似乎在视觉上大声地宣告这是艺术家最喜欢的两种活动。《猎狐》展现的是这些画家所追寻的颇为讽刺的目标：在这幅长长的画作中，所有人都在追寻一些得不到的东西。

这个美国第一个艺术聚集地的宗旨，是找到美国绘画的内在形式——当然有对法国印象主义的模仿，但无疑是属于他们自己的。在美国印象主义出现之前，曾经出现过一种"色调主义"——以各种淡色和阴影，用情绪化的方式描绘主题，通常是这些画家最擅长的风景。色调主义画家善用朦胧的形式和金色，其中公认的最著名的美国画家是詹姆斯·惠斯勒和乔治·英尼斯。[3]

1905 年，柴尔德·哈萨姆等人在餐厅所有门上画上了作品，完成了对别墅一楼的装饰，威拉德·梅特卡夫提议在餐厅的墙壁上增添一些木绘板，以此向弗罗伦斯·格里斯沃德致敬。这个房

---

[1]　玛蒂树脂为油画常用媒介。

间里现在有出自 33 位艺术家的 38 幅各种主题的画作。艺术家们管自己叫"门环俱乐部",在别处也会自嘲为"热风俱乐部",这些名字都充分体现了"画笔同志"精神。很明显,无论别称是什么,这一艺术家聚居地和旧莱姆都以欢快的精神向外传播开来。

弗罗伦斯·格里斯沃德的别墅,约 1901—1915 年

生活与工作

你也许已经能够想象,在弗罗伦斯小姐的别墅,一天是怎样度过的了,这可能是大多数艺术聚集区中生活与艺术并行的典型方式。在共同享用了可口的早餐后,画家们会拿着调色盘和画架到户外去写生。当然,能做的事情还有很多——夏日畅游、散步、打理花园——但通常早上的时间都是留给绘画的,天气允许的话会在户外。接着,艺术家们在门廊享用午饭,讨论颜料和材料的问题。这也是"热风俱乐部"名字的来源,因为他们会热火朝天地解释自己的理论,互相争吵,辩论议题,庆祝或哀叹自己的工作顺利与否,用度过晚餐的方式度过午餐时间:在团体中分享八卦和工作的趣事,有时互相忌妒,有时彼此合作。

别墅的特点

刚开始，在 19 世纪 90 年代，色调主义画家路易斯·科恩、威廉·亨利·豪伊和克拉克·沃黑斯是这一聚居地的主要画家。兰杰认为，这里的风景让人忆起往昔，那时人们必须在遍布岩石的贫瘠土地上努力生存下去。不过这种想法逐渐让位于美国印象主义——这让人想起巴比松和蓬塔旺的画家。

1900 年至 1903 年，约有 30 位艺术家在不同时间到访并在这里居住。许多人都是科斯科布的老朋友，他们带来了颜料盘，也为这座他们热爱的房子带来了朋友般的情谊。通常白天都会用来工作，时间根据户外作画的节律或不同工作室的节奏而定。除了划船和钓鱼，还有掷马掌、棒球、各种化装舞会和猜字谜游戏。这里整体的氛围十分自由，就连著名的柴尔德·哈萨姆穿着绣花袍子、戴着大礼帽散步去邮局，都不会引人注目。哈萨姆 1903 年来到别墅，之前他在纽约帮助组建了"十人"艺术团体，一道前来的还有特瓦克特曼和威尔，两个人刚从霍利屋（现在

柴尔德·哈萨姆，摄于 1915—1920 年

的布什–霍利屋）搬到了弗罗伦斯小姐的"圣屋"。哈萨姆称这里是"高调思考，低调生活"的地方，由于这一说法既贴切又传达出愉悦之感，后来被许多人反复引用。哈萨姆在别墅的时候，住的当然是最好的房间；他走之后，我祖母的朋友——雕塑家贝丝·波特·凡诺住进了这个房间。作为最著名的租客，她当然有权这么做。

凡诺和她的丈夫——色调主义画家罗伯特·凡诺，是旧莱姆多姿多彩的两位人物。画家兼教师玛格丽特·沃索尔在嫁给德弗罗·利比特之前，跟她的朋友凡诺夫妇在弗罗伦斯·格里斯沃德别墅住了很久。贝丝·波特·凡诺身高 1.4 米，因为童年

时患病，她的躯干很短，但腿极长。据玛格丽特·利比特·若丽森——我的姐姐，凡诺的好朋友的说法，她会伸出长腿去按电梯按钮。贝丝·凡诺热爱跳舞，这也是她喜欢的雕塑主题之一。罗伯特·凡诺给她画过一幅肖像，画中的她打扮成了肖像画家露易丝·薇姬·勒布伦（1755—1842）的样子，暗指凡诺在艺术世界作为女性先驱者的地位。

弗兰克·杜蒙德——我的祖母玛格丽特的老师，和其他几个在弗罗伦斯·格里斯沃德别墅的画家一样，在曼哈顿西 67 街 33 号的合作公寓里有一间工作室，罗伯特·凡诺是公寓的管理者。那里的采光很棒，画家的友谊在这两个地方绽放。住在这座公寓里的还有哈萨姆、兰杰、路易·保罗·德萨尔和艾伦·巴特勒·塔尔科特。这栋公寓兼工作室最终跟东 67 街 1 号上的艺术家咖啡馆合并，现在成了饭店豹艺宫。

贝丝·波特·凡诺

格里斯沃德别墅里最大的那间卧室，先是给了柴尔德·哈萨姆，他离开之后，又给了贝丝·波特·凡诺。凡诺总是穿着飘逸的外套，有着舞者的身材。她曾被一个"第一民族"[1]部落收养，因为她与众不同的慷慨大方，收养她的人给她取了一个中间名"Onahotema"——"伸出双手给予的人"。在许多博物馆和花园里，我们都能看到凡诺的雕塑作品，比如中央公园的弗朗西斯·霍奇森·伯内特[2]纪念喷泉，那里的雕塑模特是贝弗利·梅纳德——凡诺在 67 街的邻居的女儿。贝丝·波特尤其喜欢"餐桌喷泉"，即水会从水盆里的喷嘴涌出的那种：当时有一段时间，参加时尚晚宴的人会在桌子下方看到这种迷你喷泉。后来，凡诺用石膏和蜡雕了许多穿着 19 世纪服装的玩偶，并亲手缝制了衣服。

左页：罗伯特·凡诺《贝丝·波特·凡诺》（*Bessie Potter Vonnoh*），约 1895 年，帆布油画

---

[1] "第一民族"指在现今加拿大境内的北美洲原住民及其子孙，但是不包括因纽特人和梅提斯人。

[2] 弗朗西斯·霍奇森·伯内特，英国儿童文学作家，《秘密花园》的作者。

弗兰克·杜蒙德和他的
学生在艺术学生联盟的
课堂上，约 1894 年

凡诺常把她的手工艺品卖给旧莱姆艺术家和手工者协会，协会是 20 世纪 30 年代由碧翠斯·波普·霍夫曼（美国印象主义画家兼教师哈利·霍夫曼的妻子）创立的。1894 年，凡诺制作了许多她所谓的"陶小人"，以染色的石膏做成日常生活中的女性肖像，主题常常跟法国印象派画家有关。

凡诺的工作室里有一个烧制陶土的炉子，她的人像作品常被拿来与塔纳格拉陶俑作比较，那时候，许多画家都十分钟爱塔纳格拉时期的陶土像。在凡诺的雕塑作品中，你常常能看到她用手塑模的痕迹——裙子的褶皱、扇子上的羽毛等。她的性格特点无处不在，包括当时和现在的弗罗伦斯·格里斯沃德别墅。凡诺也是威尔逊总统和夫人的多年老友，两人曾经因为威尔逊总统夫人学习艺术而到访旧莱姆。

1891 年 6 月，凡诺的作品在巴黎由保罗·丢朗－吕埃尔举办的"美国艺术家雕塑与绘画群展"上展出。后来，她继续创作了许多年轻妇女和女孩的雕塑。在今天的曼哈顿，在温室花园，我们能看到两座由她制作的喷泉和女孩雕塑，其中一座前文有所提及。

1895 年，贝丝·波特·凡诺去了法国，到访了罗丹的工作室。

法兰西艺术学院的青铜雕塑传统给了她启发，保罗·特罗贝茨科伊的小型铜塑、女性朋友们的小型肖像雕塑也让她获益匪浅。直到去世，凡诺一直在从事大型和小型雕塑的创作。

罗伯特·凡诺与格雷

我记得在我 10 岁的时候听我祖母讲故事，有关于沃普斯韦德的故事——利比特夫妇住在不来梅的时候她常去那里，也有格雷（枫丹白露森林附近的一个小村庄）的故事——罗伯特·凡诺很喜爱那里。因此，2016 年，我和我的丈夫决定前去拜访，向那座他和无数画家都画过的桥致意。[4]

这个小村庄距离巴黎南部只有 70 公里，许多画家蜂拥至此，聚集在夏维隆酒店（现属于格雷基金会）。村子的主路仍保持着 19 世纪的面貌，路边满是工作室，洋溢着艺术气息。如今，人变少了，艺术氛围却更加浓厚。有一年夏天，在去巴比松和马拉美在瓦尔凡的别墅的路上，我们路过了老洛朗，即博斯若酒店的前身，住在这里的大部分是非画家的访客，这里的波希米亚氛围没有夏维隆酒店浓厚。酒店就在弗雷德里克·戴留斯故居旁边，他是我爱上的第一位英国作曲家，甚至在他放弃英国国籍前就十分喜爱他。接着，我们发现了圣劳伦圣母院及其隐修院，凡诺夫妇在格雷而非旧莱姆的时候，周日会去教堂。多年来他们一直往返于美国康涅狄格州和法国。

然后，我们原路返回，沿着老桥街走到 C. 拉松路，路过老甘纳塔和花园，到了著名的老皮埃尔桥，每一个蜂拥而至的画家，都常画下这座有着优美拱形的石桥。有一次，来此地的艺术家有 300 多人，"Venez à Grez!"（去格雷！）的口号曾响彻欧洲。格雷的巅峰时期是 1830 年到 1914 年。

19 世纪 30 年代，这里来了一群法国艺术家，许多人后来去了枫丹白露森林。在巴比松和附近的布鸿城堡的笼罩下，格雷有时会被忽视。但 1860 年，这里新修了一个火车站和一个新酒店，

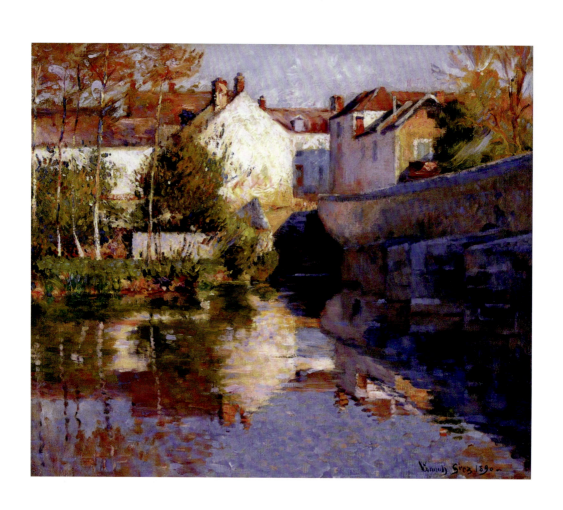

到了 1875 年，格雷的艺术家聚居区规模就相当大了。不久之后来了许多英国人和美国人。此后，斯堪的纳维亚艺术家，比如 1870 年在丹麦斯卡恩聚居的艺术家，也蜂拥至此。

卡米耶·柯罗——巴比松画派的创始人——19 世纪 60 年代的画作《格雷的桥》（*The Bridge at Grez-sur-Loing*）吸引了许多美国画家从四面八方来到格雷。大批画家来到了格雷的夏维隆酒店，包括苏格兰人罗伯特·路易斯·史蒂文森，他是和堂兄鲍勃一起来的。艺术家不断在此地相聚，直到 1914 年"一战"爆发。

理查德·霍姆斯在《脚印：罗曼蒂克传记作家的冒险》（*Footsteps: Adventures of a Romantic Biographer*，1985）一书中记下了一个极妙的故事：

> 有 15 个画家坐在夏维隆大厅的长木桌周围。桌面上立着油灯，酒瓶在人们手里传来传去，笑声不断。餐厅的主窗敞开着，夜晚新鲜的空气流动。偶尔有蛾子从黑暗中飞进来，撞在黄铜烟囱和油灯上挣扎……靴子踩响，窗沿露出了一条棕色的瘦胳膊，一声尖叫，一个灰扑扑的身影戴着一顶软帽，拎着一个背包，轻快地跳进房间。鲍勃从他的椅子上庄重地站了起来，转身向奥斯本，像魔术师一般宣布道："我的堂弟，路易斯·史蒂文森。"这是一次宏大的入场，不应被忘记，而且常常被渲染。

就是在这里，在夏维隆酒店，史蒂文森遇到了凡妮·奥斯本，她最后成了他的妻子。关于史蒂文森的到来有很多记述，奥斯本的女儿伊索贝尔也描述了这一场景："我们在格雷最好的时光是在那些对话中，不管是在有着光秃墙壁的巨大餐厅内的对话，还是在户外。河边凉棚下面，白色的桌布上映着树影，空气中弥漫着玫瑰的浓重香味。"[5]

左页：罗伯特·凡诺《河边（格雷）》[*Beside the River (Grez)*]，1890 年，帆布油画

史蒂文森在他的《散步沉思》(*Thoughts on Walking*) 一书的《森林笔记》一文里描述了他在格雷的游历：

格雷——我们的目的地——因美丽的风景而广受推崇。"Il y a de l'eau"（那里有水），人们会强调说，好像这就是问题的答案。而对法国式思维来说，我觉得这确实算回答了。我们到了格雷，这个地方的确值得赞美。它坐落在森林外缘，有几座房屋、一座老桥、一处城堡遗址、一座古老的教堂……水——椋鸟站在低矮的长桥上，周围簇拥着植物，一直茂盛地长到桥墩的一半高。这些绿植用长长的触角拦住伸入水中的木桨，用树叶的阴影在滑溜溜的水底切割出方格棋盘。河流在小岛中间，忽这忽那地游荡，常常因为拦路的芦苇而被

罗伯特·凡诺《休憩者》(*The Rest*)，1887 年，木板油画

打碎窒息。芦苇像是有着柔软胳膊的古老建筑，有着攀缘植物的强壮臂膀。[6]

作家兼评论家埃德蒙·德·龚古尔和茹尔·德·龚古尔在19世纪60年代常常待在夏维隆酒店，他们这样讲述："我们住在一家怡人的旅馆……住在墙壁洗白的房间，喝当地酿酒，吃蛋卷。但这里还有一个果园，有能与之愉悦共饮的人，附近有一条河，清澈的水里能看到游鱼、船只还有钓鱼线。"[7]地面有工作室，许多画家来此地做或短暂或长久的停留。

1890年，这里来了一群日本画家，其中包括黑田清辉（1866—1924）和浅井忠（1856—1907），他们两个人对西方绘画进入亚洲起了很大作用。同来的还有斯堪的纳维亚群体，其中包括奥古斯特·斯特林堡。

1917年，夏维隆一家卖掉了这家酒店。酒店于1950年停业，前后换过好几次名字。多亏了瑞典组织牵头，这一居所经修复后于1994年重新开张，由格雷基金会管理，通过其他组织机构和学院，把公寓和工作室租给入驻的艺术家。[8]

许多创意工作者都在格雷度过夏天，包括史蒂文森、美国艺术家阿比盖尔·梅·阿尔科特、肯扬·考克斯、约翰·辛格·萨金特，当然还有罗伯特·凡诺，我们来拜访这座著名的桥就是因为他。我们到桥边的时候，一群年轻人正在此处延续此前艺术家们的生活：野餐、聊天、绘画，在我们的想象中，曾经那些艺术聚集地的居住者就是这样度过他们的时光的。正如我们在巴比松甘纳客栈看到的那样，这些画家会用一个背包装好午餐，带至少两块画布、一包颜料，然后开始一天的工作。晚上他们会回来进行集体讨论和画作批评，不论是否有人妥协。

凡诺是位有趣的画家兼作家，他曾就"第一印象的价值，正确价值观的必要，纯粹的颜色和更饱和的色调"发表言论，很快成为新运动的忠诚门徒。[9]印象主义运动的支持者包括爱尔兰艺术家罗德里克·奥康纳，他也曾在诺曼底的蓬塔旺和布列塔尼的普度作画。1889 年，他在格雷作画时，阿尔弗莱德·西斯莱住在邻近的村庄莫雷，现在那里有一座纪念西斯莱的博物馆。（西斯莱是英国人，令他沮丧的是他从未获得过法国国籍。）

　　凡诺是格雷的印象派运动中最著名的美国艺术家，影响过许多美国画家，包括爱德华·亨利·波特哈斯特，后者于 1882 年在慕尼黑学习，后来在 1880 年到 1884 年进入朱利安学院学习；还有费尔南德·科尔蒙，凡诺在巴黎认识了他。1886 年到 1888 年，日本画家黑田清辉住在维克多·雨果路上。在一张照片里，罗伯特·凡诺穿着黑田的绘画罩衣，它像极了日本和服，他穿的拖鞋也明显源自同一时期。许多日本人在 1890 年成群地来到格雷和莫雷写生、画画。

罗伯特·凡诺《格雷》（*Grez-sur-Loing*），约 1888 年，帆布油画

罗伯特·凡诺和贝丝·波特·凡诺，约 1930 年

1888 年，罗伯特·凡诺的户外绘画挑战了格雷学派一直以来的暗沉色调，标志着格雷印象主义的到来：凡诺 1890 年著名的罂粟花写生作品，试图用一系列未经混合的颜料替代之前的暗沉色调，用厚涂法和颜料刀直接上画布。凡诺似乎超越了色调主义和印象主义，走向了某种后印象主义。以对美国艺术的研究而闻名的威廉·杰尔斯，在《持久印象》（Lasting Impressions）一书中提到了"出色的画法和印象主义的颜色主义"。他在描述凡诺 1888 年至 1890 年的罂粟花画作时写道："未经混合的颜色被厚涂成火焰，画布上的颜料……描述了一大丛随意选择、似乎未经摆弄的花朵。"[10] 凡诺 1890 年的《罂粟（弗兰德田野）》[Poppies (In Flanders Field)] 是 1891 年沙龙和 1892 年慕尼黑国际艺术展上展出的最大幅的画作：它显然是一幅"主题"画作。

凡诺夫妇

杰尔斯提到，1896 年，贝丝和罗伯特·凡诺在纽约组成了画家雕塑家夫妻二人组，就好像他们的朋友弗雷德里克·威廉姆·麦克莫里斯和玛丽·费尔柴尔德·麦克莫里斯·洛一样，只不过调换了角色。当罗伯特·凡诺从格雷回到纽约后，他和贝丝于 1899 年结婚。1907 年，夫妇二人一起去了格雷，不过总体而言，贝丝的大部分时间都是在美国度过的。当然，受到"一战"的影响，罗伯特直到 1922 年才再次去往格雷。

1917 年，夫妇两人在旧莱姆买了一栋夏日庄园，之后两人都葬在镇里的鸭河墓地。1933 年罗伯特去世后，贝丝·波特和爱德华·L. 凯耶斯博士结婚。罗伯特在南法的尼斯去世并埋葬在那里，后来贝丝·波特把罗伯特的遗体运了回来，这样在她去世后，两个人就可以合葬在一起。在美国和法国，有许多人都很珍爱凡诺夫妇的故事和他们的作品。

今天的弗罗伦斯·格里斯沃德别墅

时间流逝，弗罗伦斯·格里斯沃德被抑郁症缠身。她的健康每况愈下，很少有艺术家入住"圣屋"。1936 年，弗罗伦斯·格里斯沃德协会成立，房子随后卖给了法官罗伯特·麦柯迪·马什，他让弗罗伦斯小姐一直住在这里，直到她 1937 年去世。1921年，莱姆艺术协会美术馆已经将这栋房子装修成了博物馆的风格。1941 年，协会买下了这栋房子。这里现在依然是一座博物馆，也是国家历史名胜。弗罗伦斯曾经钟爱的花被种进了这里的花园，她和艺术家们曾在花园里工作，工作之余在那里散步。花园和艺术所凝聚的爱和关怀，紧紧地和"圣屋"联结在一起，和这里的常规展览一样，常年可见。

弗罗伦斯·格里斯沃德
在康涅狄格州旧莱姆的
别墅，这里在 20 世纪初
期曾是莱姆艺术聚集地

6 高更与蓬塔旺画家—布列塔尼

对艺术而言，这个地方早已至关重要。蓬塔旺是法国布列塔尼菲尼斯泰尔省的一个市镇，居于内陆，离阿旺河汇入大西洋的入海口有一段距离。从19世纪50年代开始，画家们便常常来到蓬塔旺的小村子，想在远离城市、风景秀丽、物价低廉，未被旅游业污染的地方度过夏天。1862年开通的从巴黎到坎佩尔的铁路线促进了布列塔尼旅游业的发展，正如康沃尔的铁路线带来了第一批男性画家，紧接着，"真正"的画家，当然还有随之而来的游客，都来到了圣艾夫斯。

1866年夏天，第一批来到蓬塔旺的艺术家是从美国费城来的艺术系学生，包括罗伯特·怀利、查尔斯·琼斯·卫、厄尔·希恩和霍华德·罗伯茨。很快加入他们的还有其他美国画家，如本杰明·钱普尼、弗雷德里克·亚瑟·布里奇曼和摩西·赖特，以及两位英国画家和两位法国画家。在接下来的十五年里，这一聚集地的名声广为人知，吸引了更多艺术家。法国学院派画家的领头人让-莱昂·杰洛姆鼓励他的美国学生来到这里，法国风景画家如威廉-阿道夫·布格罗、路易-尼古拉·卡巴和保罗·塞比奥也在村子里度过了夏天。其他来访的外国人还有荷兰的赫尔曼·凡·德·安克尔、爱尔兰的奥古斯塔斯·尼古拉·布克和加拿大的保罗·皮尔。

英国插画家伦道夫·凯迪克于1880年来访。他为亨利·布莱克本同年出版的《布列塔尼的人们：布列塔尼艺术之旅》（*Breton Folk: An Artistic Tour in Brittany*）绘制了插图，这本书一直是最受欢迎的指南手册。他单纯质朴的插画风格启发了许多来访的前卫艺术家，尤其是保罗·高更——众所周知，高更在1886年蓬塔旺的夏天，在绘画中模仿了凯迪克的风格。

左页：蓬塔旺的风景，伦道夫·凯迪克，摘自亨利·布莱克本《布列塔尼的人们：布列塔尼艺术之旅》（*Breton Folk: An Artistic Tour in Brittany*，1880）

居所

当时，那里有三处居所可对游客开放：旅客酒店（茱莉亚·吉尤当时在这里工作，后来她在 1871 年将其买下，改名为茱莉亚酒店）、金狮酒店和葛罗奈克公寓。高更和他的朋友们就住在葛罗奈克，这里尤其便宜，价格是旅客酒店的一半；门上挂着赫尔曼·凡·德·安克尔的一幅巨型画——画家们站在海滩上的画架旁，在阳光下欢快地工作。布莱克本到访时，酒店提供了"demi-pension"（半食宿）——住宿、早餐和晚餐，外加苹果酒，一个月只要 60 法郎。在所有这些居所，你可以吃饭、喝酒、唱歌、争论。高更弹奏钢琴、大提琴甚至手风琴，他习惯并且喜欢制造各种噪声。高更会在 7 点起床，早上和下午工作，下午 5 点准时装好烟斗，不时向别人借点烟草。

每个居所各有特点。据说，吉尤女士心胸宽广，也是位能干的管家。她允许一些画家赊账，于是这些画家会在餐厅里画一幅

高更和他的朋友们，于蓬塔旺

版画用来偿还账单。那里"高雅有序"，约瑟夫和玛丽－珍·葛罗奈克的公寓就像"波希米亚本身，狗和客人的房间一样宽敞"。[1] 餐具是黄铜和铜合金材质，在变化的光线下"融为一体，闪闪发光"；"礼节简易，晚餐过后，这群艺术家都拿税收员、红光满面的海关船长和小公证员开玩笑。空气因为烟草的烟雾而变得浓重，但仍妙语连珠、俏皮话不断。"走在路上被狗绊倒，虽会咒骂，但骂的也不是狗。

> 小镇的中心是那座桥，男人和男孩们在抽烟逗趣，女人们悠闲地织着毛衣，忙着扯些八卦。石子铺成的桥面上突然传来一串木鞋的声音，沿着斜坡一路跑来，然后桥头就聚满了孩子，手里都端着汤，拿着面包。当窗口的黄色光点开始闪烁时，几个逗留在桥上的人在夕阳中留下剪影。但这些影子还有他们粗鲁的喊话，很快就消失在了夜色中。[2]

艺术家被周围乡村的景色和这里低廉的生活费用吸引。许多人都在寻找新的开始，试图打破法兰西艺术学院的学术风格，摆脱在 19 世纪 80 年代和 90 年代初开始走下坡路的印象主义。布列塔尼用它的方言、传统服饰、狂热的天主教信仰、口述传统，以及无处不在的花岗岩十字架和教堂，打开了新的视野。

高更和贝尔纳

两位极具创新力的画家即将登场——保罗·高更和埃米尔·贝尔纳。高更在 1886 年 7 月到达蓬塔旺，贝尔纳则在那个夏天晚些时候到达。两人在两年后再见面时，友谊得到了进一步的巩固。贝尔纳给高更看他的《蓬塔旺的朝圣节》(Pardon à Pont-Aven，也叫《草地上的布列塔尼女人》，1888 年)，有人认为这幅画激发高更在同一年创作了《布道后的幻象》(Vision after the Sermon)，贝尔纳声称自己最先采用了后来被称作综合主义的画法，但高更更为鲜明的性格占了优势——这一词语更多地还是和高更联系在一起。

高更完美地适应了布列塔尼的生活，他称自己找到了一种新的他所热爱的野性，就像听到他的木鞋与花岗岩碰撞出的声音。高更在自己身上找到了这种原始和野蛮，他需要在画中表达出来。还有一些艺术家跟高更待在一起，先是在蓬塔旺的葛罗奈克公寓，后来在普度的海滩酒店，其中包括法国艺术家夏尔·费利杰（他对自己是同性恋这件事十分敏感，一直受到毒品和疾病的侵扰）、夏尔·拉瓦尔、艾米勒·舒芬内克、阿赫曼·塞甘、荷兰人迈耶·德哈恩、英国艺术家罗伯特·贝文、爱尔兰画家罗德里克·奥康纳和波兰画家瓦迪斯瓦夫·斯拉文斯基。

当高更 1888 年回到这里时，情景却大不相同了：蓬塔旺挤满

埃米尔·贝尔纳《从爱之森林看到的蓬塔旺》（*Pont-Aven seen from the Bois d'Amour*），1892 年，帆布油画

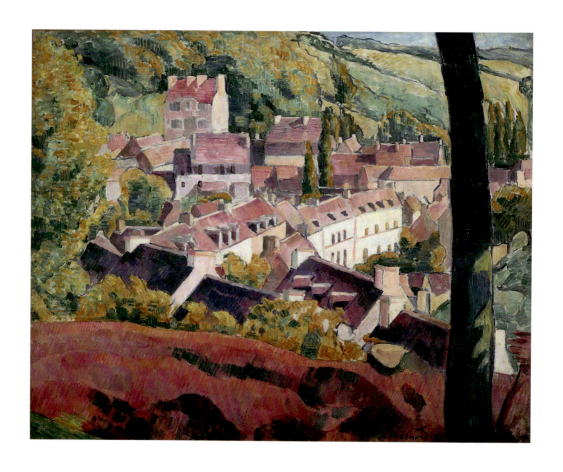

保罗·高更《布道后的幻象》(Vision after the Sermon)，1888 年，帆布油画

了艺术家，于是他只能另寻作画的地方。他和几个同伴试图寻找更加僻静且价格低廉的地方，于是后来找到了普度——一个 9 公里远的小村子，他们之前去过那里。正如我们所知，高更从他的朋友那里获益不少，从 1886 年开始，他跟海关部门的一位长官伊夫－玛丽·雅各布走得很近，这位长官从蓬塔旺的水域沿普度海岸上行，顺莱塔河到达坎佩尔莱。在普度，玛丽·亨利别墅现在成了艺术家曾经集聚的纪念地，每面墙、每件家具上都有绘画作品，正如在 19 世纪早期的巴比松一样（今天的普度属于克洛阿尔－卡尔诺厄市镇，这里位于莱塔河口，传统上是莫尔比昂省的边界）。在这里，高更在德哈恩、费利杰还有塞吕西耶的陪同下，度过了 1889 年至 1890 年的冬天以及之后的几个月。

在那里，他们几个人常去乡下游览，但风景画常常是根据记

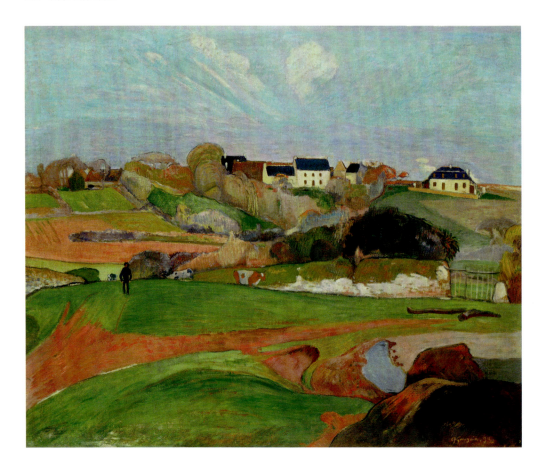

忆和速写创作的。"不要照搬自然，"高更建议说，"艺术是抽象的，要与自然同在，像做梦一样画画，要更多地考虑创作过程而不是最终结果。"³

保罗·高更《普度风景》（*Landscape at Le Pouldu*），1890 年，帆布油画

葛罗奈克公寓，海滩酒店

当高更返回蓬塔旺拜访时，他的气场太过强势，以至于他的追随者和学生后来必须到葛罗奈克公寓的餐厅单独用餐，以免被他响雷般的声音左右整个谈话。不过我们姑且可以说，高更并非没有刻画过自我形象：我们可以看看他 1889 年的《有光环和蛇的自画像》（*Self-portrait with Halo and Snake*），自我英雄主义、自我嘲讽和他的天才一同构成了这幅让人难忘的作品。

把自己比作耶稣，这一点已经值得称道了，但这样的作品

在玛丽·亨利别墅内

因为极具布列塔尼的地域色彩，更加惊人。严格来说，其中饱含宗教的虔诚和纯粹的基督受难，那些经时间洗礼的古老十字架十分动人，布列塔尼妇女在参加传统朝圣节时穿的服饰既美丽又肃穆。

高更回到巴黎时，正好赶上1889年万国博览会，这标志着法国大革命100周年后的新起点。官方艺术展览拒绝了高更的作品，于是他和几个同伴在大型会展入口附近办了一个独立展览，艺术家给他们的作品打出的噱头是"象征派与综合派"。但展览并未取得成功，高更决心逃离巴黎和那些口吻轻蔑的评论家。会展上最受欢迎的——也是高更个人最喜欢的——是水牛比尔的"狂野西

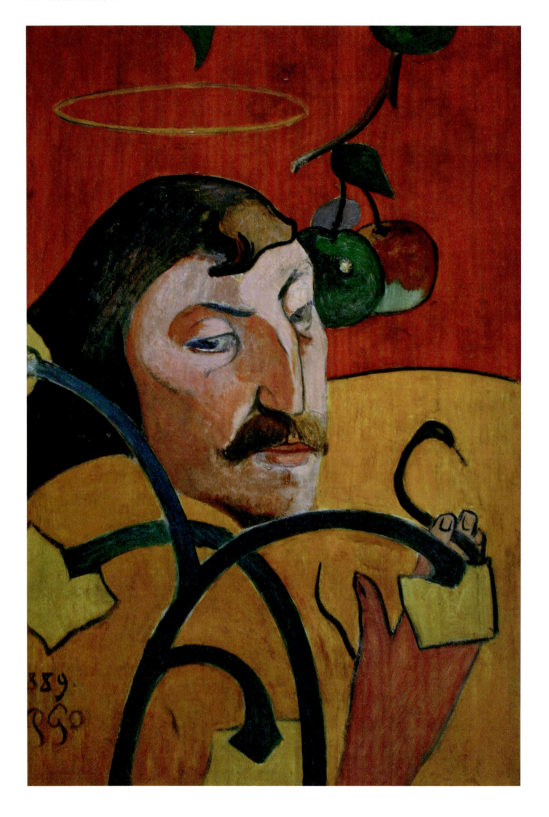

保罗·高更（中）从海地回来后，跟朋友在巴黎维钦托利路上他的工作室里。背景里的那位女性是阿娜，他的模特兼情人，高更在1893年的《爪哇人》(The Javanese) 中对她有著名的刻画

部秀"，还有一群爪哇舞者。高更提过移民到更具异国风情的越南、马达加斯加或塔希提岛，但这一次，他选择回到了蓬塔旺、普度和布列塔尼。

回归

2017年8月，我和丈夫回到了普度，当时那里已经没有德斯班斯酒店了——20世纪70年代，我的家人每年夏天都会在那里待上一周，酒店从地板到天花板都绘满了钓鱼场景的湿壁画。但独具特色的海景仍在——突兀怪石，岩石峭壁，还有标牌上著名画家在这里写生的小型复制品——竖立在悬崖附近难以行走的步道两边，很像南法科利乌尔的海滩步道。当时阳光明媚，空气清新，非常适合去海边散步，在那里，我们可以光着脚踩在滑溜溜的绿色水草上漫步——就是布列塔尼人在餐盘里放在生蚝下面的那种水草。

左页：保罗·高更《有光环和蛇的自画像》(Selfportrait with Halo and Snake)，1889年，木质油画

我们走在高高的岩石堆中间，高更色彩丰富的《黄色的基督》(The Yellow Christ) 的背景就设定在这里，其原型是蓬塔旺附近特

普度山顶上一栋典型的布列塔尼房屋，建在遍布岩石的海滩上面

左页：保罗·高更《黄色的基督》（*The Yellow Christ*），1889 年，帆布油画

雷马洛小教堂里的十字架圣像——我们第二天要去的地方。在海滩上散完步，神清气爽的我们去了整修后的玛丽·亨利别墅（原来的海滩酒店）；客人称她少女玛丽，可见她真是阳光可爱，讨人喜欢。高更和德哈恩都追求过她，但玛丽更喜欢德哈恩这个荷兰人，德哈恩回荷兰之后，玛丽生下了他的孩子，这让高更十分忌妒，尤其高更的卧室还离她很近。

故事的结局十分苦涩。对高更来说，这一居所之所以吸引人，不仅在于玛丽的热情好客和自由开明，还在于他不必交租，只是需要把画留下。玛丽在 1893 年离开的时候，将这些画都收走了。当高更决心离开法国去往塔希提度过余生时，他回来收回他的画，但玛丽同样下决心留住这些画——作为他的食宿费用。法院审判时，担任高更律师的是欧内斯特·庞提耶·德·夏梅亚德，一位

左页：保罗·高更《灯下的迈耶·德哈恩》（*Meyer de Haan by Lamplight*），1889 年，木板油画

有趣的印象主义画家。法院并没有将画作判给高更，他怨愤地离开了。

陆地与海洋的产物

第二天去蓬塔旺的路上，我们在贝隆河口享用了一顿完美的午餐——一杯麝香干白葡萄酒，六只贝隆的扁生蚝。我们常吃的是圆生蚝，但当时还不是收获这种生蚝的季节（在纽约中央车站的生蚝吧，有时候周末会运来圆生蚝，但即便这样，我还是一直惦记着）。我们还想吃各种贝类，于是在金雀花酒店——之前的葛罗奈克公寓——点了丰盛的海鲜拼盘。海龟摆在一堆海螯虾、对虾、牡蛎上面，还有一种叫作 bigorneaux 的小螺蛳，你得用一根长针把它挑出来，然后就着黑麦面包和风味独特的布列塔尼黄油一起吞下肚。激动之余，我打翻了金属盆，整堆海鲜几乎都翻到

蓬塔旺的若斯马德克磨坊酒店，餐厅里展示的是当地画家的画作

海鲜拼盘，在可爱的金
雀花酒店（之前的葛罗
奈克公寓），2016 年 7 月

了地上。

　　因此我们在著名的若斯马德克磨坊酒店，享用我们在蓬塔旺，
也是在法国的最后一顿丰盛大餐时，我就小心多了。在蓬塔旺的
时候，我再次参观了 "Bois d'Amour"（爱之森林），在那里，保
罗·塞吕西耶遵照高更的建议，精准使用他看到的颜色，画下了
《护身符》（The Talisman）。这幅小尺寸的画只有雪茄盒封面大小，
看起来既抽象又极具象征意义。塞吕西耶画完那些垂直线条和黄
色色块后的第二天，把画带到了巴黎朱利安学院给他的朋友看。
这群未来的纳比派（预言家）全都激动地围在这块象征着自由的
色彩斑斓的护身符四周。这群人包括莫里斯·丹尼斯、皮埃尔·波
纳尔、亨利－加布里埃尔·伊贝尔斯和保罗·朗松。后来，爱德
华·维亚尔、费利克东·瓦洛东和阿里斯蒂德·马约尔也加入了
他们。

　　我在崎岖的路上跌跌撞撞地往前走，这条路不允许骑车，我
开始对着光线和斑驳的树影拍照，还有那些桥和水车，一边拍照
一边想着索尔格河畔利勒小镇的水车，还有我最爱的法国诗人勒

右页: 保罗·塞吕西耶《护
身符》（The Talisman），
1888 年，木质油画

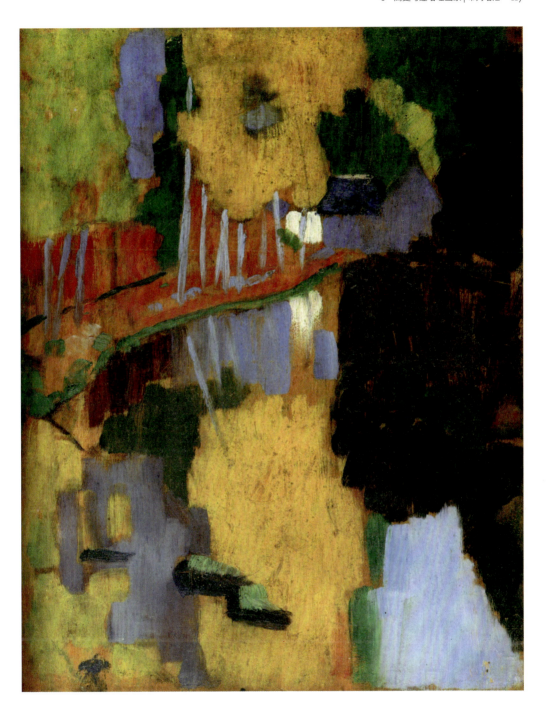

内·夏尔的诗歌，他在诗中写到自己小时候看到的河中流转的水车。回来的路上，我迷了路，这更加深了这段体验，而体验本身也是一种综合主义。

蓬塔旺、普度和其他画家

蓬塔旺画家（现在叫作阿旺桥派）中出现了许多风格和宣言，蓬塔旺博物馆列出了一张表格来细数这些不同的风格：印象派、纳比派、象征主义、斑痕画派、分隔主义，以及最重要的综合主义。综合主义意味着你只描绘观察到的事物给你的感觉，简化整体，跳过细节。高更说 "Le dessin, je le fais aussi simple que possible je le synthétise"（我让绘画尽可能地简单，我用综合法）——这也是一进蓬塔旺博物馆就能看到的墙上的题词。高更的作品，比如《神秘》（*Be Mysterious*，1890）是一件木质浮雕，但从印象主义的角度来看，这件作品跟他的马提尼克木质浮雕完全不同。这件作品将伤感的气质和抽象结构进行了结合，人们看到后往往难以忘怀，蓬塔旺博物馆的展览和其他的高更作品展都是如此，比如 2017 年夏天巴黎大皇宫举办的"炼金术士高更"展，展览以木质蜡像和陶土器件为主。

除了上面描述的在蓬塔旺相聚的艺术家，1888 年，文森特·梵高（任何一个小学生都知道他和高更那段戏剧化的历史）、神秘的爱德华·维亚尔，以及其他纳比派成员都在这里。他们如此迥异，蓬塔旺已然成为"新巴比松"。

就像本书中提到的其他艺术集聚地一样，艺术家聚集起来的首要目的是反抗僵化的法兰西艺术学院以及其他地方的其他学院，这是一场针对牢不可破的规则和传统的革命。因此这些被称作阿旺桥派的蓬塔旺画家或如几位学者指出的那样，也可被称作普度派——是不同画家在不同时期的集合，他们的所有画作，对日后从立体主义到超现实主义再到抽象印象主义的绘画趋势来说，都至关重要。有时候镇子上会有多达 50 位画家，他们各行其道，彼

保罗·高更《神秘》（Be Mysterious），1890 年，椴木彩绘

此忌妒，彼此友爱。评论家埃德加·库尔图瓦描述 1885 年的蓬塔旺"像画家的一间庞大工作室，每走一步就会迎面撞上一幅旧画，或踩到几支被挤扁的颜料管，要不就是使用过的废弃画架零件"。[4] 当地的艺术家开始穿上布列塔尼水手服——这种模仿也变得艺术化了。

仍在继续

虽然蓬塔旺的巅峰时期是在 19 世纪八九十年代，但布列塔尼画家继承了那一时期的潮流，2017 年夏天，博物馆以"蓬塔旺的现代性"为主题设展。画廊里放满了布列塔尼产品，比如布列塔尼酥饼、黄油饼干，以及绘有身穿当地服饰的小男孩和小女孩的瓷器。除了浓厚的商业氛围以及成群结队的游客，人们依然能感受到这里有着集聚能量的吸引力。这里的画廊和卖布列塔尼酥饼的纪念品商店都以布列塔尼画家的名字命名，沿街散步时，我想看看有没有仍在活跃的画家的画廊，然后就发现了来自埃内邦村庄的朱迪思·法罗。我立刻被她的画廊和里面来自 20 世纪 80 年代的作品，以及近代更为政治化的作品吸引。她在纽约和宾夕法尼亚州居住并展出多年后，回到了蓬塔旺，她身上散发着一种不言自明的能量。

　　当时在克洛阿尔－卡尔诺厄（包括普度在内最大的市镇）的多媒体资料馆，还有圣莫里斯修道院，举办了令人惊喜又感动的展览——"莱塔河，一个美丽的未知"，参展画家们描绘了莱塔河，这条在普度和蓬塔旺历史上居于中心地位的河流。展览汇集了许多画家的画作：美国画家沃尔特·格里芬延续了最先来到蓬塔旺的美国画家的传统；还有法国人让·德里和上面提到过的奥康纳、塞吕西耶、丹尼斯和夏梅亚德的作品，更新的有来自克劳德·吕

蓬塔旺的饼干店

雅的美妙作品，这位画家于 2017 年去世。绘画仍在继续，尽管在一些有旅客的画廊，媚俗无可避免，但在我看来，那些沿着爱之森林的崎岖小径行进、全无媚俗之心的行走者，连同这里一脉相承的精神，是不可战胜的。

7 马拉美的聚会—巴黎

1874 年，也就是马拉美创作迷人的《最新时尚》(*La Dernière mode*) 的那一年，他对自己的才华还并不确信。他当时在读阿蒂尔·兰波和特里斯坦·科比耶尔的作品，也在和保尔·魏尔伦通信。他想象魏尔伦开心地坐在花园的树荫下，丝毫没有察觉魏尔伦的贫穷和抑郁，反而因为魏尔伦对自己的欣赏而感到些许振奋。"也许我会写出一些东西，能配得上你所说的。"他写信给魏尔伦说。[1] 至于他的私人生活，马拉美的妻子玛利亚经常因为他对梅里·劳伦特的关心而郁郁寡欢。后者是托马斯·伊凡——一位美国牙医——的妻子，也是帅气的医生艾德蒙·福赫涅的情人，马拉美对她十分渴求。

在罗马路 87 号马拉美的家里，每周二晚上 8 点到 10 点都会按惯例举行聚会。来访者很多，有常客，也有口口相传寻来的新人。访客数量在 1874 年《最新时尚》发表后有所增加。在《最新时尚》中，马拉美调用几位女性的声音，尝试书写时尚话题。他以不同的女性和男性的声音、用不同的模式和风格写了整整一本刊物。这日常浮生的琐碎、一千零一种转瞬即逝的美好光亮，为许多人物的性格赋予了无穷诗意：以权威语调滔滔不绝地讲述时尚和时尚理论的玛格丽特·德·庞蒂，有着独立英式性格的萨坦小姐，播报巴黎时尚店新闻的梅斯，从苏拉特来的女佣齐齐，还有混血贵族奥林匹娅（"老妇人奥林普"）。马拉美愿意扮演其中任何一位女性，也能够以文学模仿真实地现身其中。除此之外还有其他人物，古怪但也可信——埃克斯负责书和戏剧，布莱班厨师（布莱班是巴比松的一家餐厅）负责食物，德·庞蒂女士还设计了两套戏服。

这本漂亮的杂志一共 10 页，与报纸大不相同，一页上只有两栏，而且不会下接下一版，还有淡蓝色的封面。马拉美十分喜欢

斯特芳·马拉美，纳达
尔摄，约 1890 年

这份出版物，甚至拿它和语言本身进行对比：

> 语言……放在一起就像是做工精细的刺绣或蕾丝：想法
> 的线索从不会遗失，藏起来只是为了再次出现，和其他想法
> 融合在一起；它们通过设计合为一体，设计或复杂或简单，
> 但一定是理想的，会在记忆中永远保存下去。[2]

罗马路上的聚会

即便是在马拉美成名前，星期二的聚会上也有不少他的朋友和学徒：作家查尔·莫里斯、诗人路易斯·勒·卡多纳尔，还有阿德涅安·让·莫雷亚斯（原名约安尼希·帕帕狄蒙陶普洛斯）的朋友，当时他正准备加入以夏尔·克罗为中心的诗人群体，成为"水疗者"和"不在乎诗社"的成员。"我是更为多姿多彩的波德莱尔。"夏尔·克罗说。

同样出席的还有诗人圣波尔·鲁，有时候还有保尔·魏尔伦、维利耶·德·利尔－亚当（1890 年著名的象征主义小说《阿克塞尔》的作者），以及马塞尔·普鲁斯特的朋友——无比造作虚荣的罗伯特·德·孟德斯鸠（乔瓦尼·波尔蒂尼为他创作过那幅著名的肖像）。马拉美觉得这位公子哥的诗歌既花哨又轻浮，用来逃避幼子阿纳托尔的死亡倒是有些作用。其他常客还包括亨利·德·雷尼埃、弗朗西·维埃雷－格里芬、詹姆斯·惠斯勒、比利时象征主义者安德烈·方丹纳斯和阿尔贝·莫柯尔。

马拉美会靠在烟囱罩上，评论夏尔·波德莱尔的诗作和他朋友爱德华·马奈的画作，时不时说些题外话，对当天发生的事做一番夸张描述。可惜，这些周二晚上发生的事情，几乎没有真实的叙述留存，留在我们手里的只有几则趣闻。

保尔·魏尔伦，马拉美的速写，约 1890 年

马拉美和惠斯勒

惠斯勒是马拉美的好朋友，为了给马拉美画肖像，惠斯勒把他请到了格勒纳勒路上的波拉枫丹酒店，惠斯勒在这里租了两间

斯特芳·马拉美在罗马路 89 号，约 1895—1896 年

马拉美在罗马路寓所的客厅里，约 19 世纪 90 年代

房；之后惠斯勒才搬到位于巴克路110号的那间著名的居所兼工
作室——周日惠斯勒会在那里宴请早午餐——包括著名的黄色早
午餐，身穿黄色服装的侍者会端上一盘盘炒蛋。马拉美十分敬仰
惠斯勒在绘画和写作方面的天赋——他也是惠斯勒著名的《十点
钟演讲》的主要译者。就在惠斯勒为他画像时，马拉美发现自己
的大腿被旁边的散热器烧红了，但他仍然站在原地。绘画大师正
在为大师作画。

　　巴黎的雅克·杜塞文学图书馆近期收藏了一批手稿，其中包
括惠斯勒请马拉美翻译的两封涉及具体细节的信件：一封是关于
一双拖鞋的，另一封则有关一幅画的运输和费用。[3] 显而易见，马
拉美在这些翻译上花了很多心思。读这些手稿的时候，我想起当
时诗人为了把法国荣誉军团勋章颁发给他的画家朋友，可谓大费

爱德华·马奈《斯特
芳·马拉美》（*Stéphane
Mallarmé*），1876 年，
帆布油画

周章，而在惠斯勒卧床生病时，马拉美又亲自把红色的绶带给他送了过去。

更迷人的故事，恐怕还是惠斯勒写信给马拉美，说自己错过星期二的聚会有多么遗憾，并提醒他要注意他的银器，因为"奥斯卡也会去"。（奥斯卡·王尔德第一次去马拉美的住处是在1891年2月。1891年11月2日，惠斯勒写信给他最喜欢的诗人，说他应该留下来参加第二天的聚会，"好在明天晚上当着你门徒的面，把奥斯卡斥责一顿！"[4]）这两位才子之间的友情丝毫不减，但毫无疑问，在本书中提到的种种聚会，也不乏这样的敌意。但他们都喜爱马拉美，似乎所有人都爱马拉美：这是我们一致认同的。[5]

星期二聚会

其时，在若利斯－卡尔·于斯曼刚出版的小说《逆天》（À rebours，1884）中，有一段话让马拉美喜不自禁，这段话将广受喜爱，成为一代人的缩影。小说中的人物德泽森特接连表达对居斯塔夫·福楼拜、埃德蒙·龚古尔、埃米尔·左拉、魏尔伦、特里斯坦·科比耶尔和维利耶的赞美后，马拉美在第十四章读到了自己：德泽森特"热爱这位诗人的作品，在一个遍地奢靡与炫耀的时代，诗人居于文学的边缘，他对周围愚蠢的憎恶保护他不受愚蠢的影响。远离世嚣让他心满意足，他得以全然享受智力带来的惊喜，以及头脑所构思的愿景"。[6]

马拉美的才华得到了于斯曼和维利耶的认可，但两个人都尊重他神秘的作风。从那时起，周二晚上的听众越来越多。从1884年开始，每个星期二都会有客人聚在一起：

> 我们想象之中的马拉美，身边永远都围着一圈朋友和门徒，这些人时聚时散，虽然算不上是一个团体，也不是仪

Cette photographie m'a été donnée
par Degas, dont on voit l'appareil et le
fantôme dans le miroir. Mallarmé est debout
auprès de Renoir assis sur le divan. Degas leur
a infligé une pose de 15 mn à la lumière de
neuf lampes à pétrole et sous les yeux d'une pose au
4me étage rue de Villejust N° 40. Dans ce miroir
on voit ici les ombres de Madame Mallarmé
et de sa fille. L'agrandissement est dû à
[illegible]   Paul Valéry

式性的聚会。一个居于中心的想法激发了词语之网，在网
络之中凝聚了友谊，也有忌妒彼此碰撞。未来的文学正在
酝酿，仿佛受到了磁力的感召，就在当下，在群体中，进
入了时宜的磁场，不受集中教条的束缚，也没有心事重重
的严肃。马拉美的魅力一如往常，即便是在最近之处，他
也以尊重保持着一定的距离，而这也意味着所有人都对他
更加依赖。这里没有肤浅的情谊，而那往往会使这些夜晚变
得庸俗。[7]

罗马路上的周二聚会来了一个叫莱奥·德奥赫弗的新人，他
当时正在创作一部诗歌集，便向马拉美询问形式的定义。诗人
回答:

诗歌将人类的语言带回到语言最精髓的节奏，它表达的
是生存种种面向的神秘含义: 如此而来，诗歌为我们的居留
赋予真实，而这也是我们唯一的精神义务。

这些聚会本身，就是一种诗歌的表达。

愿崭新又有活力的美丽今天
挥舞喝醉的翅膀击碎
这遗忘的坚湖，时间魂萦下
在透明冰川旁，无法逃遁!

许久前的天鹅现在记起他，
华丽却失去了希望，注定如此
因贫瘠冬天的倦怠闪烁
他无法歌唱生命的广域。
他将以脖颈抖落因否认

而强加在身的白色折磨，

但恐惧仍在，白羽陷于冰。

此地受困的才华旁，幽灵

不动声色，无用的流放中

以憎恶的冷梦，劫夺天鹅。

瓦尔凡

后来，这位伟大的诗人搬到了瓦尔凡（塞纳河畔维莱内）的乡间别墅，这里距离巴黎 75 公里。原本用于周末小住的房屋，变成了马拉美生命中最后几年的居所。和他一起搬到瓦尔凡的，还有一张他的朋友和家人时常围坐用餐的深色木桌。

2017 年 6 月，我参观了这栋别墅，看到了那张桌子，也看到了他女儿的卧室，里面挂满了家庭照片，还摆着一架她的钢琴。行程的终点是马拉美去世的房间。所有房间的墙壁上都挂着奥蒂诺·雷东、爱德华·马奈还有其他人令人熟悉的画作。在一些画中，马拉美坐在书桌前，肩膀上围着一条披巾——房间里还能看到那条披巾，还有他书写时用的那张桌子和椅子。

房子后面的花园里种着马拉美的樱桃树，还有一顶简易凉棚，珍藏着许多回忆。马拉美常用来在河上划水的船，通常就放在岸上以便使用，只有在冬天的时候才会被拖回房子附近。房子的管家向我表示惊叹，说从日本来访的马拉美迷数量惊人，这让我想起拥有日本和德国血统的诗人定吉·哈特曼，他会从费城远道而来；我也想起马拉美写在日本手扇上的笔迹与日本俳句的相似之处，马拉美十分喜爱这些扇子，其中一把也在展出。

回归

最终人们总是会回到马拉美格言般的《歧途集》（*Divagations*，1897），芭芭拉·约翰逊等人对其的翻译精彩绝伦，法国的马拉美

爱德华·维亚尔《马拉美在瓦尔凡的房子》（*Mallarme's House in Valvins*），1896 年，木板油画

迷伊夫·博纳富瓦的评注亦是大师手笔。回到《歧途集》，亦是重新发现简洁事物中的丰厚思想：有些东西以诗意的方式告诉我们，作为源头，它们的影响要很久之后才体会得到。马拉美的散文，每一行字都浸润了简洁的张力，切中要害，无与伦比。

10757.—ST IVES PORTHMINSTER BAY.

8 渔民小镇的英式艺术热潮——圣艾夫斯

圣艾夫斯是康沃尔郡西南部一个广受欢迎的小镇，名字取自公元 5 至 6 世纪的殉道者圣伊亚。这里在 19 世纪以及之前曾是著名的渔港，1877 年，英国的"大西部"铁路线将伦敦和圣艾夫斯的连接打通，因此被这里的风光吸引的许多绅士艺术家，得以来到这个渔民小镇。

捕鱼业变得不景气时，艺术家们租来了渔棚，于是在这个画家聚居区，身穿花呢西服和灯笼裤的男人与身穿长裙的女人，都从艺术家的工作室爬进爬出。而所谓的工作室，也不过是"挂着棕色帆布和渔网的木棚屋"。[1]19 世纪末期，艺术基金会把这些横七竖八的建筑都买了下来，在波斯梅尔海滩上修建了许多艺术工作室，远远高出原来的渔民建筑。这次修建由博拉斯·斯马特信托基金会资助。博拉斯·斯马特曾是这里许多艺术家的老师。毫无争议，这一艺术聚集地多年以来一直负有盛名，15 公里外的纽林也是如此。

透纳于 1811 年来到圣艾夫斯，1884 年，惠斯勒在沃尔特·西克特和莫蒂默·曼培斯的陪同下，来这里待了几个月。1890 年成立的圣艾夫斯艺术俱乐部和 1896 年成立的纽林艺术家协会，共同开启了一项极其重要的传统，这一传统直至 20 世纪 30 年代仍发挥着巨大的影响力，并延续至今。[2]圣艾夫斯聚居区的大多数艺术家都去过蓬塔旺的艺术聚集地或布列塔尼的孔卡尔诺，因为艺术聚集区的热潮在 19 世纪 80 年代的法国——在巴比松，枫丹白露森林附近，以及之后的布列塔尼——达到了顶峰。

圣艾夫斯的历史感源于捕鱼业，以及朴素的卫理公会式的生活方式，这里过去一直受到清教的影响：

这里的街道名称——贝塞斯达山路、鱼街、健康区、岛

圣艾夫斯港口的艺术家，
20 世纪 30 年代

圣艾夫斯的艺术学校，
约 1900 年

圣艾夫斯戒酒街

屿广场以及戒酒街，听起来似乎回荡着敬畏上帝的航海钟声，就好像在等待约翰·卫斯理的第二次到来……沿港口向上，下行区可以通向维多利亚和爱德华风格的房屋，露台上爬满了植物；圣艾夫斯的上行区（富人区），则展示着铁路时代到来之时这里的繁荣和富庶。[3]

开端

这一颇负盛名的现代艺术聚集区是从两个人开始的——本·尼科尔森和克里斯托夫·伍德，他们在旅行途中路过了圣艾夫斯。他们经过阿尔弗雷德·沃利斯的渔棚时，透过敞开的门看到了这位艺术家的小幅油画，墙上到处都是航船的草图。为了作画，沃利斯利用了一切能找到的东西。在他妻子去世后，他依照内心最深处的渴望，一点点画出"那些我记忆中曾经存在，却永不再现"的东西。[4] 于是那些早已消失的渔船，都被他画在了旧纸盒和塞尔福里奇[1]的包装纸上；他用从船具店那里得到的油漆，画出了两幅极为动人的画：《两艘船》（*Two Boats*）又名《梅尔港广场》（*Port Meor Square*），以及《梅尔港海滩》（*Port Meor Beach*）。

沃利斯是一位"海关关税员"卢梭式的人物[2]［他认为每天阅读《圣经》是"averyons Duity"（每个人的职责）］。1942 年，他在彭赞斯的马得隆济贫院去世。离世前，他精神失常、穷困潦倒。[5] 当曾在泰特美术馆工作的吉姆·埃德把他的房产"茶壶院"捐赠给剑桥大学时，人们从他的藏品中发现了 100 余张沃利斯的作品，上面满是跳蚤。

在巴努墓园，沃利斯的葬礼上，阿德里安·斯托克斯致辞，

---

[1] 塞尔福里奇（Selfridges），英国 1908 年创办的一家老牌连锁百货商店。
[2] 亨利·卢梭（Henri Rousseau）曾经是一名海关收税员，因此他的一个别称是"海关关税员"（Le Douanier）。

费里希塔斯·福格勒镜
头下的本·尼科尔森，
约 1960 年

当他看到沃利斯将被葬入穷人的墓地时，情绪十分激动。几天后，
在为有钱人预留的墓地上挖好了一个新的墓穴，当然，这块地是
斯托克斯出钱买下的。葬礼上，站在斯托克斯旁边的吊唁者有玛
格丽特·梅丽斯、尼科尔森、纳姆·加博夫妇和伯纳德·利奇。
在我看来，加博的致辞也许是最有力的："在此向一位天赋异禀，
却浑不自知的艺术家致敬。"[6]

　　和沃利斯在穷困中逝世同样悲剧的，也许还有克里斯托夫·伍
德，他可能是通过他的朋友让·科克托染上了鸦片烟瘾。伍德晚

期作品中的不祥氛围，也许预示着他于 1930 年前往索尔兹伯里看望母亲时，将于 8 月 21 日跳入铁轨自杀。类似的悲剧人物，我们还能想到罗杰·希尔顿（原名罗杰·希尔德斯海姆，但他父母在 1916 年反德情绪高涨时把他的名字改了）。希尔顿是在圣艾夫斯附近的波特勒去世的，他在病床上半身不遂，酗酒严重，却仍在作画。这些人物，还有其他许多与圣艾夫斯有关联的人，似乎都印证着伟大艺术与巨大不幸之间的关联。[7]

即便有如此多的不幸，圣艾夫斯依然繁荣，从现代的伍德和尼科尔森开始，发展出了整支令人难忘的圣艾夫斯派，而流派的灵感来源，正是渔民阿尔弗雷德·沃利斯自学成才、天真却令人难忘的绘画。

如何持续：地区的诱惑

虽然社群中常有分歧，也有不少嫌隙，但通常都能持久发展。在聚会以及艺术聚集地的发展过程中，友谊是极其重要的。我们可以想见，最初的艺术家如何吸引了其他人，直到他们接连到来。

由于本·尼科尔森在当地艺术界的强大影响力，他被一些人称作圣艾夫斯的斯文加利[1]，他的妻子是极著名的女性雕塑家芭芭拉·赫普沃斯。正是这两个人的强大吸引力，让圣艾夫斯在三位画家相遇后，初获力量。1939 年，本和妻子为了逃离"二战"中的伦敦，带着三胞胎来到圣艾夫斯，在卡比斯湾这个破败的小镇安定了下来。在这之前，他们还在汉普斯特德的时候，跟皮特·蒙德里安走得很近。蒙德里安厌恶一切自然的东西，尽量不使用绿色。有一次，蒙德里安从尼科尔森房间的窗户探出脑袋，说外面的景象十分糟糕："太多自然了！"之前曾和画家威妮弗雷德·尼科尔森（后来她把名字改成了威妮弗雷德·达克雷）结婚的尼科

---

[1]　斯文加利（Svengali）是乔治·杜·莫里耶（George du Maurier）的小说《软帽子》（Trilby）中的人物，后指能够控制并对他人施加强大影响的人。

沃尔特·西克特《在沙滩上》(*On the sands*)，1883 年，油画

尔森看到蒙德里安工作室的平和纯净，深有感触。那是 1933 年，他和赫普沃斯前往巴黎旅行，他们在那次旅行中还拜访了毕加索、布朗库西和莫霍利-纳吉的工作室。事实上，在蒙德里安的影响下，尼科尔森把系列中的所有画作都变成了纯白色。而对赫普沃斯而言，布朗库西工作室中椭圆和圆锥形的光滑大理石雕刻，则传递了"不可思议的永恒"。[8] 大卫·西尔维斯特将战前与战后的欧洲艺术进行对比，并指出战后艺术用粗糙代替了光滑的平面，以反个人主义的姿态对抗构成主义"完美无瑕的平面"，追求一种不完美。[9] 尼科尔森坚持自己简洁的风格，直到他来到圣艾夫斯寻求商业上的成功，开始描画康沃尔的陆地与海岸风景。

长江后浪推前浪。凯特·尼科尔森——本和威妮弗雷德的女儿——和她母亲关系密切。她的父亲不喜欢混乱和复杂，尽管凯特仍然记得"他那些漂亮的如雕塑般的抽象线条"，但她更喜欢观察真实的事物本身，"而不是把思想和观念转录到画中"。[10] 作为一个极争强好胜的艺术家，本·尼科尔森全身心扑在绘画上，常常把自己锁在工作室里，而赫普沃斯则需要照顾孩子，准备一日三餐，几乎没有时间奉献给"能够准确表达我的感受的纯粹的形式……这种内在对形式的回应"。[11] 她的巨型作品，如创作于 1950 年至 1951 年的高达 3 米的《复调形式》（*Contrapuntal Forms*），为她带来的名声远远超过尼科尔森，尽管后者把自我塑造得无懈可击。因为极具张力的雕塑作品，赫普沃斯被称作"圣艾夫斯的女巫"，而尼科尔森则在高尔夫球场上勾搭上了别人。具有讽刺意味的是，他宣称自己发现挥舞高尔夫球杆的动作，相比于舞弄画笔，

芭芭拉·赫普沃斯《春天》（*Spring*），1966 年，铸铜雕塑，圣艾夫斯特雷温工作室花园

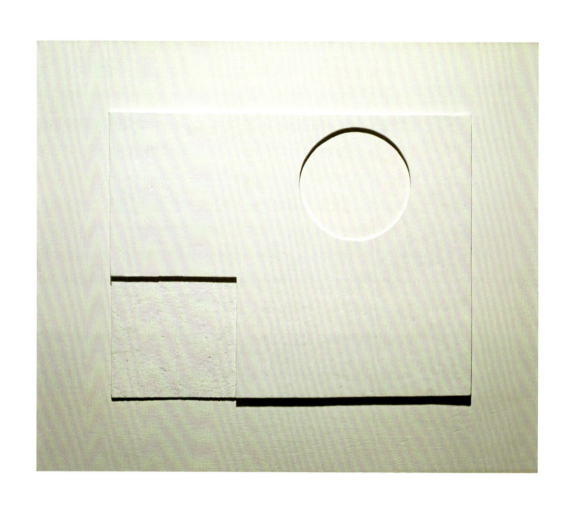

是最完美的挥就。不出意外，两人最终把工作室分开，并于1951年正式离婚。

在这个岛上，以及其他地方的任何时候，朋友都是很重要的。尼科尔森的密友，之前活跃在包豪斯的纳姆·加博，对出生在圣艾夫斯的彼得·兰永，以及那些在"二战"爆发后来到圣艾夫斯的艺术家都产生了很大影响。加博认为文化是一根"巨大的发条，必须拧好上紧"，而他也确实擅长把宏大的想法落实到小处。[12] 他主编了一本杂志，后来变成了书——《圈子：对构成主义艺术的国际化调查》(*Circle: An International Survey of Constructive Art*)，帮助他的还有尼科尔森和建筑师莱斯利·马丁。为杂志供稿的人来自英国和欧洲大陆，云集了各类抽象画家、雕塑家、设计师和建筑师。

尼科尔森在长久居留期间，被认为是"圣艾夫斯的国王"，因为赫普沃斯是"王后"（而彼得·兰永是"不情愿的王子"）。尼科尔森证明了自己对新人的开放态度。据说他曾坐在特里·弗罗斯特1950年的巨型帆布画作品《沿着码头散步》(*Walk Along the Quay*)前，盯着画一动也不动，接着在1951年的国际抽象艺术展上展出了这幅作品。后来弗罗斯特常作为案例被援引，因为杰出的马克思主义者约翰·伯格——他作为《新政治家》(*New Statesman*)的艺评人接替了离职去画画、写作的帕特里克·赫伦——声称特里·弗罗斯特不可能回答他在自己的艺术作品中提出的问题。[13] 说到这里，值得一提的是，伯格本人大约也在同一时间停止了绘画创作，他觉得绘画"不够直接，无法阻止这个正在被核战摧毁的世界"。[14]

然而，正如泰特美术馆日后的馆长艾伦·鲍内斯常对访客说的，这一切都发生在乐观主义的时代。[15] 当鲍内斯频繁前往圣艾夫斯，想到帕特里克·赫伦、罗杰·希尔顿、彼得·兰永、布莱恩·怀特、特里·弗罗斯特、约翰·威尔斯和威廉·斯科特时，他发现自己总是沉浸在一种极为自信的氛围中，而正是在这个时候，从

左页：本·尼科尔森，《白色浮雕》(*White Relief*)，1935年，木板浮雕油画

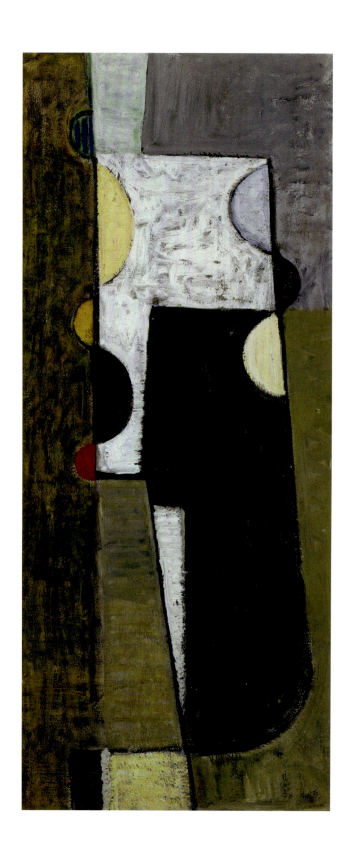

特里·弗罗斯特《沿着
码头散步》（*Walk Along
the Quay*），约 1951 年，
木板油画

1955 年到 1965 年，英国艺术热潮兴起。[16]2010 年，詹姆斯·福克斯担任主持人的 BBC 纪录片《康沃尔郡的艺术》中提到，在很长一段时间里，圣艾夫斯的艺术家"创作出了 20 世纪最振奋人心的作品……在那令人目眩神迷的几年中，这里和巴黎一样著名，和纽约一样令人兴奋，比伦敦不知道要进步多少倍"。[17]这正是圣艾夫斯的艺术家聚集在一起、相互激发灵感的巅峰时期。

人物性格

圣艾夫斯最著名的艺术家包括伯纳德·利奇和他的助手滨田庄司，他们在 1920 年共同创办了利奇陶器。利奇在日本跟随浦野繁吉（尾形乾山六世）学习陶艺，并在那里遇见了滨田，两人将西方与东方的哲学观点进行了融合。

对圣艾夫斯尤其重要的三位人物，上文已经提过：具有巨大影响力的雕塑家纳姆·加博，这位活跃在莫斯科、巴黎和包豪斯的建构大师，比尼科尔森和赫普沃斯晚两周到达圣艾夫斯。除此之外还有上文提过的特里·弗罗斯特，他在圣艾夫斯做过服务员和酒保，也担任过芭芭拉·赫普沃斯的助理（赫普沃斯不想让任何人知道自己有助理，如果有客人要来，她会让助理藏起来）。一

伯纳德·利奇，灰釉碗，1973 年

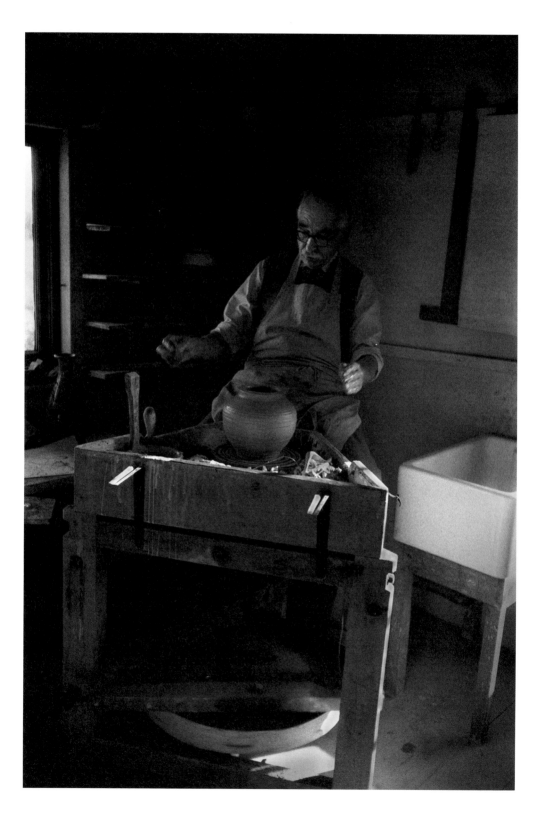

芭芭拉·赫普沃斯博物馆及雕塑花园中的艺术家工作室，圣艾夫斯

个有趣的故事提到，她的一位助理藏在一个天竺葵陶罐里，从客人的眼皮底下偷偷挪进了花园。

第三位人物是彼得·兰永，也是最伟大的大师之一：兰永出生在圣艾夫斯，"他知道康沃尔给人的感觉"[18]，他的家人在附近的圣贾斯特经营列万特煤矿。兰永一生都因 1919 年 10 月 20 日煤矿发生的那起灾难困扰，当时 31 位矿工被埋在了矿井里。在他里程碑式的作品《圣贾斯特》（*St Just*）中，中间的黑色条带也许代表矿井，两边延伸出去的形状像胳膊一样形成了十字架，如果从两边看，又像是代表康沃尔的海岸，以及煤矿形成的伤疤——詹姆斯·福克斯的这些解读完全合乎情理。[19]1959 年，兰永又创作了《失去的煤矿》（*Lost Mine*），时刻铭记灾难带来的损失。

兰永的"建构"，依托于回收的废弃材料，这让人联想到罗伯特·劳森伯格的综合绘画。兰永曾于 1957 年和 1959 年到访纽约，而艺术就这样以最好的方式进行了传播。马克·罗斯科也是交流的纽带之一，他当时从纽约到访圣艾夫斯，与兰永和他的家

左页：伯纳德·利奇在圣艾夫斯的工作室，1959 年

画室中的彼得·兰永，及《波斯莱文》（Porth-leven）的初稿与相关构造，1951年

人在一起。他当时想进行教堂的装饰，"绘画真是令人痛苦"，他说。[20] 这让我们想起休斯敦的罗斯科教堂，人们可以坐在颜色沉闷的画布前冥想。罗斯科向泰特美术馆捐赠了九幅画作，并坚持这九幅画要单独占一个房间。这和克里福特·斯蒂尔的做法类似，他要求自己的作品占满整栋博物馆，而这一愿望也确实在丹佛实现了。不管从哪个方面来看，罗斯科和斯蒂尔都是崇尚自我的画家。

兰永痴迷于驾驶滑翔机飞跃半岛，在 1960 年的一次飞行中，滑翔机坠毁，兰永去世——这是圣艾夫斯的又一场悲剧。尼科尔森在 1957 年离开了；1975 年，赫普沃斯在工作室的一场大火中

右页: 彼得·兰永《构造》（Construction），1947年，伯斯佩有机玻璃、铝与木材

丧生，据说她是从楼梯上摔了下去。但这些悲剧并没有终结圣艾夫斯的社群，它的精神得到了传承。赫普沃斯博物馆和雕塑花园仍在那里，如今由 1993 年对外开放的泰特圣艾夫斯美术馆负责管理。

争吵和分歧

不同代际和派别的艺术家之间经常发生分歧，这在圣艾夫斯尤其明显。自从彭威思团体脱离圣艾夫斯艺术家协会，在福尔街紫铜壶公寓召开的一次气氛紧张的会议上，定义了艺术的三个种类，并明确提出 B 类艺术或抽象类艺术远远优于其他艺术种类（比如彭威思派所谓的"装饰"艺术），兰永和尼科尔森之间便出现了矛盾。明显属于 B 类艺术的尼科尔森，当然不愿意和港湾画家还有花盆装饰画家归成一类。[21]

战争成了人们来来去去的主要决定因素。出于道义原因而拒服兵役的兰永，曾在战时担任阿德里安·斯托克斯和玛格丽特·梅丽斯的园丁；出于同样原因拒服兵役的布莱恩·怀特，战争结束时，骑摩托车从牛津前往圣艾夫斯；战争期间在西西里岛做过医生的约翰·威尔斯，之后也来到了圣艾夫斯。1946 年，他们在已改为俗用的水手教堂成立了地下室团体，标榜为"年轻艺术家"，相比之下，圣艾夫斯艺术家协会则是由尼科尔森和赫普沃斯这样的"高级"（也可改作"年长"）艺术家组成的。后来各种艺术家、手艺人都加入了这一地下室团体，其中也包括伯纳德·利奇。这与 1920 年成立的圣艾夫斯协会的绅士风气形成了鲜明的对比。

在抽象与具象、关注内心及与外部世界和社会产生联结之间做出区分，总是有很大的风险。在抽象与具象的争论中，彼得·兰永发现自己站在了赫普沃斯和尼科尔森的对立面，因为他的艺术总是全然关于康沃尔现实存在的地点——渔村、遗址等——而他们的艺术似乎和现实地点有关，但也有其他东西，也许是无法定圣艾夫斯的地下室团体，1940 年。从左至右为彼得·兰永、吉多·莫里斯（图中不可见）、斯万·柏林、威尔米娜·巴恩斯·格雷厄姆及约翰·威尔斯

义的东西。

　　这种观点之间的重大对立，往往能够使团体活跃起来，圣艾夫斯的分歧正是如此。就拿帕特里克·赫伦和罗杰·希尔顿之间的分歧来说：赫伦的家人曾住在泽诺附近的一座山上，他后来回到了这里，住在一栋叫作"鹰巢"的房子里，附近都是维多利亚风格的三角墙和花园。正如赫伦所说："色彩在我现在的绘画中，是主题也是方法，是形式也是内容，是图像也是意义。"他认为这里是他所有绘画的核心所在地，相信"在康沃尔的风景中有一种神秘的创造性力量"。然而对希尔顿来说，这种言论无疑是"危

险的胡言乱语，关于风景的无稽之谈"。[22] 延续家庭传统的赫伦，站在了抗拒家庭的尼科尔森、布莱恩·怀特、兰永和希尔顿的对立面。怀特尤其极端，他住在"卡恩棚屋"——位于山上岩石嶙峋的一处凸起，全然弃绝任何资本主义的附加便利。

这样的分歧也明显体现在圣艾夫斯节日上，节日的一部分精神来自 20 世纪 20 年代圣艾夫斯社群的"绅士俱乐部风气"，另一部分则专注于延续新伊丽莎白社群传统——至少一些人是这样认为的。迈克尔·蒂皮特的《仲夏夜的婚礼》（*The Mid-summer Marriage*）也延续了这样的分化，这部剧的服装和舞台设计出自芭芭拉·赫普沃斯之手，编舞是约翰·克兰科，于 1955 年 1 月在科芬园首演。与此类似的，还有男高音阿尔弗雷德·戴勒在圣艾拉教堂的演出，其中的真挚似乎是"快乐的英格兰"（*Merrie England*）的回响，又似乎是某种滑稽的模仿［同样，在 1953 年出版的《幸运儿吉姆》（*Lucky Jim*）中，作家艾米斯安排英文学院的院长给迪克逊一项任务，要他在业余牧歌班里唱歌］。[23] 在这些场景中，人们相聚在炉火旁，彼此陪伴，暂时远离战时的苦难和穷困。

在另一面，我们又有彼得·兰永，有他关于矿难的悲悼画《圣贾斯特》，还有他的女性裸体画，以及对约翰·邓恩的诗《致他即将就寝的情人》（*To His Mistress Going to Bed*）的征引。兰永对女性的探索"从前至后，从上至下，能够在他的艺术作品中同时表现人物与姿态"。[24] 迈克尔·伯德评价兰永的绘画："岩石般的形状唤出人的形体，位于人类文明的中间王国，面对蛮荒和自然手足无措。"[25] 兰永将人体倒置，使

纳姆·加博，摄于 1936 年

其看起来如同海岸风景，这似乎是在映射加博所倡导的动态活力，那被上紧的发条。

彼得·兰永的《热能》是用一把剃刀刮成的。[26] 关于兰永的一切都危立在边缘，带着紧张的动势：他的一生、他的艺术、他关于列万特煤矿灾难的绘画、他走上滑翔的道路，以及由此引发的死亡。"我完成我的十字架，但基督却无处可寻。"[27] 阿尔弗雷德·沃利斯那种简单而自发的信仰，在兰永的晚期作品中并不明显。

圣艾夫斯的对立面有许多，举个有趣的例子：芭芭拉·赫普沃斯和赫伯特·里德曾试图阻止泰特美术馆购入利希滕斯坦的《空中火力》(*Whaam!*，1963)。[28] 令人震惊的是，在这一现代主义的核心之地，有许多人都反对我们现在所说的现代主义作品。尽管如此，毫无疑问，这里留下来的精神和记忆是更为重要的。

讲故事

不用说，一切叙述、绘画、音乐、文本——更不用说所有的传记，实质上都是关于怎样讲述故事。一些人——比如评论家查尔斯·斯宾塞，还有劳伦斯·阿洛威——声称在 1977 年，在彼得·兰永、罗杰·希尔顿、布莱恩·怀特和芭芭拉·赫普沃斯去世后，圣艾夫斯的群体是"一群风景画家……其中开创性的象形图腾代表了一种个人的交流语言……一种极为英式的浪漫神秘主义"。[29] 或者，人们可以像帕特里克·赫伦那样，声称圣艾夫斯在 20 世纪 50 年代晚期是西方绘画最具影响力的中心，其时，巴黎开始从它的显赫地位上滑落，而美国绘画发展的消息还没有传到其他地区。1956 年，纽约现代艺术博物馆的展览《十二位美国艺术家》在泰特美术馆开展时，赫伦是最初表示欢迎的人之一。彼时，赫伦已经辞去了他在《新政治家》的艺术编辑职位，从伦敦搬到了康沃尔。

罗杰·希尔顿讲过一个关于阿洛威的故事，刻薄但有趣："他说我是个小'银'——他发不出 r 的音——于是我放下玻璃杯，用力地推了他。"阿洛威一下子摔倒在地，"他骑在了我身上，你知道，他是个白化病人，你能看到他和我争斗时脸变得越来越红……图斯画廊的老板颇为礼貌地请我离开"。[30]

希尔顿身上有太多东西吸引着我们的注意。1973 年，他在波特勒的病床上声称："总体而言，艺术是存在于精神之中的。"接着他阐释了自己关心的主要几点：

一、永远不要涂抹或试图擦除。如果你犯了错，就围绕这个错误继续，让你的错误成为强项而非弱点。二、等待。如果你没有收到明确的信息，就什么都别做。三、如果你的刷头蘸满了颜料，你又已经下了笔，不要觉得就必须用掉刷子上的颜料，去把刷子洗了。四、在生命中，什么东西留下来并不重要，重要的是什么东西没留下来。[31]

在此多年前的 1960 年 9 月，他就《头》（*Head*）这部作品说过："对于抽象画家来说，出路有两条：他必须放弃绘画，转向建筑；或者他必须重新发明图形。"[32] 从某种意义上来说，他确实做到了。

在访客与久居者之间，确实有着清晰的差别。例如，20 世纪 90 年代，似乎有更多艺术家在购置土地、建造房屋。但访客一直很重要：斯托克斯的别墅"公园小猫头鹰"的访客有奥古斯塔斯·约翰、西里尔·康诺利、斯蒂芬·斯彭德，还有尼科尔森和赫普沃斯。1959 年，克莱门特·格林伯格和马克·罗斯科来到赫伦的"鹰巢"，商量重要事宜。格林伯格在"鹰巢"待了 6 天，甚至去泽诺的"卡恩棚屋"见了怀特。当时怀特也打算去圣艾夫斯的波斯梅尔工作室和弗罗斯特见面，就在沃利斯的旧棚屋的对面。当野人们——也就是圣艾夫斯的"野兽派"步入中年时，年轻人接连到来。例如，保罗·费勒在 1949 年说，他在圣艾夫斯"绝对见到了我必需的东西"。[33]

接下来的几年，更多人来到这里，许多艺术家留了下来。例如，威廉明娜（威丽）·巴恩斯－格雷厄姆去拜访她的大学同学玛格丽特·梅丽斯——她当时是阿德里安·斯托克斯的妻子。她们两人一起做了许多拼贴画。后来斯托克斯与梅丽斯的姐姐在伦敦发展出恋情，两人离婚，梅丽斯于 1946 年离开了圣艾夫斯，但巴恩斯－格雷厄姆留了下来，成了地下室团体和彭威思艺术协会（这是后来的事了）的成员。后来来到这里的还有桑德拉·布洛，她刚刚结束和意大利艺术家阿尔贝托·布里一年的恋情，布洛声称"我所认识的一些男画家作品中的元素也融进了我的绘画"。的确，她作品中蜿蜒的炭笔线条证明了这一点，因为这让人想起布里的作品。希尔顿警告过布洛，不要让任何人知道她是犹太人，因为当时的反犹情绪还很激烈。[34] 幸运的是，圣艾夫斯现已时过境迁，而这里在经过艺术家和环境的种种变化之后，依然如过去一样吸引着艺术家和作家的到来。

戈德雷维灯塔

弗吉尼亚·伍尔夫还是孩子的时候，夏天常和家人来圣艾夫斯，住在塔兰德别墅。在她死后出版的《存在的瞬间》（*Moments of Being*）一书中，她曾满怀情感地回忆道：

> 我们自己的别墅；自己的花园，海湾；大海；荒地……海浪在黄色的窗帘后面拍打着在那里的第一个夜晚；挖沙子；乘渔船出海；爬过岩石……从一扇巨大的木门进入［塔兰德］，那门闩叩击的声音令人熟悉……[35]

因此，圣艾夫斯也是《到灯塔去》（*To the Lighthouse*）的主要场景，还有戈德雷维灯塔，它坐落在圣艾夫斯海湾的一个岛上。除此之外，法国南岸的卡西斯水域也常常被伍尔夫写进作品。

从 1891 年到 1895 年的夏天，斯蒂芬一家都是在塔兰德别墅

圣艾夫斯，塔兰德别墅，
斯蒂芬一家的度假住处，
约 1882—1884 年

圣艾夫斯，戈德雷维灯塔

度过的。弗吉尼亚的父亲莱斯利·斯蒂芬，曾在 1865 年至 1868 年担任高山俱乐部的主席，1868 年至 1871 年则是《高山杂志》（*Alpine Journal*）的编辑。他攀爬过瑞士的罗莎峰，也多次登上位于圣艾夫斯与圣贾斯特之间的"鲂鱼头"。圣艾夫斯的许多事都与攀爬岩石有关。在一篇 1922 年 3 月 30 日的日记中，伍尔夫描述了她去"鹰巢"拜访马克·阿诺德 – 福斯特的情景，在那里她看见形形色色的老人，络绎不绝地前来攀爬。[36]

在圣艾夫斯，莱斯利·斯蒂芬也是游泳和帆船协会的副主席，以及圣艾夫斯艺术俱乐部的一员，1891 年，他当选为该俱乐部的

年轻时的弗吉尼亚·伍尔夫（左）和瓦妮莎·贝尔在塔兰德别墅玩板球，1894 年

主席。然而，他在 1889 年精神崩溃，辞去了《英国名人传记词典》的编辑一职。斯蒂芬一家离开圣艾夫斯后，莱斯利·斯蒂芬向艺术俱乐部的免费图书馆捐赠了 21 卷书，有关他的记忆在圣艾夫斯依然鲜活，让人念念不忘。

除了圣艾夫斯，伍尔夫的写作也被记忆以及南法的氛围所笼罩。卡西斯空中飞舞的飞蛾，还有附近的枫可赫斯城堡都为她 1931 年出版的杰作《海浪》（*The Waves*）提供了灵感。1905 年，伍尔夫和她的兄弟姐妹——瓦妮莎·贝尔、艾德里安和托比·斯蒂芬踏上了一段忆旧之旅，回到了塔兰德别墅——他们在 1895 年母亲过世后放弃了这处房产。在报春花山谷，他们拜访了几位曾服侍过斯蒂芬家的人：曾为他们洗衣服的丹尼尔夫人；在珀瑟敏斯特沙滩管理沙滩帐篷的那对夫妇；农夫的女儿吉妮·百瑞曼——她曾给他们送鸡过来，还给家里帮了忙。弗吉尼亚在她的日记中写道："我们和塔兰德现在的主人一起喝了茶，夫妇两人都是艺术家，十分讨喜，他们的孩子和那时的我们同龄。"[37]

在我看来，似乎不应忘记的是圣艾夫斯真正的陆地景观和水景，包括戈德雷维灯塔，还有斯蒂芬一家和它的关系。在《到灯塔去》中，拉姆齐夫人叫道："啊，多美丽啊！一大片湛蓝的水域在她面前展开；苍老朴素的灯塔，在雾中遗世独立。"她又一次想起戈德雷维的灯光映照在塔兰德别墅的窗子上，"在台阶和脚垫上留下它苍白的脚步"。[38]

紧接着我读到了阿德里安·斯托克斯的文字，多么美妙啊！他当时在卡比斯湾的别墅"公园小猫头鹰"，思考着色彩和形式的关系，写下了这段话：

> 人们有时候认为是所有色彩共同构成了白色。我脑海中浮现戈德雷维灯塔的光打在康沃尔的北岸上。柱状的灯塔站立在洗白的建筑群中，建筑都带有黑色的拱顶，仿佛融为一体。白色建筑的地基是灰色的岩石。有些日子里，由于那些转瞬

即逝的泡沫，四周的海呈现出蓝色、黄色、绿色、深红甚至是橘红色。我们站在嘶吼的风中向下望去，在灰色天空的映衬下，岛屿的轮廓延伸扩大成纪念碑的轮廓，又接着成为大海、天空和岩石的一切形状、一切颜色。[39]

回到圣艾夫斯

1956 年，帕特里克·赫伦回到了圣艾夫斯，这个他从小和家人一起长大的地方。赫伦在他的思考、写作和绘画中，放大了艺术聚集地所具有的最为明媚的愿景："我觉得这个世界是奇妙的。色彩、形式、空间、关系——都给予我能量，使我的全部意识，乃至全部生活得以扬升。"[40]

赫伦之前租了一间带阳台的能俯瞰海湾的工作室，他写下了在这里画画的感受："我转动脑袋，视线得以从敞开的窗子离开片刻，眺望远处的海景。有两秒钟的时间，我被裹进另一个视觉世界，这里有全然不同的现实秩序：面前一把椅子的红色轮廓，从白色的墙面背景中凸显出来……"[41] 后来他搬到了圣艾夫斯的泽诺，作为一名画家，辞去了之前在《新政治家》的艺术评论职位，甚至拒绝了玛格丽特·撒切尔授予他的骑士头衔。他全身心致力于绘画的这一举动，标志着圣艾夫斯成为世界现代主义革新运动中心的开端。

赫伦买下了"鹰巢"——位于西彭威思泽诺的祖宅，对此他说道："这里的景致改变了我的一生，我所有绘画的源头都来自这栋房子和它周围的一切。"[42] 他的巨型画作《镉与紫罗兰、红宝石、祖母绿、柠檬和威尼斯》（*Cadmium with Violet, Scarlet, Emerald, Lemon and Venetian*，1969）藏于泰特圣艾夫斯美术馆，这幅画曾引得詹姆斯·福克斯——BBC4 频道纪录片《康沃尔郡的艺术》的主持人——宣称赫伦是"20 世纪的透纳"。1957 年至 1965 年，彼得·兰永和帕特里克·赫伦在美国举办了 8 场个人展览，由此看来，圣艾夫斯和纽约共同占据了现代主义的巅峰。

长久以来，我一直很欣赏赫伦的绘画和写作。我曾和他在泰特圣艾夫斯美术馆他的一幅画前有过一次愉快的交谈，他指给我看画上的一个小洞，向我解释说这是画挂在酒店时留下的。啊，我说，你会修补它吗？不会，他宁愿让历史完整地保存下来。这一决定在我看来是完全正确的。

新时代：1930 年至今

当然，离别有着非凡的意义，最初的许多艺术家离开了圣艾夫斯和康沃尔，但圣艾夫斯的艺术家们肩并肩工作的精神留了下来，尽管这一精神常出现这样或那样的分歧，比如关于抽象与具象的争论等。这样看来，尼科尔森及赫普沃斯的精神与超现实主义形成的对立，则十分有趣——通常超现实主义被认为过于内省，过于侧重精神分析。1942 年，超现实主义画家艾思尔·科洪前往毛瑟尔画画，我的好朋友菲利普·休斯和克里夫·布拉克摩尔至今仍在那里作画。我第一次去泰特圣艾夫斯美术馆是和克里夫一起，认识了约翰·威尔斯和他的作品。那次我买了一小幅约翰·威尔斯的画，也就此爱上了这个地方，不管是它的过去还是现在。

9

里尔克与德国画家群体——沃普斯韦德

　　德国北部的村庄沃普斯韦德第一次被提及是在 1219 年。当时，奥斯特霍尔茨修道院的本笃会僧侣会向农民索要一半的什一税，这些农民自古以来就靠挖泥炭谋生，挖出来的泥炭会沿河从哈默运到不来梅港——位于北部 17 公里之外的汉萨同盟城市。19世纪末，艺术聚集区发展起来时，运输泥炭的船只都扬着黑色的帆布，在一片风景中十分显眼。

　　艺术聚集区在 19 世纪蓬勃发展，各种艺术令人振奋的相互渗透，也跨越了整个欧洲。沃普斯韦德足够传统，也足够现代，正好赶上分离派运动——从 1892 年的慕尼黑分离派到 1897 年的维也纳分离派，以及随后的柏林分离派。

　　19 世纪 30 年代的巴比松画派以及 19 世纪末期的德国，标志着艺术聚集区的两个巅峰。巴比松是欧洲画家建立的最早聚居区，沃普斯韦德以巴比松为原型，建立了画家社群。虽然有巴比松画派，但沃普斯韦德的情况明显不同，这里景色壮丽但并不宜居，北部环绕着汉萨城郊的沼泽，景观和这里传奇的历史紧紧联系在一起。村子坐落在泰佛斯莫，又称"魔鬼沼泽"的维也斯伯的沙山脚下，村子里都是笔直的小路，来此地定居的人沿着小路建造房屋，茅草屋顶又低又矮。

　　如今，人们对保拉·莫德松 - 贝克尔的兴趣已经牵动了一个成熟的民宿产业链，沃普斯韦德恐怕已经变味儿了。但也许没有，在这里，人们依然对茅草屋顶充满怀旧情绪，也依然延续着刷漆的手工艺，甚至村子中央还有一个社区活动中心，中心的建立完全是对这种怀旧情感的落实，同时跟全球的其他艺术聚集地保持联络。这里甚至还有一个欧洲艺术聚集地中心，也在城镇大厅里。2008 年，欧盟为"沃普斯韦德大师计划"提供了资金，用以对四座主要的博物馆进行翻新修复：巴肯霍夫博物馆、格洛斯特美术

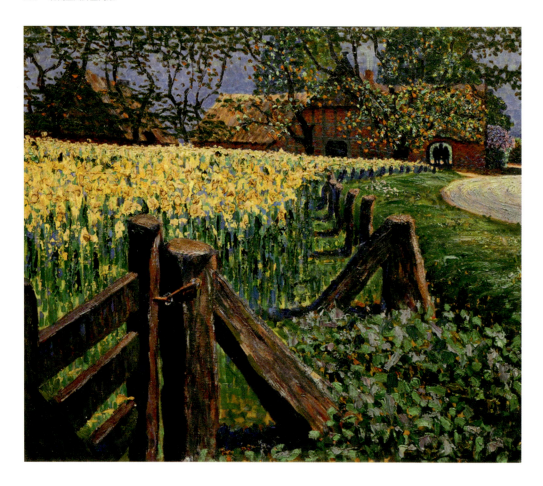

馆、施鲁豪斯美术馆和沃普斯韦德艺术馆，资金还用于重新设计菲林-福格勒-豪斯的游客中心和城镇大厅——艺术聚集地中心的所在地。

卡尔·卫南《沃普斯韦德的夏天》（*Summer in Worpswede*），1906年，帆布油画

画家们

当时，里尔克、奥托·莫德松、弗里茨·奥韦尔贝克、汉斯·安·恩德和其他人都聚在海因里希·福格勒的家中，周日是特殊的日子，所有到场的女性都会身穿白色衣服。保拉·贝克尔写信给里尔克说："在可爱的周日，你和我们在一起，我们和你在一起，日子会一直这样下去。对于我们每个人来说，你都是一个偶然，而你在沉默中，轻轻放在我们手中的那份丰厚的恩赐，一

直存在。"里尔克回信:"每个周日晚上的聚会,我都和你在一起。"[1]我的祖母,画家玛格丽特·利比特回忆起她在那里度过的时光,仍历历在目,她曾向我讲述发生在那里的故事。她是在1904年到达那里的,十年后,因为"一战"爆发,她和家人不得不离开:她丈夫给她发了一条加密的信息说"我们有票了",这指的并不是什么歌剧票,而是他们必须即刻动身。

但她在不来梅度过了十年的时间,很快就与沃普斯韦德的艺术聚集地建立了联系。她认识里尔克,在我年幼无知的时候,她跟我讲过里尔克,还有莫德松和其他人,只不过当时的我并不明白这些意味着什么。后来,当我意识到她确实在巴黎的朱利安学院度过了无比美妙的时光时,我才有了浓厚的兴趣。她的许多艺术家朋友都曾在这里学习、工作,包括罗伯特·凡诺、阿尔菲乌斯·科尔,还有来自佐治亚州萨凡纳的艾玛·威金斯,其中威金斯是最先和祖母一起去朱利安学院的。将威金斯的《罂粟花》(*Poppies*)和凡诺于1888年在格雷创作的一系列著名的《罂粟花》放在一起,可谓相映成趣。

弗里茨·马肯森先是在杜塞尔多夫艺术学院学习,后来又回到了沃普斯韦德。1886年和1887年的夏天,他应当地一位商人的女儿米米·司多特的邀请,访问过沃普斯韦德。他继续在慕尼黑艺术学院工作,以绘画中理想化的人物和地点对学院式的作画和教课做出了回应:自然主义站到了相反的立场。

就像大多数艺术聚集地一样,一位参加者邀请另一位,这一位又邀请别人。1889年,马肯森在沃普斯韦德定居,紧接着莫德松也来了——他们是在杜塞尔多夫艺术学院认识的。针对自然主义,马肯森说得很清楚:"Au diable les academies! La nature est notre maitresse, c'est elle que nous devons suivre."(让学院见鬼去吧!自然是我们的情人,她才是我们应该追随的。)他画了《户外的崇拜》(*Worship in the Open*)以赞颂"户外弥撒":农民穿着传统服饰,做出祈祷的姿势。这幅画在1895年获得了大奖。

出生于 1864 年，创作明丽风景画的汉斯·安·恩德，加入了这两位艺术家的团体。紧接着几年之后，来自不来梅富裕家庭的弗里茨·奥韦尔贝克成为该团体的第四名成员。很快，奥韦尔贝克邀请海因里希·福格勒来到这里，他们也是在杜塞尔多夫认识的。福格勒来了，在 1894 年加入他们，并带来了新艺术的潮流。福格勒的绘画还杂糅了一些拉斐尔前派绘画、波提切利和英国唯美主义的风格。

沃普斯韦德的前景美好得超乎寻常，与这里沉郁的土地形成了鲜明的对比。日后里尔克在 1902 年描述沃普斯韦德的画家时，也指出了这一对比，下文会更详细地说明。

弗里茨·马肯森《沼泽上的夜晚》（*Evening on the Moor*），1896 年，帆布油画

艺术和地点

刚开始，沃普斯韦德的艺术是写实的。沃普斯韦德艺术家协会成立于 1892 年，到 1894 年就已经有了明确的社群组织。在初期，社群的氛围十分强烈，在巴肯霍夫尤其如此——1895 年，福格勒

买下了这栋巨大的建筑，并以周围的白桦木命名。艺术家把这里称作"缪斯的房子"，这里成为沃普斯韦德的文化中心。社交活动包括音乐、舞蹈、阅读和文本朗诵，还有对艺术的讨论——简言之，是艺术聚集区在繁荣时期的典型聚会。我的祖母总是跟我谈起巴肯霍夫的周日聚会。福格勒 1905 年的美好画作《夏夜》（*A Summer's Evening*），原名《音乐会》（*Konzert*），描绘的就是这一场景。

从个人层面来讲，1901 年，保拉·贝克尔跟随马肯森学习，立刻爱上了这里的风景，1897 年到 1901 年，她在日记中反复写道："棕色的美丽沼泽，诱人的棕色！河道中船只的黑帆……沃普斯韦德，沃普斯韦德，你总是在我的脑海里……"[2]1897 年，莫德松和海伦娜·施罗德结婚，他们生了一个女儿叫利兹贝丝。1900年海伦娜去世后，1901 年，莫德松和贝克尔结婚；贝克尔的好朋友克拉拉·韦斯特霍夫也在同年与里尔克结婚——这位诗人已经

海因里希·福格勒《巴肯霍夫》（*The Barkenhoff*），1904 年，帆布油画

一群人坐在海因里希·福格勒的房子巴肯霍夫前。从左至右为米莉·贝克尔、菲林·福格勒、奥托·莫德松、玛莎·福格勒和保拉·莫德松－贝克尔，1905 年

在 1900 年离开了露·安德烈亚斯－莎乐美。

里尔克

1898 年春天，福格勒在佛罗伦萨遇见了里尔克，[3] 两个人都住在贝诺阿公寓。当时鲁道夫·博尔夏特邀请福格勒共度夜晚，福格勒只是和里尔克握了握手，但最终他们成了朋友。两个人有许多共同的兴趣爱好，他们都热爱文艺复兴早期的佛罗伦萨艺术，尤其是波提切利，以及新艺术运动。里尔克在不来梅跟福格勒的家人共度圣诞，圣诞节的早上，他们一同去了沃普斯韦德和巴肯霍夫。里尔克写了一首诗称颂巴肯霍夫的光明未来，以及入口处青柠树和橡木投下的浓郁树影。然而，里尔克总是思念俄国。他曾和莎乐美一同去俄国旅行，因此对俄国的食物和装饰充满渴望。

许多其他领域的知名艺术家，也都围

露·安德烈亚斯－莎乐美，约摄于 1914 年

里尔克和克拉拉·里尔克·韦斯特霍夫，1901 年

绕福格勒聚集在一起，其中有卡尔·霍普特曼和格哈特·霍普特曼两兄弟、马克斯·莱因哈特和托马斯·曼。晚上，贝克尔的姐姐米莉会一展歌喉，众人一起读胡戈·冯·霍夫曼斯塔尔的作品。但里尔克坐在角落里一动不动，话也很少，这让霍普特曼兄弟十分恼怒。的确，里尔克不喝酒又故作正经，随之而来的问题可想而知。一个周日的晚上，众人在巴肯霍夫的酒窖里找到了酒，要求里尔克唱一支祝酒歌。里尔克拒绝了，并表示这一切令人厌恶。他说，那天晚上剩下的几个小时既愚蠢又令人沮丧，简直"荒诞"。

他觉得自己孤单一人，认为德国式的欢乐实在可怕。福格勒记得第一次见到里尔克的时候，他似乎沉浸在自己的思想里："我以为他是个修道士，喜欢把手高高地举到身体上，好像准备祈祷一样；他稀疏柔软的胡子就好像托钵修会的修士，下巴和脸颊像是从未用过剃刀。"[4]

刚开始，里尔克更喜欢的是金头发的贝克尔，而不是深褐色头发的克拉拉·韦斯特霍夫。贝克尔也被苍白的里尔克吸引了，但她要嫁的是莫德松。里尔克在他关于玫瑰的诗歌中，这样写过

海因里希·福格勒在巴肯霍夫，约 1900 年

贝克尔：

> 红玫瑰从未这样红，
>
> 从未红过雨中的那个夜晚。
>
> 我梦到你香甜的发已有几个世纪，
>
> 红玫瑰从未这样红。

由于韦斯特霍夫十分喜爱罗丹，里尔克前去巴黎拜访了他。1900 年，里尔克在沃普斯韦德，但很快去了柏林。他日记中 1901 年 10 月 4 日的这一页丢失了，尽管这些故事有些模糊不清，但我们知道韦斯特霍夫去了柏林，里尔克在柏林和她会面后，两个人在韦斯特韦德的房子里待了几天，他们之后在那里生活。1901 年 4 月，里尔克和韦斯特霍夫结婚了，但他没有钱，这一直是个问题。他曾经有机会去布拉格的一家银行做一份薪资微薄的工作，但他受委托要为沃普斯韦德的画家们写一本专著，并于 1903 年出版。这本书让许多画家都很不高兴，他们觉得里尔克没有给他们足够的赞美。确实，不管是对画家还是他们的作品来说，这都不是一本赞美的书。这本书中典型的一段话是这样的：

> 我们习惯于形式，但风景没有形式；我们习惯于用意志解读动作，但风景在动的时候并不想要什么。风景没有手也没有思想，我们需要承认这一点：风景对于我们是陌生的，而我们在树枝下，在河流中，是无比孤独的。[5]

贝克尔对韦斯特霍夫的改变感到不安，里尔克非常尖锐地指出，人结婚后是会变的——她无疑知道这一点。对她和莫德松来说，里尔克似乎太"斯拉夫"了，"不够德国"。里尔克保有他的孤独和不带占有欲的爱，他想，贝克尔对韦斯特霍夫的情谊应当也是如此。

给记忆中的保拉·莫德松－贝克尔：

而最终，你看到自己是一只果实，你踏步

走出你的衣服，将你赤裸的身体

置于镜子面前，你让你自己走入

你的凝视之中；你炽烈的凝视停留在前，

它没有说："我是"；而是说："这是……"

——《给一位朋友的安魂曲》（Requiem for a Friend,
1908）。英译本来自史蒂芬·米切尔《莱纳·马利亚·里尔
克诗选》（The Selected Poetry of Rainer Maria Rilke, 纽约,
1982），p.76。

里尔克一直在柏林的贝立兹学院上法语课。1902 年，他独
自离开韦斯特韦德前往巴黎，不再伪装和韦斯特霍夫生活在一
起。他做过一段时间罗丹的私人秘书，甚至用法语写了一些诗。
贝克尔在沃普斯韦德开了一间新工作室，1903 年，她常常和里
尔克在巴黎共进午餐，但感觉他们在一起不再快乐，还声称艺
术不该以里尔克写作的方式来表达。[6]1919 年，韦斯特霍夫在经
历了一年严重的抑郁后，搬到了费舍尔德（位于不来梅附近的维
默）。1920 年后，她开始在那里绘画。韦斯特霍夫一直作为画家、
雕塑家和基督教科学家在工作，直到 1954 年去世，享年 75 岁。

保拉·莫德松-贝克尔

伟大的画家保拉·莫德松－贝克尔的历史已经广为人知。值
得一提的是，在她 1901 年第一次去巴黎的时候，遇见了塞尚的
作品，在后来的旅途中，她又遇到了高更和纳比派画家的作品。
在她的绘画中可以看到这些作品带来的影响。她的许多作品都

集中收藏在莫里斯·丹尼斯位于圣日耳曼昂莱的修道院，而距离她 1905 年拜访丹尼斯的画室已经过去了一百多年。今天，修道院藏有蓬塔旺和普度许多画家群体的作品，包括围绕高更和埃米尔·贝尔纳的夏尔·费利杰、阿赫曼·塞甘、马克西姆·莫福拉和迈耶·德哈恩，纳比派画家有保罗·塞吕西耶、保罗·朗松、费利克斯·瓦洛东、皮埃尔·波纳尔和爱德华·维亚尔，当然，还有这里的主人：伟大的画家莫里斯·丹尼斯。

多年来，贝克尔一直在犹豫到底是留在沃普斯韦德还是巴黎。她在 1903 年经常去拜访罗丹的工作室，先是住在卢瓦尔大饭店，然后是卡塞特街 24 号。1905 年，贝克尔参加了朱利安学院的课程，对维亚尔、丹尼斯和皮埃尔·波纳尔尤为感兴趣。

1905 年，贝克尔回到巴黎，决心和莫德松分开。她发现自己"正过着我这一生中最快乐的日子。我知道我活不了多久了"。这个时候，她几乎确信了自己是谁——她相信自己很长时间以来都不知道这一点——她说，"我是我自己，希望每一天都能更接近自己"。1906 年，她写信给莫德松说："请还给我自由，奥托。我不想让你再当我的丈夫了。"[7]

但她在同年的 9 月 9 日改变了主意，邀请莫德松来巴黎见她："但我只是个可怜的人儿，不知道自己真正的道路在哪儿。"11 月 17 日，她写道："我将回到我之前的生活中去……我已变得不同……我明白我不是一个能够独自生活的女人。"[8]

贝克尔的工作实际上只持续了几年时间——大概九年，因为当奥托来到巴黎，1907 年他们一起回到沃普斯韦德后，保拉生下了她的女儿玛提尔德。不久后的 11 月 30 日，她从床上坐起，喊了一句："我好快乐，好快乐！"但片刻之后，她就因栓塞倒在床上去世了。贝克尔的遗言充满惋惜之情，看着画架上未完成的画作说："遗憾啊。"[9]

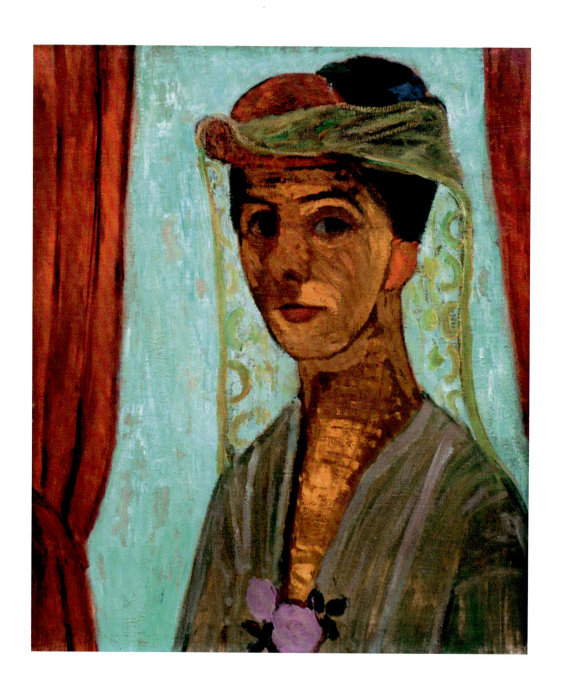

保拉·莫德松－贝克尔
《戴帽子和面纱的自画像》
(*Self-portrait with Hat and Veil*)，约 1906—1907
年，帆布油画

一个时代的结束

这一不幸事件启发了艾德丽安·里奇，她在 1975 年到 1976
年写下了一封宏伟的诗歌信《保拉·贝克尔写给克拉拉·韦斯特
霍夫》(*Paula Becker to Clara Westhoff*，1975—1976)，讲述了贝克
尔和韦斯特霍夫之间的情谊：

> 克拉拉，我们当中，有谁没有迈出危险的那一步
>
> 超出我们作为女性的存在
>
> 只为挽救我们的作品？或者说，为了挽救我们自己？[10]

接着是 1914 年，战争到来了。当时，我的祖母玛格丽特·利
比特必须离开不来梅和她在那儿的所有朋友。汉斯·安·恩德将
战死战场，而福格勒在当时接纳了马克思主义，将精力奉献给了
社会事业，他也因此"更加强壮、快乐、充满希望"。他的妻子玛
莎·施罗德（他们是 1901 年结的婚）声称她不会跟他一起旅行，
因为她只是嫁给了他的艺术，而他则争辩说"孤独是所有艺术家
的命运"，个性会消失在作品中。[11] 从那以后，福格勒成了一个和
平主义和理想主义者，村子里的氛围也变了："星期天，我的别墅
和花园成了法国、比利时和俄罗斯战俘的聚集地，他们是来给富
农打工的。"[12]

玛莎·施罗德和福格勒分居后，就一直住在这栋房子里，和
她住在一起的还有路德维希·包默以及她的女儿玛丽路斯、贝蒂
娜和玛莎，她们经营着一家纺织中心。这让我想起我祖母玛格丽
特·利比特在这段时期的绘画，色彩十分沉郁，画里的房子和其
他沃普斯韦德房子的外形一样。这跟之前福格勒的巴肯霍夫形成
了多么强烈的对比啊，现在一切都变了。

海因里希·福格勒去了苏维埃，1926 年又去了中亚和阿塞拜
疆，他一边旅行一边讲学。最终他加入了纳粹组织，但在 1936 年，
他被认定是一名堕落的艺术家，并于 1938 年被逐出纳粹党。1941

海因里希·福格勒的半身像，贝格施特拉瑟县，沃普斯韦德

年 9 月，他从莫斯科撤退，去了哈萨克苏维埃社会主义共和国。1949 年，他在瑞士去世时已穷困潦倒，但他一直期待一个更新、更好的世界到来。

社群仍在继续

至于沃普斯韦德，欧洲艺术聚集区网络的一个重要中心，它的社群仍在发展。它在热心人的维持下继续存在，比如伯恩哈德·霍特格尔（1874—1949），他的代表作是对不来梅贝特夏街道的表现主义的呈现。霍特格尔在 1914 年抵达沃普斯韦德，见到了不来梅的咖啡巨商路德维格·罗泽柳斯，后者委托他帮忙设计了沃普斯韦德的中心建筑，包括 1925 年的沃普斯韦德咖啡馆、

沃普斯韦德咖啡馆，
1925 年由伯恩哈德·霍
特格尔建造

1925 年的菲林 – 福格勒 – 豪斯和 1927 年的艺术展馆。今天，在沃普斯韦德，仍然有一群艺术家结合了新旧传统，在社群中积极地工作。

10

毕加索与四只猫咖啡馆—巴塞罗那

巴塞罗那，只看名字我就已经爱上了这座城。1986年，我第一次来到这里，那是在我为安东尼奥·高迪的故事心碎之前——这位英雄花了大半生的时间建造圣家族大教堂，这座建筑庞大复杂，有无数铸模、尖顶和壁龛，然而他却在悲剧事故中被电车碾死。我订了一间价格不太贵的顶层房间，好让我的想象自由盘旋。我最珍爱的是乘缆索上山到加泰罗尼亚国家艺术博物馆，那里有慢慢剥落的湿壁画、石膏墙和互相连通的房间，充满了年代感。

在我看来，这里总是既古老又鲜活：侵蚀的湿壁画，藏匿着秘密和腐朽魔法的壁龛，光秃秃的石膏走廊，而你总是担心或渴望被什么东西打断。这里总感觉像在举行盛大的活动，像你在进行某种仪式，却不知道仪式的目的是什么，只是感受到情感的共鸣，却不论它的来源和结果。

我写这篇文章是在2017年8月兰布拉发生恐怖袭击之后，但这让我想起之前的事情。无论如何也忘不了：事情发生在2004年3月，引发了无数吊唁。一天晚上，或者说是傍晚，在近郊铁路的小火车被轰炸，许多人失去生命后，通往加泰罗尼亚国家艺术博物馆的路上，亮起了一排排纸灯，学生们在吊唁中哼唱着古老的加泰罗尼亚旋律，鼓点一直从夜晚响至黎明。直到现在，在这里如此遥远的地方，那节奏我还能感受得到。[1]

利塞乌大歌剧院

当你离开博物馆，顺着陡峭的山路走进村庄时，灯光变得更加明亮，人也变得更多，你总觉得自己刚刚经历的那段难忘的博物馆之旅，似乎已经改变了些什么。如果是白天，你可以去米罗基金会美术馆以及这里的卡尔德斯，或是沿着无尽的兰布拉大道一路探索到闪闪发光的海湾边上，中途也许在里亚托停留，吃一两只生蚝，喝一杯 cava（西班牙起泡酒），或是看看利塞乌大歌剧院有什么剧目正在上演。一天晚上，我在这里无所事事，发现歌剧《灰姑娘》（Cendrillon）的票并不算贵。于是，我坐在了一位盛装打扮的中年女性旁边，她激动地跟我说，我将要听到整个宇宙最著名的男高音。

我承认自己的无知。我对男高音的了解，并不如对假声男高音的了解那么多。那天晚上的男高音是胡安·迭戈·弗洛雷斯，多年后，在纽约的大都会剧院，他的高音 C 的确声名远扬，以至于管弦乐队临时接到通知，说剧院将在历史上第一次演奏这段包含两个高音 C 的著名咏叹调。第二天，这一新闻就上了《纽约时报》的头版。这么说来，我在利塞乌大歌剧院的邻座说得没错。而且那个大剧院多棒啊！我着迷于整个剧院和它所展示的形象，我在那儿到处闲逛，探索各种隐匿的角落——每个角落都是逗留的好去处——寻找朋友提到的什么地方，或任何地方。

大教堂和达利博物馆

我听说最便宜的酒店在兰布拉大道上，这样我就能走路去海边吃海鲜。但我也听说，就在大教堂正对面（当然了，作为游客要在晨祷后交钱进去，于是我早早起来参加了晨祷，然后去池塘边看鸭子），有一座我最喜欢的宏伟的酒店——科隆酒店，价格至少值得每次来西班牙时，在这里住上一个晚上。

如果你要写达利，就必须花上一些时间去很多地方，参观所有纪念他的博物馆，寻访他在各个地方留下的痕迹，包括旧金山的现代美术馆，等等。我的确这么做了，甚至开车去了卡达凯斯和菲格雷斯，看到了达利住所顶上的鸡蛋，也在他最喜欢的饭店采访了那里的厨师，问他们会给他上什么菜，还采访了他常去的咖啡馆的侍者……

这一切都多亏了住在我隔壁的罗伯特·德尚，他是达利的摄

影师兼朋友。我们之间的对话无一例外会转向"萨尔瓦多"的事情。我们两个人都有自己的执念，那些年，我痴迷于诗人勒内·夏尔（1907—1988），因为他，我将整个家都搬到了南法——他生活和写作的地方。

当然，现在在巴塞罗那，我尤其喜欢达利博物馆，也喜欢菲格雷斯的达利剧院博物馆和那里的建筑。但是，我的热情总是驱使我回到毕加索频繁光顾的那家四只猫咖啡馆兼饭店。

达利剧院博物馆，菲格雷斯，于加泰罗尼亚

"四只猫"

当然了，"四只猫"最吸引我的地方不只是食物，尽管多年以来，不论有没有朋友与我同去，不论他们的菜单上有什么铁板烤的鱼（我都会点），也不论那里的服务员怎么跟我开玩笑，我都会很开心。在我早期或中期痴迷于这家饭店的时候，我曾把一个很重的亮蓝色大盘子带回了纽约的公寓，中间凹进去的地方我打算放从各个地方收集来的各种东西，还笨拙地放了几只盘子。然而一旦回到纽约，我发现这件东西并没有像我想象中的那样，把我带回在巴塞罗那度过的时光。我只是觉得它们很重，就像游客纪念品一样。但我在"四只猫"的时候，从未觉得自己是个游客。

事实上，"四只猫"的历史不完全依附于巴勃罗·毕加索，但肯定和他有关，试问在现代艺术中什么和毕加索无关？[2] "四只猫"的原型是蒙马特的"黑猫"，一家卡巴莱酒馆，那里有著名的影子戏，加泰罗尼亚人佩雷·罗梅乌也曾上演他魔法般的表演。"四只猫"的建筑是由巴塞罗那建筑家师何塞·普伊赫·卡达法尔克设计的。这栋马蒂城堡建筑显然是欧洲哥特风格，坐落在蒙特修街3号，就在巴塞罗那的老哥特式城区。但这座建筑也有着明显的加泰罗尼亚现代主义的古典装饰风格，包括它的锻铁制品和彩色玻璃窗，欧塞比·阿尔瑙的雕塑给这里增添了故事的谈资，角落里还有英格兰圣乔治的雕塑，是伪哥特加泰罗尼亚风格。

四只猫咖啡馆外景

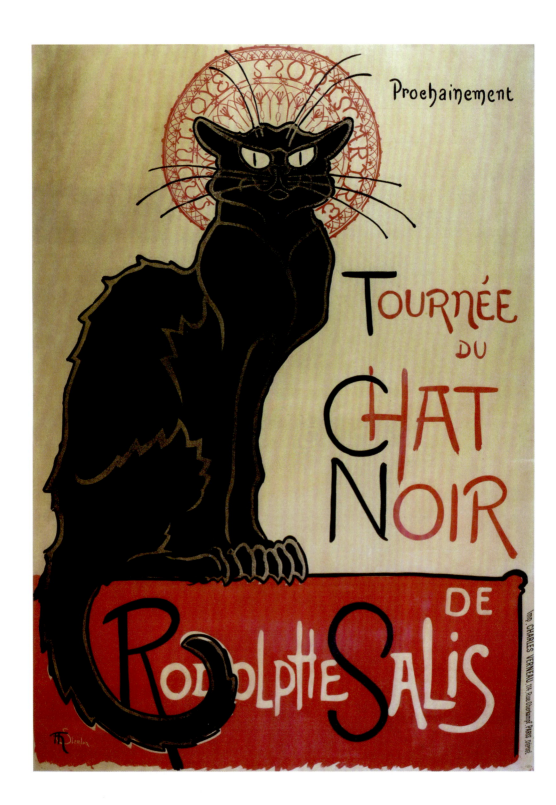

20 世纪有着自己的辉煌，而毕加索是属于这个世纪的，他身上有一种奇怪的特质，像是人们从未见过的土地，又像是从未被摧毁而如今被摧毁的事物。因此毕加索也有着自己的辉煌。是的，谢谢。

——格特鲁德·斯坦因《毕加索》（纽约，1984）

"四只猫"这一名称从 1897 年开店起使用至今。名字的含义不言自明，意味着"少数几个人"，可以解释为那些被边缘化的局外人。赞助这家店开业的资金来自当时的三位艺术家：拉蒙·卡萨斯·伊·卡尔勃、圣地亚哥·鲁西诺和米格尔·郁特里罗。米格尔·郁特里罗是古怪的天才画家苏珊·瓦拉东（1865—1938）的朋友，他兴高采烈地把自己的名字给了瓦拉东的儿子——法国画家莫里斯·郁特里罗，全然不知自己是不是孩子的生父。因此，莫里斯·瓦拉东变成了莫里斯·郁特里罗，比他母亲还要出名。莫里斯的朋友安德烈·乌特成了他母亲的情人、后来的丈夫：这个故事的美妙程度和布鲁姆斯伯里的情史一样吸引人。

《黑猫》（*Le Chat Noir*）杂志，第 152 期，1884 年 12 月 6 日

左页：索非尔·斯德雷，《黑猫》海报，1896 年

拉蒙·卡萨斯《拉蒙·卡萨斯和佩雷·罗梅乌在双人自行车上》(*Ramon Casas and Pere Romeu on a Tandem*)，1897年，帆布油画

　　这个"cervecería-taberna-hostal"，或者说酒吧客栈兼旅馆，成了巴塞罗那现代时期最著名的聚集地：最具创造力的人士在这里围绕着巴勃罗·毕加索和拉蒙·卡萨斯聚集在一起，后者创作了一幅著名的画作《拉蒙·卡萨斯和佩雷·罗梅乌在双人自行车上》(*Ramon Casas and Pere Romeu on a Tandem*)，挂在了店内的墙上，直到今天这里还挂着一幅复制品。[3] 从画的背景中可以看到巴塞罗那的天际线，右上角的文字写着："要想骑一辆自行车，你就不能直着腰"——这就是说，你必须打破传统（成为局外人），才能行进到别的地方。

　　这一美妙之地不只是用来吃饭喝酒，也是精神寄托之所。在这里，艺术家们聚集在一起，争论、探讨彼此的作品、周围及远处的世界。雕塑家胡利奥·冈萨雷斯和安东尼奥·高迪也曾在这里打发时间。毕加索第一次来是在1899年，在他去巴黎冒险之前。音乐家、诗人和画家也来了，其中包括艺术家圣地亚哥·鲁西诺、尼加拉瓜诗人鲁文·达里奥、伊萨克·阿尔贝尼兹和恩里克·格拉纳多斯（两人都是钢琴家兼作曲家）、加泰罗尼亚作曲家路易·米列特、漫画家兼插画家里卡德·奥皮索，还有加泰罗尼亚的印象派画家伊西德雷·诺内利和里卡多·卡那西。真是一群活泼欢乐

右页：拉蒙·卡萨斯《四只猫》(*4 Gats*)，1897年，海报上画的是佩雷·罗梅乌

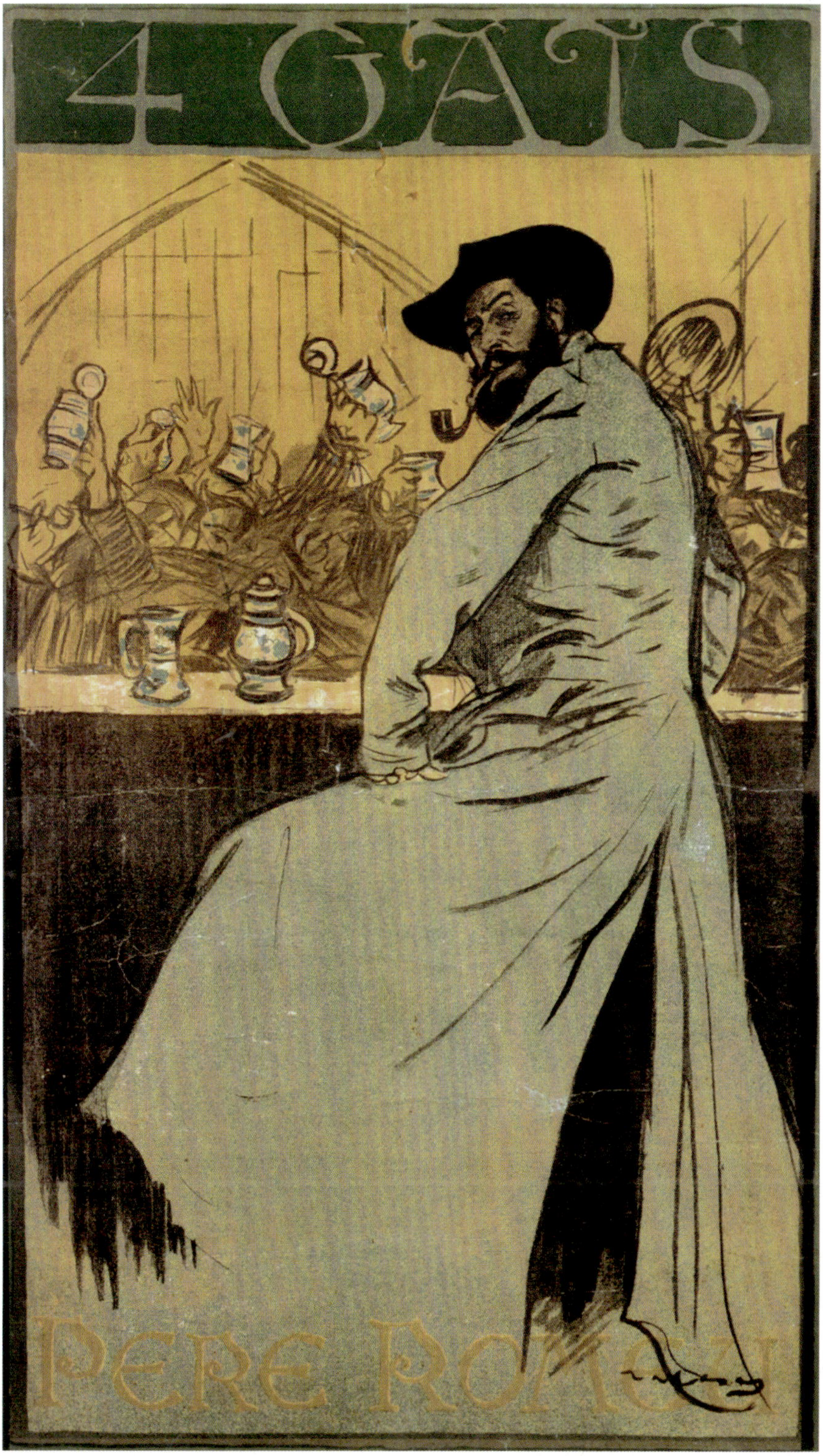
4 GATS
PERE ROMEU

的创作者。

　　每年冬天，鲁西诺和卡萨斯都会在巴黎待上几个月，住在蒙马特的一间公寓里，俯瞰喧嚣、吵闹又壮观的磨坊。他们在那里跟其他创意工作者混在一起：亨利·德·图卢兹-罗特列克、阿里斯蒂德·布里昂、歌唱家伊薇特·吉贝尔（戴着她的黑色长手套），还有作曲家埃里克·萨蒂，他似乎永远都爱着苏珊·瓦拉东——瓦拉东也是皮埃尔·皮维·德·夏凡纳许多画作的模特（他在遗嘱中留给她一笔巨款，但他的家人对此提出异议，当然，他们赢了）。从某种意义上说，鲁西诺和卡萨斯当然也属于纳比画派，而他们的艺术结合了象征主义和自然主义，一眼就能分辨出来。

　　咖啡厅兼旅馆的格言就刻在一个用来表演卡巴莱的小舞台上方——"L'home que be vulga viure, Bons aliments y molt riure"（一个人要想过简单的好日子，就要吃得好，多欢笑）。这里确实上演过不少卡巴莱歌舞。广受喜爱的古老传统"tertulia"——一个聊天、八卦、开玩笑的集会仪式——在"四只猫"完美地保留了下来。"四只猫"流传甚广的宣言回响着世纪末的堕落和陈旧的奢靡，它这样写道：

　　　　对那些爱好蝴蝶的阴影、葡萄丛的芳香的人，这一驻足地是一间旅舍；对爱好北方的人，这里是哥特酒馆；对爱好南方的人，这里是安达卢西亚的露台；这个地方能疗愈我们这一世纪的疾病；而对那些走进来，在房门口鞠躬的人，这里是友谊与和睦之地。

　　当时举办的展览展出了拉蒙·皮乔特、诺内利、毕加索、卡那西、伊格纳西奥·苏洛阿加、卡萨诺瓦斯和卡莱斯·卡萨吉马斯的作品［卡莱斯·卡萨吉马斯日后因感情破裂于1901年自杀，这成了毕加索早期一幅著名的画作《卡萨吉马斯之死》（*The Death of Casagemas*）的主题］。海梅·萨巴特斯（毕加索的毕生好友）

左页：巴勃罗·毕加索《四只猫内景》（*Interior of Els Quatre Gats*），1899年，帆布油画

1904 年四只猫咖啡馆的
外景

和其他人会举办阅读会，郁特里罗会用影子玩偶演戏，也会在胡
利奥·派的导演下上演牵线木偶剧。

　·　这些现代主义艺术家相聚在一起，他们不同凡响的能量推动
了与酒吧同名的杂志《四只猫》的出版。但它在发行了 15 期后就
终止了，后来则由一本新的杂志延续，即《头发与羽毛》（*Pèl y
ploma*），由郁特里罗和卡萨斯编辑出版，杂志从 1899 年办到了
1903 年。接着又有了第三本杂志《形状》（*Forma*）并出版到了
1908 年。在这些日后出版的杂志里，郁特里罗和卡萨斯始终
是主要供稿人。在四只猫咖啡馆于 1903 年出于经济原因倒闭
后，两人也一直保存着这里的遗产（1989 年"四只猫"重新恢

四只猫咖啡馆的内景，
1904 年

复营业)。

无处不在的高迪和桂尔公园

巴塞罗那，这里的聚集之地和艺术创造，这里的山脉还有蒙特惠奇山上的加泰罗尼亚国家艺术博物馆，是多么炫目啊！

桂尔公园是我见过的最令人惊叹的公园，公园的装饰是高迪版本的新艺术风格，和这位艺术家的所有建筑一样充满欢乐和古怪，它们像波浪一样卷曲，像幻想中的动物一样蜿蜒。加泰罗尼亚人知道，这必然是现代主义的一座纪念碑。怪不得达利认为这一切都是"可食用"建筑的崇高宣言，真实地佐证了他建构和消费幻想的理论：我们在视觉和精神上消费这些幻觉中的建构。

达利自己的艺术和写作，都不可避免地用嘈杂又奢侈的形式证明了他极度的、令人恼怒的天才。还有什么能让人眼前一亮、如此费解的形式呢？巴塞罗那在旅游方面有着极大的吸引力，而它本身不仅是对古老的加泰罗尼亚的致敬 (如山上的那座博物馆)，还包含了新生事物 (如兰布拉沿路那些数量不断增长的商店)，也不仅是致敬高迪和他的大教堂 (如果你感受得到，教堂对心灵和

巴塞罗那桂尔公园的房屋，20 世纪早期由安东尼奥·高迪设计

桂尔公园，由安东尼奥·高迪设计

巴勃罗·毕加索，四只
猫咖啡馆的菜单封面，
1899—1900 年

精神而言都是神圣的），或致敬新艺术风格的建筑（包括那些蓝到
令人尖叫的玻璃内壁还有波浪装饰，像极了扭曲的蝾螈），巴塞罗
那也在致敬达利，他的达达主义和超现实主义艺术。这种平衡更
是因为津津有味的八卦得到了增强，而"四只猫"的八卦也绝对
不会少。

11 海边小镇上的绘画课|普罗温斯敦

马萨诸塞州的普罗温斯敦位于海岬之上，面向科德角的水域。这里是历史上"五月花"登陆的村庄所在地，后来住满了来自葡萄牙的渔民。不仅如此，普罗温斯敦也是活泛的艺术家群体聚居区。这些艺术家勤奋工作，努力绘画、雕刻，在彼此的陪伴下迅速成长。就在最近，展出罗伯特·马瑟韦尔、朱迪斯·罗斯切尔德、艾德·吉欧比、瓦鲁扬·博古西亚、保罗·雷西卡、西德尼·西蒙、托尼·维弗斯、埃尔斯佩思·哈尔沃森以及卡尔门·西塞罗等人作品的长点画廊，和普罗温斯敦艺术联合会博物馆以及贝塔·沃克画廊一起，出色且勇敢地延续着过去的传统。[1]

如果你乘飞机、轮渡或汽车到达普罗温斯敦，会发现这里远离纽约和汉普顿斯的喧嚣，自有它的一套节奏。我上一次去普罗温斯敦是就罗伯特·马瑟韦尔的版画发表主题演讲。马瑟韦尔在商业街上有自己的房子，他离开时，身后留下了无数宝贵的回忆。普罗温斯敦艺术博物馆收藏了许多马瑟韦尔的作品，整个岛屿给人的感觉是他刚离开不久。

2015 年我来到普罗温斯敦，入住艺术工作中心，该中心距离城镇和海滩都不远，不论走路去哪儿都令我兴致勃勃。一大早，我会慢腾腾地走去海滩，路过繁忙的"小狗在线咖啡"做短暂停留，带一杯卡布奇诺到海滩上——我觉得这样做完全是为了给自己和同伴积攒足够的能量。稍微晚些时间，玛利亚咖啡馆那里会有一群艺术家围在桌子旁聊天，而我必须在一个人的美妙时光和艺术集会之间做出选择。如果我是一个真正的画家，而不是来凑热闹的作家，也许我会选择后者。我在路上碰到的一个画家对我说，来加入我们吧——也许吧，但我想我还是在海滩上独自散步好了。

2014 年秋天，我曾和雷娜特·马瑟韦尔（原姓庞佐尔德，她

左页: 罗伯特·马瑟韦尔，摄于 1965 年

是一名摄影师，1972 年与罗伯特·马瑟韦尔结婚，她为弗兰克·斯特拉等艺术家拍摄的肖像作品已经成为普罗温斯敦的精神象征）在这片古老的海滩上散步。我的丈夫和我——有时候只有我——与雷娜特一起探索"普镇"，或者坐着闲聊一些保罗·雷西卡和博西的八卦。一个人是不会忘记这些时光的，尽管这时光已经逝去，但至少对我来说，感觉并非如此。

20 世纪 60 年代，这些艺术家聚集形成的社群令人感怀，这一社群在今天仍在不断壮大。艺术家们源源不断的艺术创造力滋养了他们之间不朽的友谊，这样的友谊贯穿了生命始终。我十分喜爱塞西莉亚·博克斯所说的，创意性团体所享受的那种工作的同伴关系："激情往往退让给朦胧的回忆，但至乐的友谊留存了下来，在记忆中，像启明星一样清澈难忘。"[2]

我的祖母曾在普罗温斯敦跟随汉斯·霍夫曼工作、学习——就像其他人一样——她还跟随过韦曼·亚当斯、杰瑞·范思沃斯等人。祖母一直很喜欢那段时光。这些年来，我去过许多艺术聚集区，每次都感觉自己在延续一种家族传统。与他人聚集能给人带来许多能量，我希望这正是这本书的出发点。

如果你仔细观察，可以在她的作品中发现这些老师的痕迹，

科德角，普罗温斯敦的海滩

1940 年，普罗温斯敦的
户外艺术课

但更重要的是这些艺术家肩并肩工作营造的社群团体。我一直觉得，我的祖母希望能把这种集体的情感保留起来，传递给我，这样我自己与学生和同事的关系也会如此：形成一个由我们所有人肩并肩工作而搭建的社群。

当然，普罗温斯敦是不会忘记汉斯·霍夫曼这位备受爱戴的著名德国画家的。他教授过无数的艺术家，包括海伦·弗兰肯瑟勒、迈克尔·戈德堡、艾伦·卡普洛、李·克拉斯纳、康拉德·马尔卡－雷利、玛莉索[1]、路易斯·内维尔森、弥尔顿·雷斯尼克和拉里·里弗斯。所有人都同意，再没有哪位当代艺术家能像霍夫曼这样既有声望，又对自己的学生无私奉献的了。霍夫曼曾在慕尼黑任教多年，1930 年和 1931 年，他来到加州大学伯克利分校教授暑期课程，接着就留了下来。自 1931 年起，他暑假的五个月在普镇没

[1]　这里指的应该是雕塑家玛莉索·埃斯科巴尔（Marisol Escobar）。

爱德华·霍普《教堂钟楼（局部）》[*Church Tower (detail)*]，约 1930 年，水彩

有课程安排，于是开始在纽约艺术学生联盟授课，而我的祖母会跟随他去往两地上课。

　　同样，她也曾跟随杰瑞·范思沃斯（1895—1982）学习，后者是《如何画油画》（*Learning to Paint in Oil*）和《肖像与人物绘画》（*Portrait and Figure Painting*）的作者。范思沃斯在普罗温斯敦跟随查尔斯·韦伯斯特·霍桑学习，祖母也曾跟他一起工作。后来，她去佛罗里达州萨拉索塔范思沃斯的私人学校短暂工作过一段时间。范思沃斯也在艺术学生联盟教书，祖母的另一位老师弗兰克·杜蒙德也是如此（杜蒙德在旧莱姆居住，祖母在那里跟随他一起工作）。祖母总是渴望从尽可能多的渠道学习，从未对任何新的机会说不。

更重要的是，从长远来看，以祖母欧化的志趣而言，霍夫曼尤其适合她，因为她有着德国的教养和"巴黎的品位，惊人的活力以及德式的形而上观念"。[3] 祖母曾在巴黎和不来梅工作和学习，因此多年以来，她都跟随霍夫曼学习，没有比这更吸引她的课程了。当我听祖母谈论绘画、观看霍夫曼和她的作品、读到霍夫曼的讲义时，我认为祖母主要从霍夫曼那里学到了三堂重要的课。霍夫曼的言论广为人知，我们得以从中想象祖母最关心的艺术信条。第一堂课是关于物体与空间的关系的：

杰瑞·范思沃斯正在为本·斯塔尔夫人绘制肖像，佛罗里达州萨拉索塔

海伦·弗兰肯瑟勒在她位于马萨诸塞州普罗温斯敦的工作室，1961 年

空间绝不是静态的、惰性的，而是鲜活的。仔细聆听一切可视化物体的交响曲，就能从其中的节奏找到空间的生命。[4]

第二堂课是关于观者、画家、进行中的艺术作品这三者的关系的：

作为一个画家，我拒绝接受任何规则、方法和理论。我只相信以同感之情跟随内心之眼。画家的直觉比意念更为强大，理智的推理在这里没有一席之地——这样的成果令我着迷。[5]

第三堂课，使用一切就手可得的东西。霍夫曼和玛格丽特都是这样做的。我见过祖母画画，她不仅用刷子，还用手、用颜料刀、用布料，以及各种颜色的蜡笔和粉笔，当然，还有各种型号的画笔刷。"画笔刷有很大的限制。"霍夫曼在 1950 年说。[6]

一切皆可用——它所传达出的快乐是其他任何方法不可企及的。霍夫曼在绘画上是一个享乐主义者，他兴致勃勃地使用一切手边的东西——不只是广为人知的提、顿、渐强、淡入。我觉得这种自由，还有霍夫曼本人与空间和自然的关系，会让人想到祖母跟随鲁道夫·朱利安学习时，没有人能（或者允许他们自己）忘记的一句话："忠于自然。"说到自然之真，远远不只是树叶、根茎和树干，事实上，它是你能联结的一切事物。霍夫曼说过一句话，"把风景带回家"。祖母对此十分认同，这点从她的画作可以看出来，比如她对阿巴拉契亚的"蓝岭"山脉的处理，她对自己的老家——位于北卡罗来纳州东部海岸克拉伦登（因克拉伦登伯爵而得名）的种植园的砖砌建筑，以及北卡罗来纳州大烟山附近的"树墩镇"林维尔的描摹。

　　显然，有一种极能激励人心的精神在这样的氛围中延续，那就是对艺术之重要的全然接受。不管你选择何种艺术媒介，艺术工作都发生在你的内外，被你呼吸的空气、你选择的同伴所滋养。在纽约、旧莱姆、蓝岭附近的艺术团体中，在我祖母那个年代的巴黎和沃普斯韦德的聚会上，这一点都是极为重要的。这一精神

由画家亨利·亨舍（1899—1992）创立的亨舍学派的学生在普罗温斯敦的海滩上对着模特画像，1947 年

的价值无须挑战，而是作为假定的前提存在，对所有我在本书中提到的艺术家而言，都是如此。

1915年，乔治亚·欧姬芙选择坚持自己的独立——许多艺术家，不论性别，都选择与艺术理论和体制教学决裂，发出自己的声音：

> 我的脑海中，有一些不同于任何我以前所学的东西——一些形状、一些想法离我如此之近——它们如此亲近我本真的存在和思考，我却从未想过要把它们记录下来。我决心重新开始——忘记我所受的教育——接纳自己的真实想法和感受。[7]

但主要还是艺术工作的激情让这种精神得以传承。我还记得祖母绘画时的动作让我着迷——她伸出一根手指测量距离，围裙上溅着各种颜色的斑点，调色盘不离手，盘子上、脸上到处沾着颜料；我也会想起观察她做蛋糕的样子。正如现代雕塑家玛丽·弗兰克（1933年生）在她的日记中所描述的——关于一个人全神贯注的样子，不管做的是什么：

> 我热爱观察一个人在自己所擅长或熟悉的领域工作时的姿态。所有的动作都必不可少，没有任何浪费。观察一个人洗衣服、收拾东西，甚至做饭时的搅动和过筛，其中有种优雅。[8]

弗兰克写过："雕塑可以像化石一样，给人以深化的印象……同样，炭笔和墨水画（也可以）使雕塑上升到平面，颜料——经过快速涂抹和刮擦后——剥落。纸上的园艺劳动。"[9]这就好像是说，所有手上的活动——园艺、绘画、写作——都是为了滋养对方和劳动者。艺术与自然的关系，通常是个恼人的话题，但美国画家琼·米切尔（1925—1992）——她于1955年搬到了法国——积攒了所有能量，自信地写道：

> 我从记忆中作画，画的是我内心承载的风景，以及回忆中对风景的情感，这些情感当然已经时过境迁……我绝不会把自然还原为自然。我无意改善它……也绝不愿做它的映射。我更愿意画的是自然留给我的东西。[10]

关于工作，有一个更为重要的现象，那就是在一些高光时刻，自我即使没有全然消失，也全然服从于双手或心智。正如米切尔所写：

> 我工作的时候，只能意识到画布和画布想让我做的事。我绝对意识不到我自己。绘画是忘记自己的方式……我已经不再在场，在那种状态下没有自我意识。这并不经常发生，但我希望它还会重现。这种感觉非常美妙。[11]

诚然美妙，这段话所表达的正是每个艺术家所期望、偶尔会实现的状态。

普罗温斯敦激励人的那种能量，正是长居于此的诗人斯坦利·库尼茨所具有的那种，他长久的一生激励了无数年轻的诗人。当然还有他的妻子，画家兼诗人埃莉斯·阿舍，我通过罗伯特和雷娜特·马瑟韦尔结识了她，也写过许多关于她的文章。艺术家埃尔斯佩思·哈尔沃森曾创造性地描绘了普罗温斯敦源远流长的精神，她的盒装作品《向纪念碑》(*To the Monument*，2007）正是关于普镇中心的经典建筑。

普罗温斯敦所激发的那种魅力十足的古怪，正适合作为本章的结尾。表演艺术家、音乐家杰依·克里奇利的作品《洞中歌剧》(*Opera-in-a-hole*）就放置在庭院中一个真实的洞里。正是他的不断创新使普镇变得如此美妙：疯狂、前卫、精彩绝伦，一个从不间断的工作与生活的实验。整个普罗温斯敦就像是一场表演，乐趣无穷且别具一格。

12 马蒂斯与野兽派—科利乌尔

三十年前，我从法国南下前往达利和高迪的加泰罗尼亚地区时，突然心血来潮跳下了又名"金丝雀"的黄色列车，为到访著名的科利乌尔小镇激动不已。曾经，野兽派的成员们正是相聚在这里，沿着海岸线散步、作画。下午两点，这里到处都关着门，于是我乘坐下一班"金丝雀"离开了。这条广受喜爱的铁路线再次让我心醉神迷。

在那个已经过去的世纪，人们很难弄明白这波看样子早已过去的艺术骚动究竟是在搞什么名堂。科利乌尔当时是个偏远的地方（现在也是），对那些不识路的人来说，它的大门紧闭：多年前我从列车上下来的时候，连卖三明治的地方都找不到。1866年，这条途经科利乌尔的铁路建成，给这里带来了翻天覆地的变化，正如其他新修成铁路的地方一样。在这之前，科利乌尔只有糟糕的道路和水上交通（只要有机会，我总是选择水路）。

最终，因为这些艺术家的鼎鼎大名，"车站大道"改名"阿里斯蒂德·马约尔大道"。这样看来，马蒂斯1905年致莫里斯·德·弗拉芒克的信也多了一份兴味。马蒂斯在信中说自己正在等火车去见马约尔，因为才上午十点，他正在"弄湿雕塑的盖布，结果做了一处、两处、三处修改……我并不担心错过火车（我只要回过头就能看到教堂钟楼上的时间）"。[1] 马蒂斯的画室在玛丽·蓬萨尔的房子里，就在博哈马海滩上，这一绝佳位置非常适合到附近的山丘和树林散步。马蒂斯的妻子艾美莉和家人住在二层，他的画室就在楼上。

保罗·西涅克于1888年在科利乌尔待过三个月，之后总是不厌其烦地向他的画家朋友讲述这里阳光普照的美妙[2]。当然，他也说服了马蒂斯。马蒂斯第二次来科利乌尔是在1905年5月16日，也就是野兽派诞生的那一年。同年7月3日至5日，安德烈·德兰也到了。他们两个人一开始都住在车站旅馆，之后很快就在一起合作了。

德兰 7 月 28 日写信给弗拉芒克，信中提到"在马蒂斯的作品旁边"工作是多么必要，说他使用分光法后，开始用"一种新的方式看待光线：光是阴影的否定。在科利乌尔，光线十分强烈，影子也十分明亮。影子就是一整个闪闪发光的世界"。[3] 现在，他们两个人都在为创作"增添新的表达"，放弃了点彩画法，转而在七八月炫目的日光中找到了大片纯粹的色彩。[4]

或许是听从了西涅克的建议，马蒂斯早在 1904 年就第一次去了科利乌尔。当时西涅克和亨利 - 埃德蒙·克罗斯、阿尔贝·马凯，还有夏尔·卡穆安都在圣特罗佩。这群人在邀请德兰加入后，

亨利·马蒂斯《科利乌尔风景》(*View of Collioure*)，1905 年，帆布油画

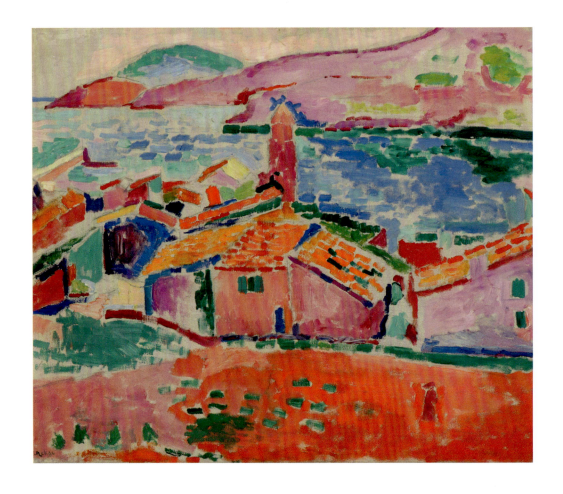

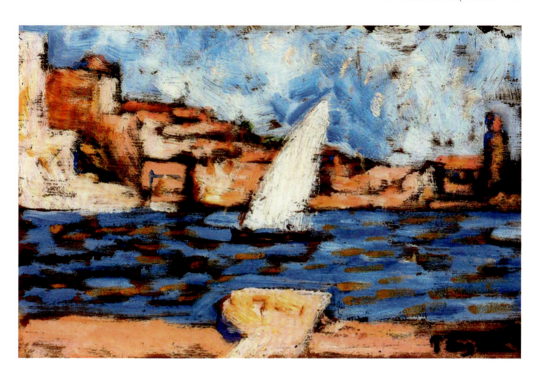

保罗·西涅克《科利乌尔单桅三角帆船》（"*La Tartane*", *Collioure*），1887 年，帆布油画

一同在紧挨着教堂的玛丽·蓬萨尔家的天台上作画，画了许多"pochades"（油画风景速写），类似于草图，方便日后加工。

现在，他们用画笔处理的是码头活跃又繁忙的生活，是船只剧烈的摆动、帆布、渔民和网，还有海滩上成群的渔民拖船上岸时的特定律动。两个人都为科利乌尔附近的海滩着迷：博哈马海滩，还有距离科利乌尔北边二十分钟路程的奥拉海滩——这里没有渔网。相比之下，科利乌尔的渔民可不允许别人打扰。我们去科利乌尔的时候，乘船经过旺得尔港，五彩缤纷的船只停靠在港口，简直想让人直接从船上跳下去。下一次，也许我会跳吧。

马蒂斯备受赞誉的画作《生活的欢乐》（*The Joy of Life*）就是在此时此地诞生的。慢慢地，一些逗人发笑的故事传到了我们耳朵里，比如他的画作《黄瓜》（*Cucumbers*）里的蔬菜其实是茄子。马蒂斯的静物画展示了高大的陶罐、广口瓶、水壶，还有镀漆的加泰罗尼亚陶器、可以用来洗盘子的沙拉碗。

蓬萨尔的房子和三座著名的山丘在同一条直线上：普约尔山、

密特山和卡普格罗山，这为马蒂斯的《奢华、宁静和快乐》(*Luxe, calme et volupté*，1904）提供了完美的布景。这幅画中回响着平静的享受，让人想起波德莱尔在《遨游》(*Invitation to a Voyage*）中，和他的妹妹、孩子、情人共同踏上的旅途（"我的孩子，我的妹妹"）。这幅画作通常被认为是野兽派画家的开山之作，其"狂野"是因为作品不拘于形式，画家尤其偏爱色彩斑斓的地中海世界。

马蒂斯在这里一直待到 12 月，他写信给弗拉芒克：

> 自从来到科利乌尔，我把所有的方法都忘在脑后，只顺其自然，不做任何事的奴隶……我们把对自己的领悟放在作品中，把那些看起来更好的东西留在门外……我只按照感觉工作，不漫不经心，也不逼迫自己。[5]

1906 年他又回到了这里，写信给亨利·芒更说他再次回来很开心，他之前可能觉得这里有些单调，但突然"它在我心里唤起了强烈的绘画的渴望，强烈到能把一切粉碎"（"il m'a donne envie de peindre a tout dechirer"）。[6]这种绘画的强烈欲念是典型的野兽派。对野兽派画家来说，1905 年到 1906 年，一切都是这种渴望的对象：色彩、光线、捕鱼业的氛围。[7]

1905 年夏天，马蒂斯带回来 15 张油画、40 张水彩，德兰带回来 30 张油画和一些水彩，即便现在看来，这些作品也都被强光照耀，色彩鲜亮。那时他们绘画的目的不是像新印象主义一样抓住并呈现外景，而是如马蒂斯所说，"描绘我的心境"。[8]德兰形容这里的环境：挤满了长着蓝黑色胡子的男人、女人、驴子、不同颜色的船和白色的帆，金黄色的光线强力抑制着阴影的存在。[9]离开科利乌尔后，马蒂斯和德兰两人仍保持着联系，但马蒂斯不愿意让过多的分享扰乱自己的想法——对于本书涉及的聚集和对话，这是一种有趣的表现。

几年前，我们停留在圣保罗·德旺斯，在著名的金鸽酒店餐

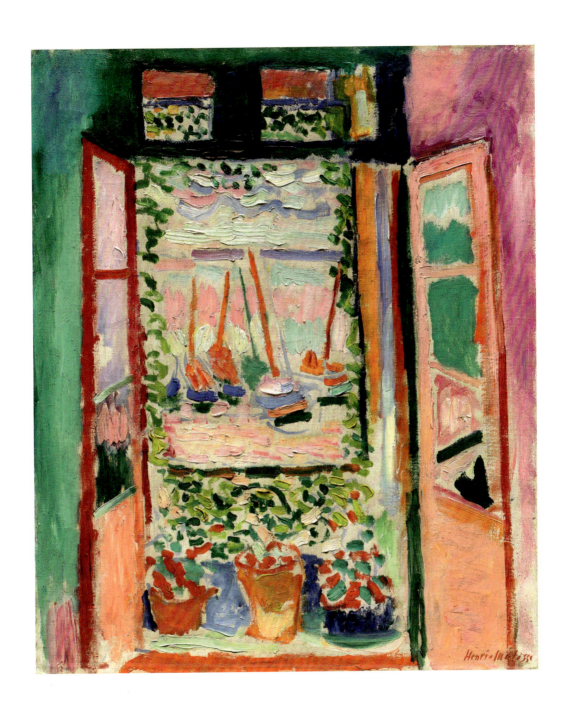

亨利·马蒂斯《科利乌
尔：开着的窗户》（Open
Window, Collioure），
1905 年，帆布油画

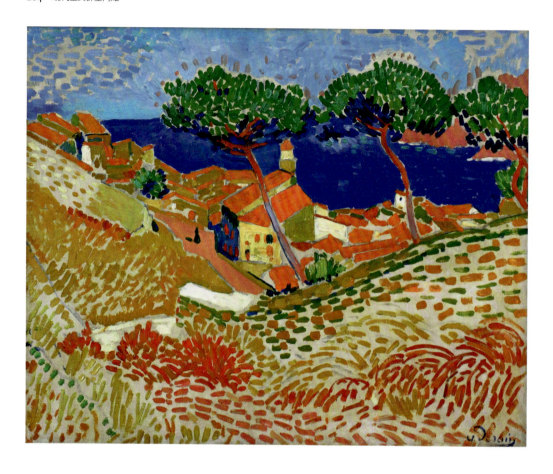

厅用餐后——这里的厨师曾为毕加索做过西班牙什锦饭——开车南下到科利乌尔的加泰罗尼亚村庄，就在因亮红色的岩石而得名的赤红海岸。我们沿着海岸上上下下的道路行进，路过极陡的转弯和下坡，路过那种你会在胡安·格里斯的画中看到的山脉，也能借此瞥见不远处村庄的模样。我们住在离海湾只有几条街的一个极为简陋的酒店。唉，我多希望自己鼓起勇气预订了圣殿骑士酒店——这家兼营餐厅和咖啡的酒店是根据圣殿骑士团命名的——尽管我确信这种极具历史感的酒店远远超出我们的预算。

在圣殿骑士酒店，露台的顶篷精妙绝伦，头顶的马赛克瓷砖上刻着那些著名画家的名字：马蒂斯、德兰、毕加索、布拉克、胡安·格里斯——所有人都在那里，就像在蒙马特聚会的情形一样，只不过这一次是在海湾。海岸边有一条步道，其指示清晰地告诉

安德烈·德兰《科利乌尔风景》（*View of Collioure*），1905 年，帆布油画

人们这些画家之前是如何探索海岸，以供日后作画的。他们会带着画板和包，以及小幅画布或笔记本，用一整天的时间游荡、工作，到了晚上，他们相聚在圣殿骑士——这里从未忘记过他们——弹奏各种乐器、打牌、喝酒作乐。步道旁边的墙上贴着照片，完美、清晰地佐证着这里曾经发生的一切，每一个名字背后都有一段厚重的历史。

在圣殿骑士酒店，你可以坐在一旁啜饮啤酒，可以写作，可以敞开心扉畅聊艺术或任意其他事，也可以眺望远处的海岸和城堡。在这个有着传奇色彩的地方，有谁会在乎呢？但奇怪的是，在这里一切都十分真实。

科利乌尔的氛围当然已经变了许多，但总体来说，这里仍是一个被阳光笼罩的巨大惊喜。这里有狭窄的道路，还有加泰罗尼亚的镀彩，不论你白天或晚上什么时候出门，到处都是浓郁的红色和黄色，充满欢乐。要怎么形容狭长的街道给人的感受呢？我几乎走遍了步行主街通向那灿烂海湾的每一条路。没错，你可以在那里游泳，中途可以在海滩上众多闪闪发光的咖啡馆里吃点东西。海水也许有点凉，但总要好过圣艾夫斯。街道上挤满了顶篷闪闪发光的咖啡馆，左右两边都是度假服装店，里面挂着淡色的

圣保罗·德旺斯的金鸽餐厅，内部装饰着印象派画作

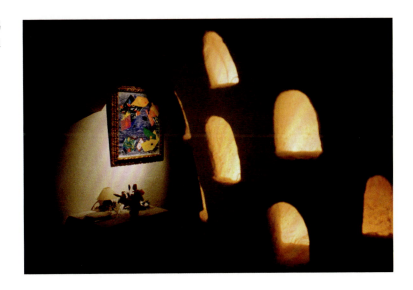

科利乌尔的圣殿骑士
酒店

长裙，店门都安着一架秋千——几乎是种折磨，因此从街道出来，
简直让人开心得忘乎所以。你可以走向那片令人目眩的蓝色，四
处骑车闲逛，再回到沙滩上——谢天谢地，沙滩上的石头比卡西
斯要少得多——要知道，我在卡西斯的许多个夏天都忙着在沙滩
上痛苦地行走。再或者，你可以一直游到上面有许多建筑的海岬，
那里褪色的牌子上写着"ANCHOIS"，指明了这个小镇以鳀鱼闻名

的历史——鳀鱼的捞捕、腌制、装瓶，用来吸引那些路人或为日后烹饪购买食材的顾客（比如我），也可能是把鳀鱼装在橄榄油罐头中批发销售。在这里，过去与现在并存，你似乎可以把时钟拨回 1900 年至 1905 年，回到野兽派画家的美好往昔。那时，似乎他们所有人都挤在海湾上。

13

卡夫卡、阿波利奈尔的咖啡馆记忆—布拉格

我是由文学组成的，我无法成为其他。

——弗兰兹·卡夫卡[1]

能在朋友——本地出生的知名建筑历史学家艾琳娜·穆睿的带领下游览布拉格，这是多么幸运！穆睿的哥哥迈克尔·詹托夫斯基曾为布拉格英雄、1993年捷克第一届总统瓦茨拉夫·哈维尔写过一整本传记（哈维尔优点不少，比如他是滚石乐队的乐迷）。在这里，你会慢慢发现关于这座城市的或大或小的事情，但似乎总还有更多等着你去发现。我初次知道布拉格是通过约瑟夫·苏德克（1896—1976）那些扣人心弦的摄影作品，以及读到法国超现实主义诗人安德烈·布勒东和保罗·艾吕雅曾在1935年来过布拉格，我还记得捷克超现实主义艺术家印提·施蒂尔斯基（1899—1942）和朵妍（1902—1980）。

艾琳娜建议我选择小而完美的朱利安酒店，它坐落在一个可以散步的公园附近。酒店的人极为热情好客，提供的自助早餐无比丰盛，早餐过后便可以出门去公园散步，探索穆夏博物馆或四处闲逛。如果你没有艾琳娜陪在身边，另一个完美的向导是尼尔·威尔逊和他的《孤独星球》指南。[2]布拉格受到无数人的爱戴，在1989年"天鹅绒革命"彻底改变这里之前，人们一直把布拉格称作"小母亲"。[3]

城市建筑应有尽有：哥特式风格、巴洛克风格、新艺术风格、立体主义风格——所有风格一个接一个地挤在同一文化当中，给人带来关于建筑的极度兴奋。1918年捷克斯洛伐克共和国宣布成立时，布拉格已经是先锋派的领军之地，这里有作家卡夫卡，还有立体主义建筑师约瑟夫·戈恰尔和约瑟夫·乔科尔。

左页：约瑟夫·苏德克摄影，从查理大桥看向赫拉德恰尼古堡，1946—1955年

当然，开始时，我像所有游客一样，自然而然地穿过查理大桥，俯瞰桥下雾中神秘的"魔鬼运河"，还有伏尔塔瓦河沿岸的老城区。神圣罗马帝国、哈布斯堡王朝、捷克斯洛伐克共和国、波希米亚和摩拉维亚保护国、捷克斯洛伐克社会主义共和国还有捷克共和国——它们的首都均是布拉格。

书店和咖啡馆

2015 年，大本书店、阿那格姆书店、批判视角等书店里摆放着各式各样诱人的书籍，这些书超乎我的想象，不用说也超出了我的记忆。但我来此地非正式的目的，是探索过去和现在艺术

左：阿尔丰斯·穆夏，摄于约 1906 年

右：布拉格，穆夏博物馆

家群体的聚集之地，对此我已经等不及了。事实上，在我短暂的四天布拉格之旅接近尾声时，我仍觉得一切才刚刚开始。不管怎么说，我的探访清单主要包括四间咖啡馆，当然所有这些我都要去拜访。

斯拉维亚咖啡馆是我探访之旅的第一站，这是所有咖啡馆中最优雅的一间，樱桃木和玛瑙大理石的装饰让人目眩神迷。在那个寒冷多雾的早晨，我坐在窗边的一个位置上——艾琳娜小时候，正是坐在这里看着窗外的河流的。我点了一杯加豆蔻和肉桂的卡布奇诺，要了一片果仁蜜饼：味道棒极了。

里尔克《布拉格故事两则》（*Two Stories of Prague*）的设定背

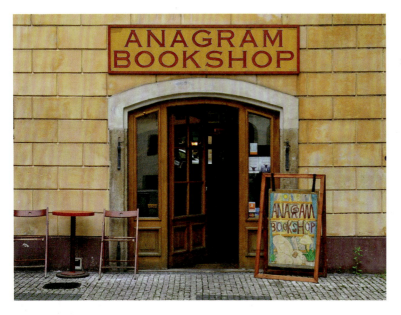

景就是这家咖啡馆。后来，从 20 世纪 20 年代至 60 年代，这里成了雅罗斯拉夫·塞弗尔特打发时间的完美场所。这家咖啡馆多次出现在他关于布拉格或斯拉维亚的诗歌，以及《十四行诗花环》(*A Wreath of Sonnets*)中。这些诗有些收录于他的《诗歌选》，选集描述的都是他在梦中与诗人纪尧姆·阿波利奈尔的会面（塞弗尔特翻译过这位诗人以及其他许多诗人的作品）。[在我漫步这座城市的时候，塞弗尔特的名字会不断出现，诗人维杰斯拉夫·奈兹瓦尔（1900—1958）的诗歌也是如此。因为他的诗者宣言，奈兹瓦尔被称作一名"诗者"，后文会有所提及。]

所以，当我知道了这一点，在最近的书店里选一本上面提到的诗歌集作为旅程的陪伴，是再恰当不过的了。共产主义者占领捷克后，斯拉维亚咖啡馆成了异见人士的聚会场所，20 世纪 60 年代之后，这里也举办爵士音乐会，音乐爱好者瓦茨拉夫·哈维尔也会出席。1991 年，斯拉维亚咖啡馆关闭了一段时间，然后在 1998 年 1 月重新对外开放，据说在这段时间里，哈维尔曾经号召要拯救这个国家的制度。

最著名的恐怕要数 1902 年开业的罗浮咖啡馆了。这是一家

"咖啡馆、餐厅、台球厅"，法式餐厅里有一位极其体贴的穿着围裙和马甲制服的服务生。台球厅跟咖啡厅是分开的，过去人们常常在这里打球、聊天，甚至在一层还有一个艺术画廊。这里到处熠熠生辉，令人陶醉。你或许会被橱窗中展示的东西吸引，或许想点一杯饮料：感觉一切都在这里发生，每个人都曾在这里、正在这里或即将来到这里。2018 年的秋天，在罗马西班牙阶梯附近的古希腊咖啡馆，我也有过类似的感觉，大抵这样的聚会地点都会散发出相似的能量吧。

罗浮咖啡馆无疑是"布拉格咖啡社会的巅峰"，也是布拉格文化生活的中心，正如这里宣传页上所描述的，它是所有人约定见面的地点。在不同时间、由不同成员组成的知识界团体都曾在这里聚集：卡夫卡、卡雷尔·恰佩克、阿尔伯特·爱因斯坦，我们还可以推断想象，在其他时期还有许多人来到这里。夏天这里还有一个阳台，似乎什么都不缺。

宽大的大理石楼梯上，缠绕着金属的槲寄生枝条装饰，十分

布拉格，斯拉维亚咖啡馆内景

具有新艺术风格。这里的许多照片都佐证了布拉格历史上的重要时刻。布拉格台球俱乐部仍然存在，从 1913 年开始，咖啡馆会举办音乐会，里面挤满了德国作家，包括奥拓·皮克和弗朗兹·魏菲尔。爱因斯坦和数学家格奥尔格·皮克及天文学教授弗拉基米尔·海因里希也来过这里。许多在 1925 年以后成立的组织，至今仍在这里会面。

除去波希米亚式的啤酒厅和熟悉的捷克民俗音乐，曾有许多伟大的作曲家在这里会面，包括安东宁·德沃夏克（1841—1904）和莱奥什·雅那切克（1854—1928）。

> 曾经德国哲学圈的人每两周来这里会面——包括马克斯·布洛德、弗兰兹·卡夫卡和奥斯卡·克劳斯。马克斯·布洛德是 1905 年来的，后来被排除在外，卡夫卡为了支持布洛德，也退出了俱乐部……卡夫卡喜欢整晚坐在这里就着一瓶啤酒聊天，但友谊的忠诚是第一位的。[4]

布拉格，罗浮咖啡馆

我此次探访之旅的高潮来自艾琳娜帮我预留到最后的一家文学咖啡馆，位于亭斯卡路6号。现今，一群诗人每周四会在这里聚会，包括佩特·克拉尔，许多年前我在巴黎认识了他，他当时是一位超现实主义诗人。各国的咖啡馆总在上演这样的奇迹：你会遇见几年前在别处认识的人，继续当时没完成的对话。这是生活与写作、读书与会面的乐趣之一：从停下的地方再次开始，而一切都刚好对得上。

我读到过一个奇妙的地方，就是中央车站旁，在"一战"前开业的阿克咖啡馆。其内部装饰由简·科捷拉（1871—1923）设计，绘画出自弗兰提切克·契瑟拉（1881—1941）。在这里聚会的创意工作者被称作"阿克人"，包括弗朗兹·魏菲尔、马克斯·布洛德和弗兰兹·卡夫卡。

卡夫卡和他的记忆

弗兰兹·卡夫卡恐怕是布拉格有史以来最出名的作家，但除此之外，他还给我们留下许多从未获得完美解答的道德问题。例如，在他著名的小说《变形记》中，对办公室的描写让人联想到1907年至1909年，他在忠利保险公司布拉格分支的办公室，但关键的问题是："如果音乐能如此吸引他，他能算是动物吗？在他看来，长久以来他渴望却无法获得的滋养，此刻就在他的眼前展开。"[5]卡夫卡的许多作品都反映了他那个时代的布拉格，包括他关于饥饿艺术家的那篇恐怖故事——故事源于19世纪的物理禁食疗法。

> 最新很少有人对饥饿艺术家感兴趣了。以前，用这样的奇观赚点钱是很容易的事，但现在不行了。之前整个城市都为此而着迷，还有更多人每天都看着它发生。
>
> ——弗兰兹·卡夫卡《饥饿艺术家》
> （*A Hungry Artists*，1922）

对于我们当中的很多人而言，面对卡夫卡的那种令人陶醉的快乐不同于其他任何阅读。我就举一个例子，一则类似元寓言的故事，摘自多则故事编选的《论譬喻》。这些故事是他的天才创作中最令人满足和感到神秘的作品。故事开篇引用了一位无名之士的话：

> 一个男人曾说：……如果你不按寓言行事，你自己就会变成一则寓言，这样所有你日常关心的事就会消失不见。
>
> 另一个人说：我敢说这也是一则寓言。
>
> 第一个人说：你赢了。
>
> 第二个人说：但不幸的是只在寓言中赢了。
>
> 第一个人说：不，是在现实中：在寓言中你输了。[6]

纪尧姆·阿波利奈尔和奈兹瓦尔

一则我最喜欢的故事跟在布拉格散步有关。1902 年 3 月，伟大的波兰裔法国诗人纪尧姆·阿波利奈尔因为太喜欢在布拉格散步，于是写了一则短篇小说《布拉格散步者》（*The Prague Stroller*）。故事中，他和一位游荡的犹太人一起散步，犹太人说：

> 我从不停止走路，当最后审判到来的十五个征兆都出现时，我也仍不停止走路。但我的路并不通向基督受难，而是通向快乐……先生，这是我的罪过，我的天才，而我很久以前就停止忏悔了。[7]

20 世纪 20 年代晚期和 30 年代早期，捷克独有的"诗歌主义"先锋运动蓬勃发展。艺术家兼作家卡雷尔·泰格和作家维杰斯拉夫·奈兹瓦尔列出了诗歌主义的宗旨。这里摘选的是前者 1928 年的《诗歌主义宣言》：

在所有感官中，现代文明尤其注重对视觉的培养。摄影和电影在调动视觉使其更为灵活方面，起到了相当重要的作用。

……

我们已经成功将诗歌从文学中解放，立体主义已经将图像从描述自然中解放，同样得到解放的还有诗人和画家的身份。[8]

奈兹瓦尔是诗歌主义所有支持者中最著名的一位，他写了一首长篇散文诗《布拉格散步者》（*The Prague Stroller*），发表于1937年6月9日。诗歌是关于他把新的诗集《绝对行动者》（*The Absolute Undertaker*）手稿送去他的出版社的，诗的开头提到了阿波利奈尔的《布拉格散步者》：

毕竟阿波利奈尔是这样命名他关于布拉格的文本的——我敢说是他在我心中引发了我称之为"新感觉"的东西。在我看来，诗歌中只有这种"新感觉"是危险而脆弱的。只有当这种"新感觉"一出现，所有的一切才能更新，才更有意义……即便是在今天，带领我的步伐穿过布拉格的，也是这种"新感觉"。

……

在我与一切事物的际遇中，这种"新感觉"都会立即抓住我，它并不会根据什么重要或不重要来把美分成各个等级，而是游荡在广阔的天空之下，穿过生活的正中心。这种"新感觉"把我变成了一位布拉格的散步者。[9]

这种感觉正是诗歌主义的精髓。奈兹瓦尔后来写过"魔法城市"，这座城市注定将"超出我们的生命，超出我们所有的特质，而我们注定无法赶上她的辉煌和神秘"。[10]

魔法城市

如果你刚来到布拉格，恐怕连去博物馆的时间都没有，至于

阿尔丰斯·穆夏描绘莎
拉·伯恩哈特的海报，
1897 年

是现代还是古老的博物馆，则取决于你认为什么是必要的，或你
想唤起怎样的回忆。这次来访布拉格，我在阿尔丰斯·穆夏博物
馆度过了几个小时。我母亲的职业生涯最早开始于剧场，她曾多
次对我提起莎拉·伯恩哈特以及穆夏与她的六年契约，因此穆夏
的海报和作品自然而然地吸引了我。他的巴黎海报，还有关于斯
拉夫历史和传说的二十幅巨大的画作《斯拉夫史诗》（*Slav Epic*，
1910—1928），即使现在在我的记忆中也依然巨大且清晰，这些作
品和瓦茨拉夫广场上扬·帕拉赫的纪念碑，有着同样的吸引力。

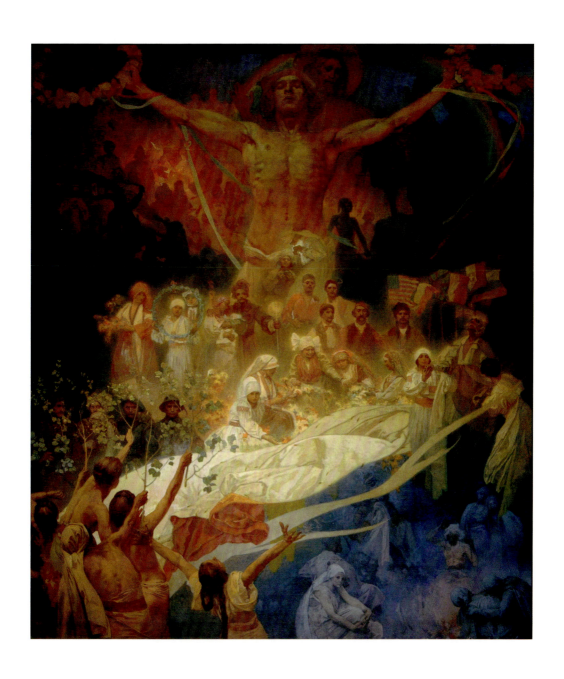

阿尔丰斯·穆夏《斯拉
夫人的典范》(*The Apot-
heosis of the Slavs*),
1926 年,帆布蛋彩画

M. Slodki

Künstlerkneipe Voltaire

Allabendlich (mit Ausnahme von Freitag)

Musik-Vorträge und Rezitationen

Eröffnung Samstag den 5. Februar
im Saale der „Meierei" Spiegelgasse 1

Garderobegebühr 50 Cts.

14

达达主义与伏尔泰酒馆—苏黎世

对欧洲的和平主义者、革命家和反战示威者来说，中立国瑞士是最好的避难所。为了纪念 18 世纪的哲学家、作家和怀疑论者弗朗索瓦－马里·阿鲁埃——笔名伏尔泰，伏尔泰酒馆以他的名字命名。从 1916 年开始，在这里聚集表演的人包括罗马尼亚人特里斯唐·查拉（塞缪尔·罗森斯托克），一位破坏分子兼诗人；还有画家马塞尔·扬科；阿尔萨斯画家兼诗人让·阿尔普；他的妻子，瑞士艺术家、舞蹈家、织物设计师苏菲·陶柏；还有德国人理查德·胡森贝克（他最终成了查尔斯·R.胡贝克，一位纽约的执证精神治疗师）。他们的表演和阅读旨在表达对"一战"以及导致"一战"的资产阶级民族主义和殖民政策的厌恶情绪。对此，他们的表达十分喧闹，穿着奇装异服，大声阅读宣言，极尽表演之能事。

1916 年 4 月 18 日，雨果·鲍尔因给表演相关的杂志取名而发愁时说："我提议管它叫'达达'。"这个词的含义包罗万象：可以是孩子对父亲的称呼，跟孩子会说的第一个词"mama"相对；在俄语中它表示"好的，好的"；在法语中它的意思是"木马"；第一种解释人们也许翻字典就会看到——据说这个词也是这样被选中的。查拉和毕卡比亚一起，策划在全球范围内发行这本杂志——《全球达达》（Dadaglobe）。选集内容广泛，涵盖了 10 个国家 50 名艺术家的供稿。查拉拼命想逃离民族主义和个人主义（达达反对任何形式的领导），这在战后时期十分典型。

政治界要求人们使用护照和身份证，而达达以集体的名义提出了抗议：1920 年，这一运动已经波及柏林、汉诺威、科隆、巴黎和纽约，达达会长来自 8 个国家和 3 个大洲，各自带有文学、诗歌和政治的复杂性。后来"达达"这一词语在许多场合都使用过，这只"木马"不管用什么姿势来骑，新达达似乎都是个不错的名

左页：波兰艺术家马塞尔·斯洛基为伏尔泰酒馆开张绘制的海报，苏黎世，1916 年

字。当然，人们现在可以放心地说，达达主义的影响是极为持久的。

迄今为止，艺术是唯一自我完善的建构。关于艺术，人们不用多说什么。艺术有如此丰富的活力、感觉和智慧。关于理解，关于看见。描述一枝花：相关诗歌或多或少是纸花。看见。

直到大脑—上帝—数学的最后一个细胞的精微震动被发现，直到主要天文学被解释，这就是本质。描述不可能的时候，永远会伴随着持续矛盾的逻辑元素，那片埋着开始和无用铃铛的沼泽。冷灯笼的蛤蟆，被摔扁在红肚皮的描述性感觉上。关于艺术而书写的作品是一份教育工作，从这个意义上来说是合情合理的。我们想让人重新意识到，当美和生命聚焦于一条伸向闪电的电线，当我们磁铁的凝视笼罩雪峰并将颤抖的蓝色与大地连接，在当下时刻的激烈之间，存在着人类独特的友爱。奇迹。我打开心迎接创造。

许多艺术家不再从物体和物体与外界的关系中寻找解决方法。这些艺术家是宇宙的、权威的、无误的、简单的、智慧的、严肃的。

今天艺术家的多样性，将喷泉的水聚集成了自由的水晶球。这些艺术家的努力形成了新的有机组织，在纯净的世界中，在透明的帮助下。而在形成的过程中，一个简单图形的物质性同样有益。他们延续了传统：过去和过去的演进像蛇一般，慢慢地把他们推向内部，直接的结果要远远超出表层现实。

——特里斯唐·查拉《艺术笔记》(Note on Art, 1917)

第一届国际达达博览会，
柏林，1920 年

演绎达达

达达的原班人马每晚都在霍兰德施·梅黑饭店的里屋演出。
他们会用不同的语言同时背诵诗歌［如《海军上将在找出租的房
屋》（*L'amiral cherche une maison à louer*）等］、编排立体主义舞蹈，
阅读表现主义的诗歌和剧本。除了上面提到的表演者，聚在这里
的还有詹姆斯·乔伊斯、罗曼·罗兰、弗拉基米尔·列宁、沃尔特·塞
纳、雨果·鲍尔，以及艾米·亨宁斯——歌手兼诗人，昵称"酒
馆的明星"。[1]

让·阿尔普描写过演出开场：

> 绝对的混乱。我们周围的人在大喊大笑，比画着手势。
> 作为回应，我们示爱、成串打嗝、念诗、哼哼叫、发出原始
> 背景音的猫叫声。查拉像东方舞者扭动肚皮一样扭动他的屁
> 股，扬科在弹奏看不见的小提琴，又是鞠躬，又是拉弓。亨
> 宁斯女士长着一张圣母玛利亚的脸，她在劈叉。胡森贝克不
> 停地在一只大鼓上狂敲，鲍尔在钢琴上给他伴奏，脸色苍白
> 得像个鬼影。[2]

开场一个月后，鲍尔在日记中写道："我们想用艺术的东西取悦观众，这样的尝试激动人心且富于教益，逼迫我们不断地朝着活泼、崭新、天真的方向前进。这是与观众的预期赛跑，这场赛跑需要我们调动所有创新的力量。"[3] 现场还有伪非洲诗，来自查拉从人类学家和传教士的期刊上盗用来的非洲歌曲；扬科戴着面具模仿原生艺术；还有鲍尔的音诗，比如《卡惹歪恩》（*Karawane*，1906）[1]，他会穿着金属衣服，戴着头盔念道：

雨果·鲍尔在伏尔泰酒馆演出，1916 年

Karawane

jolifanto bambla ô falli bambla

großiga m'pfa habla hore

égiga goramen

higo bloiko russula huju

hollaka hollala

anlogo bung

blago bung

blago bung...[4]

1913 年的军械库展览会为达达主义烘托好了氛围，马塞尔·杜尚的《下楼梯的裸女》（*Nude Descending a Staircase*）还有弗朗西斯·毕卡比亚的《游行塞维利亚》（*Procession to Séville*）引发了轩

---

[1] 该诗文字并没有确切含义，只是鲍尔发明的一套类似语言的东西。

男爵夫人艾莎·冯·弗雷塔格－洛林霍文、莫顿·尚伯格,《上帝》(*God*),1917 年

然大波。接着两位艺术家来到纽约，吸引了一批革命性的欧洲先锋艺术家：阿尔伯特·格列兹、让·克罗蒂、亨利－皮埃尔·罗谢、阿瑟·克拉凡、埃德加·瓦雷兹还有其他人，他们都加入了纽约当时的先锋艺术圈，比如围绕摄影家阿尔弗雷德·斯蒂格利茨的291 画廊。这一非正式团体现在包括年轻的美国人莫顿·尚伯格、沃尔特·帕克、约翰·科弗特和阿瑟·德夫，还有曼·雷——他们当中最"达达"的一位。唯一能和曼·雷旗鼓相当的是远远走在时代前端的男爵夫人艾莎·冯·弗雷塔格－洛林霍文，她是《上帝》(*God*)的合作创造者，这是一件用铁制管道做成的雕塑作品，成名于 1917 年。[5] 同年，纽约的达达主义者出版了一份达达刊物

《盲人》，主要组织者是亨利-皮埃尔·罗谢和马塞尔·杜尚，还有碧翠斯·伍德。这本杂志的供稿人包括米娜·罗伊、沃尔特·艾伦斯伯格（杂志的发行地址就是他家）、加布丽尔·布菲-毕卡比亚、查尔斯·德穆斯、约瑟夫·斯特拉、克拉拉·泰斯，当然还有阿尔弗雷德·斯蒂格利茨。这是美国达达主义者的第一份出版物，在第一期独立出版后，只发行了一期。

1921年杜尚和曼·雷回巴黎之后，纽约的达达主义团体——众人都管他们叫"达达们"——也随之解散了。理查德·胡森贝克在经历了一次显著的崩溃后，改了名字开始从医，在纽约长岛的凯伦·霍尼诊所成了一名精神病医师，可以说是完美的达达主义解决方法。1970年，他回到了瑞士的提契诺地区。

达达的解决办法正是自己：它一直以来的目的都是一种"反运动"，并且打算一直如此。它无法被归纳，唐突、令人不解、转瞬即逝。本质上它是远离传统和一切事物的自由：正因如此，它的英雄是摆脱自我的马塞尔·杜尚，杜尚最想要的是"让艺术回归心智"[6]，回归文艺复兴时期达·芬奇所说的"cosa mentale"（心智的产物）。

第一届国际达达博览会于1920年在柏林奥托·布哈德画廊举办，展览（的内容）极大地羞辱了军队（集会的组织者因此受到审判），并展出了拉乌尔·豪斯曼和他的伴侣汉娜·霍克精彩绝伦的蒙太奇摄影作品。1921年2月，豪斯曼在风格派杂志上就展示主义发表了一篇文章，将达达进行了一番渲染。这件事终止了达达在柏林的命运，但无论达达传播到哪里，命运都是十分不同的。

同年，豪斯曼、库尔特·施维特斯［因雕塑作品《莫兹》（Merz）和由回收材料制成的拼贴画而出名，"莫兹"一词是"Kommerz"（商业）这个词的一个音节，同"达达"一样没有确切含义］和霍克在布拉格筹备了两场"反达达-莫兹"晚会；三人还踏上了一场前往布拉格的"反达达-莫兹"之旅。施维特斯听豪斯曼朗诵了他的诗歌"fmsbw"，这首诗对施维特斯的《原始奏鸣曲》

右页：拉乌尔·豪斯曼《机械头（我们时代的精神）》[Mechanical Head (The Spirit of Our Time)]，约1920年，拼装作品

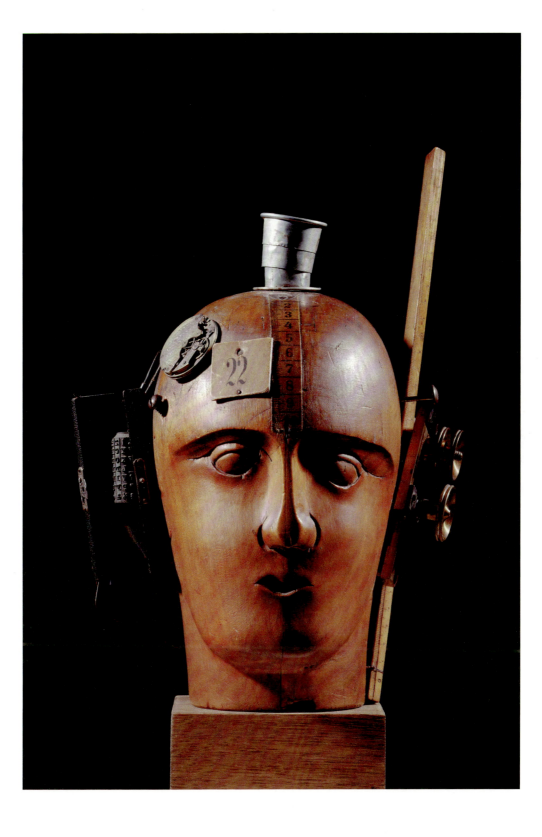

（*Ursonate*，1925—1932）产生了直接且巨大的影响，这部惊人的抽象作品用音诗模仿了鸟叫和其他简单的拟声声音。1925 年 2 月 14 日，施维特斯第一次在德国波茨坦出版商伊门加德·伊本赫尔的家里演奏了这部作品。偶尔他也会独自演奏，比如 1926 年的两场"怪诞夜晚"（Evenings of the Grotesque）。该表演是达达历史上最富想象力、最杰出的表演作品。

仍在传播

施维特斯用《原始奏鸣曲》做出的宣言具有标志性的意义，这部作品几乎在所有达达活动上被一遍遍地演出，影响非常深远。比如 2017 年 8 月 29 日，在曼哈顿"红鱼"，木川贵幸演奏了奥利维埃·梅西安的《鸟志》，这一演出汇集了大量先锋音乐爱好者，他们打量四周，看到这座具有无数创意聚会的城市里，和他们有着共同爱好的同胞就在身边。在达达的世界里，一切都是对应的。梅西安的作品跟施维特斯的《原始奏鸣曲》及其鸟鸣声密切相关。正如我们所知，达达启发了许多超越时代、引人发笑的宣言，比如施维特斯 1921 年发表于期刊《狂风》（*Der Sturm*, Vol. XIII, No.5）的《我（一部宣言）》[*i (A Manifesto)*]，还有 1922 年的《奶牛宣言》（*Cow Manifesto*）。不用说，施维特斯是莫兹运动"大个头"的创始人，但他是一位真正具有达达精神的人，也是最有趣的人。在《奶牛宣言》中，他坚称牛奶不应该放在玻璃瓶里，而真正安全卫生、无可谴责的解决方法如下——这段话值得全部引用，因为与营养有关，有着达达特有的魅力：

> 让奶牛在草原上安详、平静地吃草，在它们的乳房处连接上柔软的胶皮管，管子的另一端直接从地下管道通向大城市，就像输气管道一样。一定要保持这些管道平行而不交错。管道可以直接通向建筑物，出口设在房间合适的高度。你可以在出口处安装一个水龙头关闭管道。必要的时候，你可以

在水龙头上安装一个奶嘴，这样，无论何时奶牛的主人口渴了，都可以从这个奶嘴里挤奶喝。所以你看，这个方法在卫生方面既无可挑剔又健康，对奶牛有好处，对普通大众也没有损害。[7]

让·阿尔普曾经对达达主义出现和延续的背景进行了精彩的解读，他将战争视作一场灾难，说道："现代的科学与科技把人类变得利欲熏心。我们时代的困惑来源于过度倚重理性。"[8]

20世纪60年代，艺术家伊夫·克莱因和评论家皮埃尔·雷斯坦利在法国成立了"新现实主义"，后达达主义随处可见。拼装、集合和挪用这一创作过程仍然伴随着我们。乔治·麦素纳斯1963年发表的激浪派宣言本意是反对制度，然而现在却作为许多事物的基础而被接受。后达达主义在哲学与智识方面的传播是没有止境的。举个例子，日裔美籍概念画家兼建筑师荒川修作[9]，直到最近去世，一直被认为是新达达派，如果说这个词的含义是积极的，那么这样说也没错。

达达的本质其实没有任何含义，但从长远来看，它对多年以来的诗歌和艺术运动产生了巨大的影响，并且这种影响仍在持续。罗伯特·马瑟韦尔1981年编辑出版的《达达主义画家和诗人》（*The Dada Painters and Poets*）引起了许多人的欢呼。马瑟韦尔告诉我，"垮掉的一代"的代表诗人艾伦·金斯伯格立即对这本书表示欢迎，这简直让人欣喜若狂。这种即时性正是达达带给我们的最珍贵的东西。不论是无心还是刻意，达达的逾界在我看来都是积极的。

15

超现实主义咖啡馆｜巴黎

生活是一个人所没有写下的。

——安德烈·布勒东，《娜嘉》（*Nadja*，1928）

超现实主义研究会成立于 1924 年 10 月 11 日，地点在巴黎格勒纳勒路 15 号。《新文学》（*Les Nouvelles littéraires*）中有一篇文章，将这里描述成一项实验性的集体事业，尽可能地保持开放：

> 超现实主义提出了实验性元素的最大集合，这样做的目的至今仍不明确。所有那些有能力为创造超现实主义真实档案做出贡献的人（不管用什么形式），都被迫切地要求站出来：或是为创造力的起源提供新的解释，或是开启心理探究的新系统，或是创造不可思议的巧合……或是对道德进行自由批判，或是把他们最离奇的梦境以及梦境的含义与我们分享。[1]

我们可以把"聚集"这个词理解为正式或非正式的群聚，这正是推动本书的主题，也是本书的标题。但也许对未来保持开放，对创造力的起源、新的探查的可能性，尤其是巧合因素的相关性保持开放——才更有意思。超现实主义最原本的定义是不经思考的实验——安德烈·布勒东有一次把整个"自动发生的"历史定义为一场灾难。但相比于原初定义，留存下来的是超现实主义对任何可能发生的巧合的密切关注。不管过去还是现在，关键都在于在等待的状态中对意外保持开放的心态，而丝毫不去怀疑将发生什么。[因此才有了对"偶发"（happening）的庆祝，这是卡普洛发明的词汇，用来称呼纽约市和其他地方所有著名的实验，后来这个词也用来称呼如居伊·德波[2]所描述的那些情境画家的活动。]

左页：歌剧院通道，约 1866 年

从任何角度来说，布勒东都是这一运动的头领——有些人为了贬低他的权威，会说他是这一运动的"教皇"——而他也无时无刻不自觉地认识到他存在的重要性：

> 因为我开始意识到这一区别——但不完全因为这个理由——我觉得自己应该弄清楚我来到这个世上是为了独自做什么，有什么信息是需要我独自传达的。只有知道这些，我才能独自回应命运对我的召唤。[3]

刚开始，日常的活动和聚会在歌剧院通道的赛尔塔咖啡馆进行。与团体的聚会同等重要的是聚会的地点，在通道——一个等待逾界的空间，古板和稳定的正对立面。通道的建筑设计是用玻璃天顶覆盖过道两边的商店，把走道串联起来，因此通道的概念不仅连接了自然光与人工照明，也打通了内部与外部。用戏剧的术语来说，是打通了后台和前台；用艺术的术语来讲，是贯通了层次。因此，通道具有多种形式，正如达达和超现实主义文本一样。从这个视角来看——其他视角也一样——巴洛克风格就在这里徘徊，一直在流动，不能、不该，并且也不会被固定下来。让·卢瑟对巴洛克风格的描述，的确与超现实主义十分相似："惊喜和变动的诗意风格、变形的风格……因为多重视角、多重中心、多重想象与多重心理而形成不稳定的平衡。"[4]

原始的聚会地点同等重要，理想情况下，这是一个未来不确定的地点：事实上，这个通道很快将面临被拆除的命运，因此也伴随着一种颓废的喜悦。路易·阿拉贡表示：赛尔塔咖啡馆搬走了，那他该去哪里找到自己，找到他的身体和自我？他看到夜晚到来，却不知自己在哪儿。这种眩晕感以及突如其来的未知，对超现实主义之前的达达主义来说是十分典型的，事实上两种流派最为强烈的诗意氛围都与这种感觉有关。路易·阿拉贡在《巴黎农民》（*Le Paysan de Paris*，1926）[5] 中描述了这种关键的眩晕感，在这本超越诗意散文的作品中，阿拉贡描述了位于之前歌剧院通道的咖啡馆。这里曾是达达经常出没的地方，而事实上，当这一通道不再时髦，即将被摧毁时，反而完美地成为之后超现实主义运动蓬勃发展的大本营。

这一大本营应当尽可能地远离蒙马特和蒙帕纳斯这两个智性和艺术方面的时代标杆。接连出现的达达主义和超现实主义（在一些人看来，两个运动是同时发生的，只不过其中一个比另一个更加注重规则）都反对建立机构——不论建立的是什么。在此再次引用阿拉贡的话：

那么：既然在街上斜眼看他们（警察）可能会让我吃牢饭，那么我将荣幸地故意说，此时此刻，我可以在自己家，在这本书里，在整支法国军队的头上拉屎。[6]

一些超现实主义的评论家和作家，与他们思考并书写达达主义的同行之间，关系一直十分复杂。我们中的一些人认为这两个运动不可以分开，而另一些人则致力于撇清两者的关系，他们通常会说达达主义和其阐释者有德国倾向，而超现实主义和其追随者、评论家和诗人则更有法国倾向。不管怎么说，历史事实证明，达达的鼎盛时期要追溯到 20 世纪 20 年代，当时特里斯唐·查拉抵达巴黎，受到安德烈·布勒东、菲利普·苏波等人的欢迎。[7]

20 世纪 20 年代初期，位于歌剧院的赛尔塔咖啡馆被摧毁后，布勒东将聚会地点转移到了克利希大道上红磨坊酒吧附近的西哈诺咖啡馆，店主是雷蒙·马赫德里耶。这里离布勒东在封丹路 42 号的公寓兼工作室不远，在那里，布勒东收藏的各种玩意儿仿佛被赋予了神奇魔法，正如超现实主义团体被赐予了"état d'attente"（等待的精神）一样。

重读当时超现实主义的散文和诗歌文本时——比如罗伯特·德斯诺斯，他们当中最伟大的诗人——我们倾向于认为这些作品源

安德烈·布勒东在家中，1966 年

于集体的努力，不论是文字还是图像，揭示后总会令人惊讶。他们就是以这种精神玩"精致的尸体"（exquisite corpse，即随机接龙）游戏的。游戏中，玩家依次写下一个名词、形容词和动词，每个人都看不到前面的人所写的内容；或者玩家会依次从头到脚画出身体，纸张会折叠起来，保证后面的人看不到之前画的图案。游戏的名字源于一个原始的词语实验："Le cadavre exquis boira le vin nouveau"（精致的尸体将啜饮新酒），后来名字就流传了下来。安德烈·布勒东曾写到，这个游戏是在城堡路 54 号的一位朋友的老房子里发明的（房子现已不复存在）。最初的参与人员有布勒东、杜尚、伊夫·唐吉、雅克·普雷维尔、皮埃尔·勒韦迪、本雅明·佩雷特，其他人可能还有胡安·米罗、曼·雷、马克斯·莫里斯、西蒙娜·科里内、乔治·休奈特以及勒内·夏尔。

那个时期，许多创作者都受到边界模糊的超现实主义的称颂欢迎，其中包括诗人艾吕雅、佩雷特［他也是《丘马耶的奇拉姆·巴拉姆之书》（*Le Livre de Chilam Balam de Chumayel*）的伟大翻译家，还是一位人类学家和《美洲神话、传说和民间故事选集》

（*Anthologie des mythes, légendes et contes populaires d'Amérique*）的编辑〕，以及苏波。除此之外，还有说英语的创作者以及才华绝不逊色他人，却不那么出名（事实总是如此）的女性超现实主义者、诗人和散文家，比如埃及裔法籍作家乔伊斯·曼苏尔和瑞典作家格蕾塔·克努特松，瑞士艺术家兼摄影家梅雷特·奥本海姆，还有画家杰奎琳·兰巴（她在 1934 年与布勒东结婚）。[8]

> "永远""从今以后"——一旦涉及爱情的问题，这两种表述就会发生激烈的冲突。这两个词从未像在今天一样受到如此多的非议，就在我上方，在天空上，和你的眼睛一模一样的天空，你的眼白也如此湛蓝。在这两种表述中，我一定要选——即便现在星辰开始暗淡，即便它即将逝去——"永远"。"永远"，女孩笃定地要在誓言中听到的词。"永远"，时间的白沙，以及这量定时间的优雅的仪器。然而沙漏只会使人着迷，使人饥饿，最终成为玻璃胸口源源不断洒出的牛奶细流。无论如何我要坚持，"永远"这一表达是一把万能钥匙。我曾经爱过的，无论我是否保留了这份爱，我都将"永远"爱下去。因你前来受难，我想在完成本书之际，向你解释。我曾说过山顶上的"崇高之峰"，但这从来都与我在这一峰顶上的栖居无关。不仅如此，之后它将永远不再崇高，而我也将不再为人。虽然我无法理智地居于峰顶，但我从来都没有走得太远，让它消失在我的视线，无法被指认。我选择要做这名向导，因此我强迫自己不要愧对这份能量。在前往永恒之爱的方向，这份能量让我看见，也给我以罕有的权利，去让他人看见。
>
> ——安德烈·布勒东《疯狂之爱》（*Mad Love*，1937）

我们知道，在聚会上，布勒东坚持每个人都有发言的权利，这一点也包括在对他作为这一运动的"教皇"的抨击中。参加超现实主义聚会的都是定期的与会者，但也有几个人因为"道德"问题而被排除在外，比如德斯诺斯和其他几个人为了谋生参加了其他的组织；又如萨尔瓦多·达利，因为性格过于爱演。通常在下午5点开始的超现实主义日常聚会有很多限制。正如我们在关于超现实主义聚会的描述中所读到的，聚会成员通常会喝同一种饮品———一种柑香酒。对于非团体的思想者来说，规定要求任何人在"站上舞台"发言前，都需要向布勒东要求说话的"权利"，这点十分奇怪。聚会是一项集体仪式，根据布勒东的要求，这项仪式旨在对"内部和外部世界之间必须存在一种思想上的持续交换"做出重要的批准。9

关于超现实主义，所有报告和研讨会中出现的最主要的问题都是关于布勒东引人入胜的文本《娜嘉》的。这本书的原版和修订版分别出版于1928年和1962年（查德·霍华德曾用绝妙的翻译将首版译为美式英语）。但问题不是关于历史事实，也不是关于两个版本的关系，甚至和图像与文本的关系无关——我们可以说图像和文本之间刻意形成了一种复杂的关系。问题关于真诚，关于真实，关于道德。首先，《娜嘉》的故事在多大程度上与人物原型有关（我们现在知道她的名字叫蕾欧娜·黛尔古），以及，以下问题也许更吸引我们中的一些人：超现实主义者之间，以及他们面对公众的时候，采取什么样的道德立场？与这个问题类似的是，墨西哥会跳舞的豆子里究竟装的是什么样的鬼魂？打开豆子后，知识是否能消除神秘？罗杰·凯卢瓦和布勒东以及其他人在这一点上态度不一。10许多人曾大费笔墨讨论这一问题。真正重要的倒不是单独一个问题的答案，而是人们投射在超现实主义历史上的道德决定。

关于这一问题，我的个人看法是：对我来说，布勒东甚至都没打算去疯人院里看望娜嘉的人物原型，这才是真正的问题所在。11同样，问题还在于文本中囚禁她的空间，以及布勒东在《娜嘉》

结尾公然转向不像她那么疯的其他人，这些人是谁并不重要，重要的是文本的陈述，转向真实存在的人（无论故事是怎么结尾的，都是文本中的故事）："你对我来说不是一个谜。要我说，你让我永远摆脱了谜团。"[12] 还有接下来这一奇怪的言论，让我很不舒服："既然你存在，你本人也知道如何存在，那也许这本书就没有什么存在的必要了。"[13] 我从心底为作家的自我毁灭感到恼怒，我担心的其实是我自己的反应。这也是超现实主义的一个核心主题，无论他们在哪里见面、讨论什么，但看来看去，都是关于自我的牵涉——当然，是关于布勒东的自我。从我多年以来见到的超现实主义者判断，不论在咖啡馆还是工作室，他们之间似乎总存在一个等级秩序，根据个人与布勒东的亲近程度而定，也跟超现实主义个人与整体的相对位置有关。当然，这在其他有着强有力领导者的团体中也很常见：斯特芳·马拉美和罗伯特·马瑟韦尔，保罗·高更和特里斯唐·查拉，还有查尔斯·奥尔森。

吉赛尔·巴西诺正在向一群聚集的超现实主义者阅读诗歌。从左至右为马里奥·巴西诺、安德烈·布勒东、亨利·帕里佐、保罗·艾吕雅、本雅明·佩雷特以及勒内·夏尔

超现实主义者的聚会常常围绕一个主题，比如下次出行去哪里，再比如去第五区左岸的穷人圣朱利安教堂——一个希腊天主教小教堂。正如关于跳舞的豆子的谜题，他们也会就道德问题展开讨论，比如当捡到了服务生的钱包，是否应该归还给他本人，钱包里的东西是否应该留下，等等。任何时刻都可能遭遇"惊奇"。根据布勒东所言，一定要保留神秘，这样才能使情欲得以保存，让"le dur désir de durer"（苦涩的欲望持续），或者说"让坚硬的欲望持续"，保罗·艾吕雅的诗歌就曾以此为题。[14] 看起来，道德与美学会合在布勒东诗歌散文体的《娜嘉》结尾："美如果不是狂暴，就不会发生。"源源不断的兴奋被比作原始森林中将要出发的火车，总是将要……这种"将要"正是超现实主义所寻找的，不论聚会发生在咖啡馆还是工作室。这些聚会往往会在"精致的尸体"可能性的游戏中，延展成集体共有的权威。

左页：穷人圣朱利安教堂，巴黎

16 街道上的艺术工作室——布洛美街

布洛美街：它的灵感真的不是从这个世界来的吗？我们现在真的回到地面了吗？——我简直无法相信我们失败到了这种地步。

——安德烈·马松致米歇尔·莱里斯的信，1926

1870 年战争过后，小产业如雨后春笋般在原沃吉哈赫村发展起来——该村于 1860 年被巴黎吞并。沃吉哈赫村之前是一个充满乡野气息的村子，盛产蔬菜和酒，早年间在不起眼的露天咖啡座，人们可以用很便宜的价钱喝酒并度过整个夜晚，那时候城市还不收酒精税。陶土坑和采石场为附近墓地的墓碑产业提供了便利。没过多久，一些雕塑家和工匠师开始沿着布洛美街建起零零星星的棚屋，后来这些屋子成了工作室。布洛美街横穿村子中心，后来成为第十五行政区的一部分。

这条街之前叫布劳美或布洛麦路，从巴黎通向伊西市镇。19 世纪末，布洛美街两旁歪七扭八的建筑已经成为一众创作者的家，其中包括奥古斯特·罗丹，他每天都在那里工作；还有阿尔佛雷德·布歇，他创办了"蜂巢"，一个位于附近丹齐格通道的著名艺术家居所。从 19 世纪末到 20 世纪 20 年代，你能感受到先锋艺术激动人心的电流沿着布洛美街流动。1921 年到 1930 年，超现实主义盛行，这里吸引了极为美妙的一群人：艺术家安德烈·马松、胡安·米罗、帕布罗·加加罗、乔治·马尔金和马克斯·恩斯特；作家安托南·阿尔托、米歇尔·莱里斯、罗伯特·德斯诺斯、马克斯·雅各布、阿尔芒·萨拉克鲁和罗兰·图阿尔，同样加入他们的还有美国人欧内斯特·海明威和格特鲁德·斯坦因。安德烈·布勒东和保罗·艾吕雅偶尔也会来工作室，看看里面正在发生什么。

布洛美街的社群、坎维勒和城堡路的下午聚会与超现实主义

Le bal de la rue Blomet.

种族融合的夜总会，位于
巴黎布洛美街，1929 年

咖啡馆的人群常常重叠——尽管他们的观点时常产生分歧——历史上很少有人关注布洛美街，但发生在这里的聚会具有极为重要的意义。它的氛围是很特殊的，两位中心人物马松和米罗在另一个传统聚会，即作家兼画家马克斯·雅各布周三在蒙马特顶部圣心教堂的聚会上见了面。两人一经介绍，立即认出对方是与自己志同道合的人，也发现他们两个人都在蒙帕纳斯布洛美街 45 号租了画室，就在对方隔壁。

　　米罗和马松的见面对双方来说都是激情且富于启发的，按马松的话说，是一个"似乎经过天意安排"的巧合。[1] 事实上，先锋派的中心就此集聚到了这两个并肩的工作室，不过两者形成了鲜明的对比。没有人能比米罗更形象地描述这两个工作室的区别：

　　　　马松和他的妻子奥黛特和小女儿莉莉住在一起——在难以形容的脏乱之中。但我迷恋秩序，是个洁癖狂。我的画布总是摆放整齐，画刷总是干净的，而且我还会给地板打蜡抛光。我的工作室像船舱一样完美。[2]

米罗慎重地给自己制定了标准，这在他的作品中也十分明显。他的精确简直令人疲倦："每天我都对自己更为苛刻，这意味着如果一个角落偏左或偏右一毫米，我都会重新画这幅画。"他知道自己的性格是马松的反面："马松工作起来十分狂热，他可以在音乐声中、在极为吵闹的谈话声中工作。我只能像苦行僧一样在安静中独自默默地工作。马松玩牌、下象棋，而我什么都不玩儿。"[3]

> （马松的工作室）吵得要命，我的却十分安静……我在极度贫困中独居，但每次出门都会戴单片眼镜，穿鞋套。我喜欢离开我修士般的房间去隔壁，那里到处堆着纸张、瓶子、画布、书还有日用品，难以置信。我喜欢小莉莉（马松的女儿），我会给她吃糖，让她在我的膝盖上蹦跳。我们聊天、喝酒、听音乐。在马松和坎维勒签订合同之前，马松晚上会给《官方杂志》（*Journal Official*）做校对编辑。他经常在黎明时分上床睡觉，等他起床的时候，我已经工作了好一会儿了。
>
> ——胡安·米罗《布洛美街的记忆》（*Memories of the rue Blomet*），见伊肯·马克林《超现实主义和布洛美街》（*Surrealism and the rue Blomet*，纽约，2013）

米罗喜欢秩序。他把起居室和工作区都收拾得一尘不染。他的画布正面相对，堆放整齐，而不是展示出来让大家观看。他是一个彻头彻尾的单身汉、一个加泰罗尼亚人。他出门时会穿戴整齐，风格时髦。而住在隔壁的马松绝不是个单身汉，他把所有东西都堆放起来：瓶子、油漆、纸张、画布，还有从塞纳河边二手书店淘来的书。皮拉内西一幅极为精美的《监狱》（*Prisons*）——源于他 1745 年开始创作的《想象中的监狱》（*Carceri d'invenzione*）——挂在墙上。布洛美街的所有常驻人员和访客会在下午和晚上聚在马松的工作室。不管他周围的人在玩牌、大声念书、写作、画画还是生活，马松都一直工作，毫不间断。

马松工作室的一切都混乱且无序。墙上有洞，洞里塞着这样或那样的东西；墙上的其他地方用粗麻布和厚重的窗帘遮挡起来，好让人在这里过夜。粗麻布一直铺到了地板上的床垫，形成了马克斯·雅各布所说的"金色床单营地"。[4] 你可能会发现诗人乔治·兰布赫正在大声朗读布列塔尼悲剧的象征主义诗人圣波尔·鲁的作品，或荒诞不经的天才作家阿尔弗雷德·雅里的作品——他创作了具有标志意义的《乌布王》(Ubu Roi)。布洛美街的聚众都十分喜爱兰波、洛特雷阿蒙、陀思妥耶夫斯基，尤其是尼采，这些人会因此进行无休止地讨论。你也许会看到海明威的秘书，赛马记者艾文·希普曼正在激动地大声背诵什么；一定会有人正在涂涂抹抹，你甚至会穿过迷醉的烟雾，捕捉到海明威本人正在给准备拳击的马松和米罗做裁判（事实上，海明威在附近的一个健身房教过拳击）。正如米罗在回忆录中写的那样，米罗冲着马松的肚脐而来——米罗在健身房锻炼过，就在拉斯帕伊大道上的美国圈健身房——但海明威评论说，米罗打拳的时候，似乎忘了对面还站着一个对手。但无所谓了：米罗的姿势永远完美无瑕。

海明威最先爱上了米罗的《农场》(The Farm, 1921)，他眼光不错。毕加索也从一开始就大力支持这位艺术家的作品，还说服画廊老板莱翁斯·赫森伯格接受米罗，并卖掉那幅画。但两个月后，赫森伯格建议把这幅画分成八块，这样更适合巴黎的小公寓。米罗拿回了《农场》，1925 年找到了艺术交易商雅克·维奥[5]。维奥为《农场》开价 5000 法郎。后来这幅画归了海明威，海明威自己讲过这个故事，说把这幅画带回家是个巨大的挑战：

> 在敞篷出租车里，风刮着巨幅的画布，就像船帆一样。我们让司机慢慢地往前开。到了家，我们把画挂起来，所有

人都来看这幅画，都很高兴。就算用世界上所有的画来交换我都不换。米罗来了看着这幅画说："我很高兴你是《农场》的主人。"[6]

在金钱方面经常有很多麻烦事。布勒东在还没见过艺术家本人时，就买下了马松的《四种元素》（*The Four Elements*，1923），他非要拥有这幅画不可。然而，布勒东的经济实力无法匹配他收藏的热情，他常常需要把喜爱的作品转手，以购买其他作品。[7]与此同时，格特鲁德·斯坦因却没有这个麻烦：她轻而易举地从坎维勒那里买下了两幅马松的作品，其中一幅是《塔中之人》（*Man in a Tower*，1924），画中有一条绳子，这不得不让我们想起布勒东

胡安·米罗《农场》（*The Farm*），1921—1922年，帆布油画

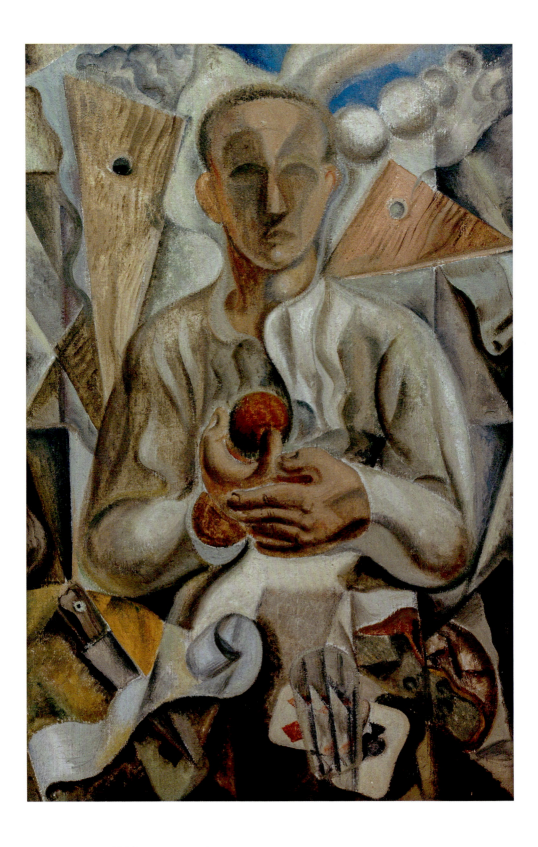

评价毕加索时的相关修辞：毕加索总是在画中留下一条绳子，让观者借此进入。[8]

但布洛美街的创作者和他们的圈子，以及像布勒东和艾吕雅这样的超现实主义者，甚至还有毕加索，他们之间仍然存在一定的分歧。根据米罗的回忆录中所写，后面这些人来布洛美街只是为了看看他们画了什么，他们不是参与者，更像是旁观者，尽管是抱以赞赏的旁观者。

20 世纪 20 年代早期，马松画了几幅画，描绘了一群朋友聚在桌子周围——通常是兰布赫、莱里斯、西奥多·弗兰克尔和米罗。画面中的桌上摆着餐食，有可供阅读的书，以及纸牌。[9]这些艺术家拥有的东西并不多，于是就凑合着用，他们围聚在桌子边，分享一条刚捕捞上来的鱼、一个梨或一个橘子，比如在马松的《静物：鱼》（*Still-life with Fish*）中就是这样。米罗把自己清晰的梦境归结于太过饥饿，因为他每周只允许自己吃一顿午餐。但他们因集体协同的精神财富而蓬勃发展。他们玩"精致的尸体"游戏，也玩象棋、多米诺和纸牌——纸牌在他们许多人的作品中都出现过。他们的游戏和无休止的讨论一样，是一种集体仪式，不受制于任何传统的规则。[10]

那些年在布洛美街上，共同创作和历险的激情不乏奇迹。德国画家马克斯·恩斯特、瑞士艺术家让·阿尔普，以及西班牙画家胡安·格里斯会来这里做客。马克斯·雅各布（他周三下午常在萨瓦咖啡馆或圣心教堂）也在那里。同样还有米歇尔·莱里斯，1924 年至 1939 年超现实主义群体的成员，以及莱里斯的好朋友，剧作家兼导演罗兰·图阿尔。正如米罗所写：

布洛美街对我来说，是一个决定性的地方，一个决定性的时刻。我就是在那里发现了我是谁的全部，以及我要成为的全部……在布洛美街，在一群出色的朋友中交换彼此的发现和想法，友谊胜过一切……我们聊天，喝许多酒。那是属

左页：安德烈·马松《男人和橙子》（*Man with an Orange*），1923 年，帆布油画

于白兰地、水和柑香酒的日子。其他人常常乘著名的北南公司地铁而来，就是这条线路连接起了蒙马特超现实主义者和蒙帕纳斯的落后艺术家。[11]

人们在这里和谐地生活，尽管热情时有不同。用乔治·兰布赫的话说：

> 在布洛美街团体（但它与"团体"恰恰相反）的前几年，我们都为自己、为对方而工作，很少想到外面的世界，也没有习以为常的宣传、异见、敌对、阴谋、夸张和谎言。最好的友爱情义和互相信赖把这些年轻人凝聚在了一起。[12]

在那个时代，一切看起来都是自由且激动人心的。正如马松回忆："我们都生活在一种无与伦比的、醉醺醺的、难以忘怀的、完全自由的氛围中……我们都为自由而狂，也分享着最为纯洁的友谊：每个人都是他自己，因此被接受，没有任何假象。"[13]

要想把所有在马松工作室里见面的画家和诗人都写下来，恐怕要用一整本书。就是在这里，1923 年 5 月，演员、剧作家兼诗人安托南·阿尔托——他当时属于夏尔·迪兰画室剧院——见到了莱里斯、兰布赫和让·杜布菲。1925 年，阿尔托被任命为超现实主义研究所的主任，同年 7 月，阿尔托的《灵薄狱之脐》（*L'Ombilic des limbes*）出版，封面是马松为作家画的肖像。研究所展示过一页弗洛伊德的《精神分析导论》，其周围摆满了叉子，随时准备开动，马松对此十分高兴。

超现实主义者都是疯狂艺术的倡导者，但阿尔托无疑是其中最疯狂的一位。曼·雷 1926 年为阿尔托拍摄了一幅肖像，阿尔托看向自己的侧面，这无疑是最具挑衅意味的超现实主义：安托南·阿尔托，残酷戏剧的创始人，却长了一张永恒的悲剧演员的脸。阿尔托总是大声朗诵，有时读他最新还未排演的剧本，有时读霍勒斯·沃波尔的哥特故事或伊丽莎白时期的诗人，不过他更常读的还是约翰·邓恩的诗歌。阿尔托最疯狂的时候，会亮出他那柄黑刺木手杖，要求观众交钱。在他到访布洛美街之后的几年间，他常常用自己发明的语言说话、写作、咆哮。尽管这是之后的事了，那些在布洛美街经历过阿尔托极致阅读的人，恐怕一点都不会感到惊讶。

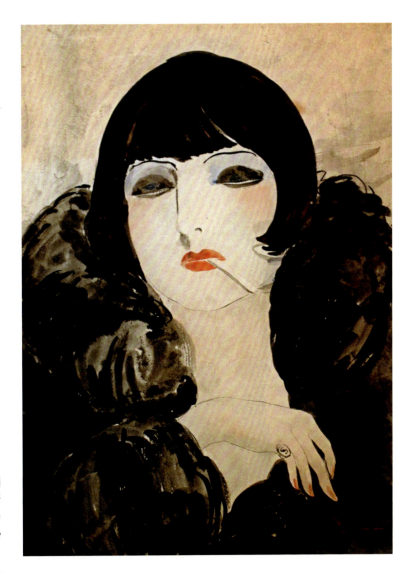

基斯·凡·邓肯《抽烟的女人肖像（蒙帕纳斯的吉吉）》[*Portrait of a Woman with a Cigarette (Kiki de Montparnasse)*]

米罗和他的地方

米罗出生在巴塞罗那，他的一片忠心总是一半分给加泰罗尼亚，一半献给巴黎。许多画家和作家都记得，他的白墙上有个钩子，上面挂着具有加泰罗尼亚民族风情的四角帽，就好像为了证明他有两个家，一个在巴黎的布洛美街，另一个在加泰罗尼亚的蒙特罗格德坎普。这顶四角帽反复出现在米罗1925年的画作中。[14]讲一个最能证明这点的故事：1923年，艺术家回到他在巴黎的工作室，完成作品《农场》，他在蒙特罗格德坎普开始创作这幅画，后来在巴塞罗那接着画，最终在巴黎完成，为了在画面中原汁原味地传达对土地的感情，他作画时总是手里攥着一把新摘下来的青草。[15]

米罗曾大篇幅地写他去跳蚤市场买台灯和炉子的事，不过这两个东西都不好使。在1922年至1923年的《碳化台灯》(*The Carbide Lamp*)中，我们看到一盏光秃秃的台灯，炉子只能看到最上层，但这就足够了。这幅画不仅代表了他在布洛美街的现实生活，[16]也传达了他的艺术创造力，这是一开始日子最贫穷的时候。

米罗1974年接受采访，被问到巴黎对他的重要意义时，他只提了布洛美街：

> 跟诗人在一起为我打开了大门，帮我超越绘画，超越表层的塑料图像世界：这是非常、非常重要的。布洛美街对我的工作和生活来说都非常关键，最主要的是因为我能跟诗人、作家一同在巴黎度过这段时间。[17]

马松的精神

马松的工作室是一个混乱、充满创造力的地方，而关于马松的精神，没有人比兰布赫总结得更好了：

他天生有一种普世的诗学才华，有一种关于事物的力量、事物的相似和世界的秘密直觉……剥开来看，他有远大的目光、吞吞吐吐的话语、热烈的语调、罕见的敏捷思维、走捷径的天分，以及炉火般旺盛的想象力，而他爆发的笑声能让一切四分五裂。[18]

马松不定期属于超现实主义团体——这就是说，他也承认，他的图像与超现实主义一样，用非理性警醒这个我们所认知的世界，但与团体里的其他成员相比，他对动态世界的牵涉要深得多。对他来说，他们的作品都太过静态了，他管这叫"固定的超现实主义"。[19] 正如他在 1943 年所说，"我所渴望的，不过是成为事物诞生之初的那种动势的精髓"。[20] 他说过要放弃自我，任凭"内在的混乱"调遣，把自己让渡给他的自动素描中那种令人不安，甚至梦魇般的特性。素描中，男性人物总是残缺的，而女性人物像裂开的水果一样敞开，暴露出内脏。他说，这些人物栖息在深渊的边沿，总是处于危险的境地，"在虚空的边缘，准备堕落或翱翔"。[21]

正如上边的描述，在马松关于布洛美街圆桌聚会的画作中，经常会出现一种水果，通常是橘子——这代表着一种邀请，即邀请观众一同进入这样的同伴关系以及共同想象的奇幻之旅。石榴果实的籽在迸裂中常常召唤暴力的想象，与此截然相反的是，橘子的果实瓣呈现的是一种分享的姿态。马松 1925 年的画作中，诗人艾吕雅拿着一个橘子，以超现实主义的觉察力，示意艾吕雅本人著名的诗句："大地蓝得如一个橘子 /……语言从不撒谎。"[22] 欢乐的橘子的另一边，则是马松 1927 年精彩绝伦又咄咄逼人的画作《风景与蛇》（*Lanscape with Snake*），画中白色的蛇从两侧的残垣断壁中间沿着对角线蜿蜒而下，这幅具有威胁气息的画作让人想起普桑的《风景与被蛇杀死的人》（*Lanscape with a Man Killed by a Snake*，约 1648）[23]。在马松的想象中，这只爬行动物出现在黑暗的一侧，就如同石榴与暴力流血的弦外之音一样。然而在超现实主义的绘画和写作中，对立的元素以及相对应的情感往往会在变形中互换位置。

马松有一幅巨型绘画，名为《变形》（*Metamorphoses*，1925），画中的人物和手脚在一团深蓝色的云雾中扭曲，云雾包围着欲望之火的源头，预示着对欲望持久的渴望。我们应当注意标题中的变形是复数形式，因为这绝不是变形的个例，而是象征着变形的多样性。变形的神话被多彩华丽的辞藻演绎出来，这让我们想起马松作品中流露出的超现实主义天才之处。对于那些年间，诚心诚意相聚在马松工作室的那群朋友来说，这样不期然的变形也精准地捕捉了聚会中的激动和兴奋之情，也正是这种情感滋养了群体中的所有人。

当马松离开他位于布洛美街的工作室时，超现实主义诗人、散文家和小说家罗伯特·德斯诺斯，还有他的朋友画家乔治·马尔金搬了进来。马尔金在1922年至1923年，参加过德斯诺斯著名的超现实主义"恍惚入眠"，在这一活动中，德斯诺斯会在另一种意识状态中写作。1925年，他们在城堡街见了雅克·普雷维尔、伊夫·唐吉和乔治·杜哈曼，随后两个人一起搬进了马松的画室。就是在这里，1926年年末到1927年年初，马尔金开始为德斯诺斯的长诗《无爱之夜的夜晚》（*The Night of Loveless Nights*）绘制插图。德斯诺斯声称，在走向绝妙的旅途中，"我不带地图，也不用指南针这样的累赘：我只要让乔治·马尔金带路就可以了"[24]。

晚上，德斯诺斯和马尔金会一同出门，穿过布洛美街33号的庭院，来到黑人舞厅——一家以比吉纳舞音乐闻名的舞厅。舞厅的明星包括蒙帕纳斯的吉吉，她最著名的是用无比欢快的精神跳康康舞。曼·雷1928年的影片《海洋之星》（*L'Etoile de mer*）是根据德斯诺斯的同名诗歌改编的，其领衔主演就是吉吉，她也是帕布罗·加加罗雕塑作品《蒙帕纳斯的吉吉》的原型。

右页：帕布罗·加加罗《蒙帕纳斯的吉吉》（*Kiki de Montparnasse*），1928年，青铜雕塑

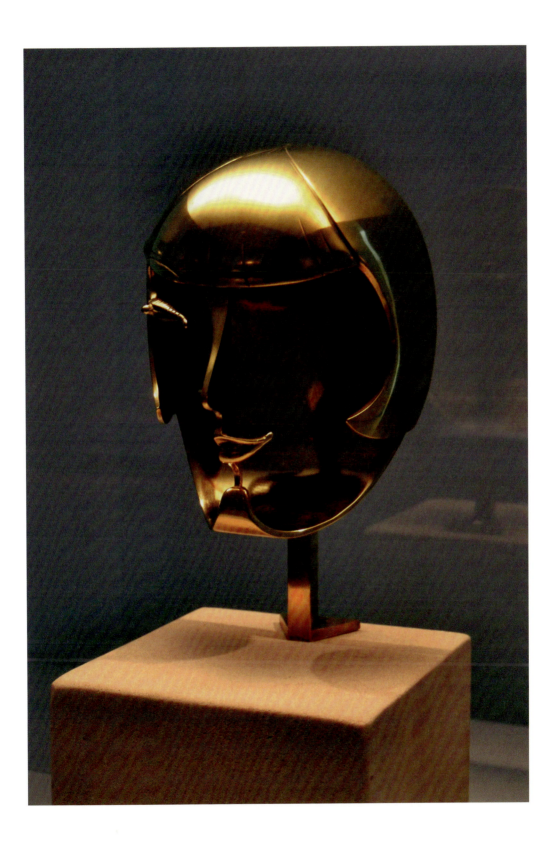

黑人舞厅日后将成为超现实主义者最喜欢的地方，因为这里的表演独具异域风情，演员身着"原始"服装，种族融合带来强烈的兴奋感，有滋有味的丑闻也不少。一则著名的丑闻是"韦勒事件"，发生在1928年12月，当时韦勒先生和韦勒夫人在黑人舞厅度过了一个令人振奋的夜晚，陪伴他们的舞者是著名的费赫南德，她来自安的列斯群岛，高个子，浑身都是珠宝，身穿"本土服饰"，看起来光彩照人。当晚他们回到家之后，韦勒夫人朝她丈夫身上开了三枪。1929年10月《侦探》杂志上报道了这起犯罪，标题是《从黑人舞厅到法院》。[25] 对超现实主义者来说，黑人舞厅代表的是非传统的"他者"，他们来这里寻找的是撼动资产阶级规则的力量，在一切发生之后这里的表面上的自由，是可怕的"似曾相识"感。

慢慢地，这些布洛美街上的画家都离开了他们的画室，从蒙帕纳斯搬到了蒙马特，比如1926年搬走的米罗。最终，废弃的画室被拆除，空地成了日后的布洛美广场，被人们用作游乐场。20世纪60年代末，文化部决定在巴黎立一尊米罗的雕塑来纪念他。这位艺术家给城市捐赠了一尊《月亮鸟》（Oisea lunaire），并要求雕塑要安置在布洛美街上，也就是四十年前许多艺术家和作家聚集的地方。按照米罗的愿望，《月亮鸟》在1975年被立在了这里。[26] 从那之后，孩子们经常爬上雕塑，再加上风吹日晒，赋予了雕塑一种非正式的亲近感，对于这条街原本的精神而言，这样的亲近感是绝对合适的。

布洛美街的精神在广场上留了下来，这座纪念雕塑向那些曾经在这里工作、生活的创作者致敬。莱里斯谈起这里的艺术家，他们曾经在成人之际来到布洛美街，正是在这里经历了智识与艺术的历练，长大成人。在这里展出的艺术作品，都有不同的宣言、观点、方法和感情，但在真正意义上，它们都是一脉相承的，是一个整体。它们都在同一个传奇的时期，出现在布洛美街这个神奇的地方。虽然激情各有不同，但在这个时间和地点，人们都和

布洛美舞厅，2016 年

谐地生活和工作在一起。因为对工作的真正热情，所有人联结在了一起，彼此也因为这样的联结、这样的精神和这样的地方而变得丰盈。

17

伍尔夫与布鲁姆斯伯里团体—查尔斯顿农庄

绝对乐观、充满活力的生活，这是我现在的目标。噢是的，我一秒钟都不浪费：我永远在跳跃前进……

——弗吉尼亚·伍尔夫日记，1931 年 5 月 15 日

无可阻挡的一天就这样过去了。我面对它而无任何躲闪：它必须被生活经历，我对自己说。

——弗吉尼亚·伍尔夫日记，1932 年 4 月 11 日

现在一切都结束了，我们听到弗吉尼亚·伍尔夫说，这一切过得是如此之快。的确，当我们再次看向布鲁姆斯伯里，回顾我们的看法和观点时，这里的人物变得如此高大，在我看来，这常常与时间有关。我觉得，我们甚至可以用快乐的情绪进行总结——通过集体的行为和聚会，这些人得到了这么多，虽然也少不了偶尔的孤独以及忧伤的理由，比如瓦妮莎·贝尔悼念她的儿子朱利安在西班牙内战中去世，或因为她的爱人邓肯·格兰特与大卫·加奈特的关系而难过不已。

的确，我们能做的不过是存在于阅读的当下，或是看着这些人物生活，正如弗吉尼亚引用歌德对伦纳德所说的，"停下，你如此美丽"（Stay, you are so fair），她当然知道这是不可能的。奇怪的是，从布鲁姆斯伯里的艺术、信件和杂志来看，不管是谁在哪里，这里生活的方方面面、这里的丰富多彩和种种快乐忧伤，似乎比其他艺术运动更接近我们。

农庄

查尔斯顿农庄位于东萨塞克斯郡，瓦妮莎·贝尔就住在这里，

有时候克里夫·贝尔也在这儿，但她总是和邓肯·格兰特在一起。农庄正体现了布鲁姆斯伯里团体最为知名的方面，正如伍尔夫所称："所有布鲁姆斯伯里的关系都发展繁荣，成长茂盛。假设我们决定要再存在二十年，这些关系将变得何等紧密、何等成熟，我一想到此就颤抖不已。"[1]有的人活得更久，但他们集体和个人的才华恐怕存在于他们共同生活、工作、谈话的生动和富足之中，所有人的根须和枝杈都紧紧缠绕在一起。

　　查尔斯顿农庄的美是自然的，也是经营出来的，这里给人的感觉常常像是一个舞台背景，容纳了所有简单或复杂、偶尔伤感、极具吸引力的人物和团体的关系。有无数角度可以探讨这里的工作室、画架和壁炉架——瓦妮莎·贝尔和邓肯·格兰特在上面画满了静物，两个人常常同时对着同一个物体，站在不同角度画同

查尔斯顿农庄，富勒，
东萨塞克斯郡

一个地方。真理永远不止一个，对于本书中记载的所有聚会地点和时刻而言，这一点都是恒常成立的。

在查尔斯顿，卧室的位置有时候会影响这里的各种住客。瓦妮莎和邓肯至少同房过一次，结果生下了他们的女儿安杰丽卡，取名为贝尔，这既因为克里夫和瓦妮莎想保护她，也出于公众关系的考虑。邓肯和他的情人大卫·加奈特可不是这样约定的，邓肯和瓦妮莎的一夜情本来旨在让大卫忌妒，而最终的结果却是大卫和安杰丽卡结婚了（这简直像发生在虚构故事中一样），而加奈特似乎在自己见到还是个孩子的安杰丽卡时，就预见了这一点。在安杰丽卡悲伤的回忆录《为善良所骗》（*Deceived with Kindness*，1984）中，她从自己的视角讲述了这个故事，果不其然，与其他人的视角很不相同。[2] 之前是邓肯的情人，后来跟俄罗斯芭蕾舞团中的女芭蕾演员莉迪亚·乐甫歌娃在一起的约翰·梅纳德·凯恩斯有自己的房间，他在这里根据宏观经济学构想出了他的经济模型。

弗吉尼亚所写的一切都可见她对生活和外出行走的激情，其中也包括她为寻找一支铅笔而走遍伦敦的著名事迹［《街头漫步》（*Street-Haunting*），1930］。她日记中的典型段落如下：

> 阳光从黄色的田地和长而低矮的谷仓上流淌（不，从不流淌而是猛冲）下来；要什么我都能给，只要让我穿过富勒的树林，满身尘土，汗流浃背，鼻孔朝天，每块肌肉都酸疼着，大脑躺在香甜的薰衣草中，清醒而清爽，为明日的工作做好准备。我怎样才能注意到一切事物——事物的词语在那一时刻随之而来，像手套一样贴合；接着在灰尘仆仆的路上，当我脚跟踩地，我的故事就开始了；接着，太阳下山，回家，晚餐过后来一番诗歌，红白相间的花绽放开来。[3]

伍尔夫对查尔斯顿的拜访，对瓦妮莎他们而言，通常也能带

来同等程度的热情，正如伍尔夫在塔兰德别墅以及后来东萨塞克斯郡洛德梅尔的修士之家所做的停留一样。

罗杰·弗莱与热情

查尔斯顿的整体氛围都散发着热情的能量，从我们读到的材料来看，这里的住客也是如此。对于这一点，我们在很大程度上要感谢罗杰·弗莱，他在 1910 年从剑桥开往伦敦的火车上遇到了克里夫和瓦妮莎·贝尔，后来在瓦妮莎流产的时候，罗杰对她照顾有加，而且爱上了她。我们只要看看他们之间的通信就能明白一切，而我们也会爱上这两个人。弗吉尼亚在给罗杰的传记中（她明显从中删去了所有罗杰与她姐姐瓦妮莎长期交往的内容），夸张地描述罗杰是"有史以来唯一伟大的评论家"，而事实上，她写《到灯塔去》也是献给罗杰的（"帮我走在写作正确的道路上，我觉得你比所有人对我的帮助更大"）。他们 1932 年在希腊时，伍尔夫

（从左至右）罗杰·弗莱、德斯蒙德·麦卡锡和克里夫·贝尔在查尔斯顿，1933 年

称罗杰尽管"严肃",却是所有与她同行的人里"生活与艺术的最佳欣赏者"。[4]

罗杰的严肃与他对周围一切伟大事物的恒常热情和接受能力相辅相成。在雅典卫城,弗吉尼亚回忆说:"我们四处漫步,罗杰说'真棒啊,真棒啊'。接着,在达佛涅斯的拜占庭教堂,'噢,真棒啊,比我所有的想象都好多了',罗杰一边说一边把他的帽子、手杖,还有两三本旅游指南和字典放在一根柱子上。"他浑身流淌着知识的血液,她说,但是很轻柔,像某种香氛沐浴。

她对他的描述令人难忘,当他第一次出现在布鲁姆斯伯里的场地时,她把他比作热情的源泉:

> 接着罗杰出现了。我似乎记得,他是穿着阿尔斯特宽松大衣出现的,每个口袋里都塞着一本书、一盒颜料,或是什么有趣的东西,比如从后街一个小老头那里抄下来的格言警句;他胳膊下面夹着画布;头发到处乱飞;眼睛闪闪发光。[5]

在她给罗杰写的传记中,她说:

> 此刻,我与罗杰的关系是多么奇怪啊——在他死后,我是塑造他的人——他是这样的吗?现在,我觉得他就在我身边:好像我们紧密地联系在了一起;仿佛我们一同孕育了他的这一幻象:一个由我们所生的孩子。[6]

在她的信件中,我们可以发现一致的观点:"不仅是最有魅力,而且是精神上最具天赋的人……如果我们都能像罗杰一样就好了!"在他死时,她哀痛地说:"他如此丰富,天赋无限——啊,我们二十年来说了多少话。"[7]在她的日记中,她描述过几场以与罗杰对话为中心的场景,都带着典型的布鲁姆斯伯里式的谈话热情;正如弗朗西丝·帕特里奇对我说的,在查尔斯顿的餐厅,是他给了最好的谈话以最好的生命。（弗朗西丝·帕特里奇本人也总是将美好的生命带入所有谈话。我很喜欢去她在伦敦卡多根花园的公寓拜访她。我记得她总是盯着墙上那幅多拉·卡灵顿为挚爱的林顿·斯特来彻所绘的肖像，画中斯特来彻和他的书躺在一起，格外修长的手指搭在书上，长胡子让他看起来像是《圣经》时代的先知。当时国家美术馆还没来得及接受这幅画像，毕竟它出自一名女性画家。）

伍尔夫记录过弗莱连珠炮式的演讲，她讲述的时候语速也很快："我们讨论散文；像往常一样书远远地放着，我得从他身后读一段话。理论是编造的，照片放在椅子上。"[8]

而生活仍在继续。举个生动的例子，想想看，塞尚那幅六个苹果的小幅油画是在德加的拍卖会上被梅纳德·凯恩斯和英国国家美术馆的主任查尔斯·霍姆斯爵士买下来的（他刮掉了胡子，操起法式英语，以免被其他潜在的买家认出来），拍卖最先由邓肯在报上读到。在这之后，那幅画被放在查尔斯顿农庄的篱笆上。后来，这幅画被拿进屋内，所有人都激动不已，继而引发了数小时关于这幅苹果小画的讨论。昆汀·贝尔讲述这个故事的时候，弗莱变得越来越歇斯底里，正如苹果也越来越红，查尔斯顿的房间正在兴奋的巅峰。[9]在查尔斯顿，除去每日每夜的工作，典型的讨论都是围绕艺术进行的。艺术与生活，交谈与创作之间几乎没有分隔。

查尔斯顿农庄内外

在凯蒂·罗芙《不同寻常的安排》（*Uncommon Arrangements*）一书中，《瓦妮莎和克里夫·贝尔》一章是以查尔斯顿庄园的一个场景开头的：

> 1918 年冬天，在一栋陶瓷屋顶的老式农庄房子里，四个老朋友正围坐在一张桌子旁，其中有画家瓦妮莎·贝尔，

右页：邓肯·格兰特《瓦妮莎·贝尔》（*Vanessa Bell*），1917 年，帆布油画

她的丈夫克里夫·贝尔，她的老情人艺术评论家罗杰·弗莱，以及她日前同居的画家邓肯·格兰特。邓肯的情人是大卫·加奈特，大家都管他叫"兔子"。他本来也该在场，但那天晚上去伦敦了。晚餐有这些不可思议的人聚集在一起，在这栋房子里并不少见。在查尔斯顿，情感线如此复杂，有时需要一张表格才能捋清楚，就好像俄国小说开头的人物表一样。在这个冬夜，四个好朋友正在讨论爱情。房间里很冷，因为缺少煤炭。瓦妮莎端进来一壶浓酸的咖啡。晚餐的盘子散布在灰色的圆桌上，这张桌子是瓦妮莎自己精心绘制的。[10]

这里的花园以及当季盛开的花朵，还有散步以及散步路上进行的谈话，都为瓦妮莎晚年写给她女儿安杰丽卡的信提供了丰富的材料。她在信中会充满感情地谈论查尔斯顿农庄的天气，天气总是好极了，邓肯在作画，瓦妮莎会坐在她的房间里，房门敞开，而她则看着花园陷入沉思——花园里都是鸟和果实、赤蛱蝶和苹果。外界与内界融合，正如视觉与语言融合一样。

这栋房子的知识和艺术生活的中心，在餐桌旁的谈话中体现得最为明显。几代人会聚在桌子周围，其中有瓦妮莎和克里夫的儿子昆汀和朱利安，前者是陶匠兼作家，后者是作家，他十分顽固，在西班牙内战中做了一名志愿急救车司机，1937 年因炸弹碎片受伤后再也没能回来，终年 29 岁。夏尔·莫隆，"我们布鲁姆斯伯里的男人"，曾经就朱利安离开的危险警告过这家人，但只是徒劳。[11]

莫隆不仅是作家，也是 E. M. 福斯特的密友，一位十分出色的马拉美十四行诗（由罗杰·弗莱和朱利安·贝尔译）的注解者。他也在普罗旺斯的圣雷米举办了艺术节，即著名的年度阿维尼翁节的前身，还写了几本诗歌心理疗愈理论的专著。而作为精神批评书籍的作者，他也将精神分析理论引入了法国。[12]莫隆和

查尔斯顿的起居室

这家的成员一有时间就聚在一起，不仅在查尔斯顿，也在英格兰或法国。不管在哪儿，活跃气氛的都是罗杰·弗莱，他总是不断地刺激着谈话的进行，管家格瑞斯一有空就兴高采烈地跑来看看。

艺术家蜂拥来到查尔斯顿农庄，或交谈或绘画，伍尔夫会来和安杰丽卡、朱利安和昆汀聊天，其他布鲁姆斯伯里的成员也会络绎不绝地来这里喝茶、谈话、聊八卦。佳吉列夫的俄罗斯芭蕾舞团成员来到伦敦演出时，也会来访查尔斯顿，查尔斯顿农庄现在仍保存了一些照片和手绘作为记录：舞者鲁道夫·努列耶夫，当然还有莉迪亚·乐甫歌娃，日后梅纳德·凯恩斯将和她结婚。

所有人一定都感觉得到，一切将无止境地进行下去。

桌子与节日

正如其他聚集之地的桌子一样，桌面会延展到其他的平面——画布、纸张或乐谱上，会形成各种各样的工作：要么难以逾越地复杂，要么令人艳羡地简单，要么介于复杂与简单之间，程度不一。正是这些桌子——不管是室内的还是室外花园中的，连同上面的各种游戏、八卦、辩论和工作的故事，会带给我们想象中最好的布鲁姆斯伯里。正如弗吉尼亚·伍尔夫所说，弗莱和其他人在查尔斯顿为塞尚的苹果激动不已，而随着谈话的进行，每个人的脸也变得越来越红，围绕艺术的这种兴奋劲儿在查尔斯顿的氛围中十分常见。

查尔斯顿的传统仍在继续，英格兰的盖奇家族（查尔斯顿农庄位于富勒，盖奇家族的地产）和美国利比特家族的联姻，也带来了许多跨国交流。黛博拉·盖奇，即威斯康特·盖奇的堂亲，成立了查尔斯顿信托会；正如昆汀又一次跟我说的，"如果堂亲（黛博拉·盖奇）没有住在这里，现在就没有查尔斯顿农庄了"。令人快慰的是，不论图像还是文字方面，活跃的精神和艺术传统都富有生气地得到了传承。

今天的查尔斯顿节使农庄更具魅力和活力。旅客被活跃的艺术氛围所吸引，而这里也是最主要的地点之一。在南卡罗来纳州，现在也有一个查尔斯顿节，节日的感觉在那里也得以延续，大放异彩。

如今，查尔斯顿农庄建起了一个新的美术馆，这栋房子的创始人和维护者的精神，连同这里在艺术世界中的影响，仍在蓬勃发展。

约翰·梅纳德·凯恩斯
（中）、邓肯·格兰特（左）
和克里夫·贝尔（右）
在查尔斯顿，1919 年

18

影响一代人的艺术实验场——黑山学院

这意味着什么？

——约瑟夫·亚伯斯

在过去极具影响力、现已不复存在的机构中，研究最为详尽也最为复杂的，恐怕要数黑山学院了。黑山学院坐落在北卡罗来纳州西南部的山脚下，1933 年初从 YMCA 蓝岭集会罗伯特·李大厅搬到了伊甸湖，直到 1957 年，学院最终因资金和生源问题关闭。不管是当时还是现在，黑山学院都是独一无二的，虽然模仿它的不在少数。一个类似的集聚地是唐纳德·贾德的奇纳提基金会，坐落在得克萨斯州马尔法的僻静处，除此之外，还有许多这样的例子。

相较于其他由传统设定或规则主导的集聚地，黑山学院代表的——用文森特·卡兹的话来说——是"氧气、开放的氛围以及智慧"。[1] 黑山学院是来自欧洲的流亡者约瑟夫和安妮·亚伯斯的重要贡献之一。对比的概念已经很鲜明了：流亡中的亚伯斯夫妇在美国的轻松氛围下建立起的非正式的学院，与管理更为严格的德式包豪斯学院十分不同；同样，在近距离的接触下，性格的冲突碰撞，以及由此带来的紧张氛围、人员的离开或替补也是如此。对于黑山学院来说，个性颇有影响力的亚伯斯夫妇一直是不可或缺的。

黑山学院的历史开始于 20 世纪 30 年代早期。当时，约翰·安德鲁·赖斯、西奥多·德赖尔、弗雷德里克·乔治和拉夫·劳恩斯伯里因为拒绝签署一份效忠宣誓，被佛罗里达州的罗林斯学院解雇。黑山学院以约翰·杜威的原则为基础，致力于各种跨学科教育，其初衷是取缔学校的管理层，这样教师将根据学生的反馈使学校得以运转。这和普通学院机构运作或者学习的方式，形成

左页：黑山学院学习楼
（建于 1940 年）的远景

了鲜明的对比。

这些都会被记录下来，类似的会议也会经常召开——这种在平和的氛围中做决策的精神，听起来像贵格集会。黑山学院不像其他强调体育运动的学府，而是侧重于让学生在课堂之外忙于农耕、畜牧以及对地方的修缮工作。（顺便一提：正如瓦尔特·格罗皮乌斯所指出的，在包豪斯学院成立之初，没有女性学习建筑，因此在黑山学院，一开始女性学员也很少。）

赖斯最初是黑山学院的管理者，他在《基要主义与高等教育》（*Fundamentalism and the Higher Learning*，1937年5月）一书中写到，这样的地方必须要依靠团队思考、合作智慧和"团体影响"而存在。对于所有成员、教师、学生和来访者而言，"整个社群都会成为他的老师"。[2] 赖斯坚信，对每个学生来说，处理现实材料的方式以及学生自己，远比事实本身更为重要；约翰·凯奇在《沉默：讲座和写作》（*Silence: Lectures and Writings*，1961）一书中，精准地将这种实验性的方法定义为"一种无法预测结果的行动"。[3] 偶然性的概念也包括实验多年以来的变化本质，这和机缘巧合还有运气都有关系。

亚伯斯夫妇

在赖斯匆匆离开之后，约瑟夫和安妮·亚伯斯这对杰出的夫妇在1933年11月30日感恩节那一天来到了黑山学院。他们的到来对学院以及学院教学、学习和生活的实验性本质都至关重要。据亚伯斯所称："刚开始，实验比创造更为宝贵，最初的自由玩耍能够创造勇气……因此，我们不从理论介绍开始，而是直接从材料本身开始。"举例来说，亚伯斯会拿一张纸，然后让这张纸立起来。"经过复杂的折叠加强这张纸的结构；纸的两面都要使用；强调纸的边缘。通常纸张是用来粘贴的，但我们不用粘贴，而是将纸张捆绑、钉穿、缝合、铆接……"[4] 这样做的目的在于永远以不同寻常的方式运用材料，并从实验中学习。（安托南·阿尔托关于缝合、饰边和编纂曾有过极端的书写，遗憾的是他无法看到自己的写作与黑山学院的实验结合起来，尤其是他的"残酷戏剧"，将对黑山学院的戏剧表演起到关键的作用[5]。）

墨西哥的一切，尤其是阿兹特克和玛雅神话传说中的丰富图案，深深吸引着安妮和约瑟夫（他们家族的"雅痞士"）。两个人曾多次前往。[6]墨西哥、玛雅的冒险旅程对罗伯特·克里利和查尔斯·奥尔森的工作十分重要，他们两人都在黑山学院授课。比如，你可以参见奥尔森寄给罗伯特的《玛雅信件》（Mayan Letters），其与玛雅文明的交错联系可见一斑。我们还可以想想安妮·亚伯斯独创的织物，或在"第二高峰"期间——正如艺评家克里斯托弗·班菲在《红砖，黑山，白土》一书中给出的贴切称呼，这一高峰是"黑山上的显灵"，陶艺家凯伦·卡恩斯对陶土精致复杂的拉伸扭转。[7]（班菲说，亚伯斯是块硬陶，绝不是软陶。）所有这些元素都融入了古老的回纹图案或迷宫图案，班菲的书中有太多东西都依附于这一传奇的形式，现在我的书也是。

亚伯斯夫妇、凯奇和默斯·坎宁安所采取的中立客观或隐去自我的创作方式，以及奥尔森和其他诗人极为个人化、情绪化的创作方式之间的冲突，为整个黑山学院的实验性事业贡献了巨大的能量。

学院机构的运作方式是全新的：教员没有薪水，只提供食宿。一些人在冬天授课，而更多人是在夏天，山景和湖景格外美丽的时候。1945 年，茉莉亚·费宁格受邀来到黑山学院，同行的还有她的丈夫利奥尼·费宁格——他于 1871 年出生在纽约的圣马可坊，刚开始是一位作曲家，后来成为表现主义艺术家，受弗兰茨·马尔克邀请，他的画作曾和康定斯基、克利以及青骑士团体一同在德国展出，也和马斯登·哈特利一同在纽约现代艺术博物馆展出。以下是茉莉亚·费宁格的一段描述：

在一片开阔山谷，一小块湖泊的湖岸被更高的山脉环绕，树木繁密……早晨尤其像被施了魔法。水汽从湖泊上蒸腾而起，雾把周围的世界都包围了，雾升起的时候，慢慢露出了树和山的轮廓。光的元素出现了，像是某种神秘崭新的东西，让人想起中国的水墨风景画。晚些时候，色彩变得浓郁起来，远处的山脊有时候会呈现一种蓝色，这种独特的蓝赢得了它自己的名字，和这一地区息息相关：阿什维尔蓝。美妙而寂静的夜晚，头顶星星闪烁，似乎比其他地方的都要更大。[8]

在黑山学院的时候，费宁格背弃了他之前的直线工作方式，转而采取一种更为轻快的风格，他画中的建筑开始变得摇摆不定。他是我母亲最喜爱的艺术家，也许正是作品中这种不确定性吸引了她——因为她父母的工作关系，她小时候有十年是在不来梅港市长大的，远离她在北卡罗来纳州的家。费宁格在学院的经历帮他重新适应了美国的环境（他来自德国），也帮他赢得了美国实验艺术家的地位。正如他所说："我离开时是位音乐家，回来时是位画家。"[9]

学院发生的一些改变是在环境层面。1941 年，黑山学院从它

黑山学院蓝岭校区的教师（从左至右）：罗伯特·乌施、约瑟夫·亚伯斯、亨利奇·杰洛维茨、西奥多·德赖尔、阿尔文·斯特劳斯、未知、劳伦斯·科舍尔

在蓝岭租来的区域搬到了伊甸湖一处买来的房产，但这处房产没有御寒设备……马塞尔·布劳耶和瓦尔特·格罗皮乌斯设计了新校园，但只有一小部分计划被付诸实施（布劳耶是学院最早一批毕业生的考官，他设定了这里的学科，也负责评估学生对艺术史的熟悉程度以及他们的论文质量，从这一点可以看出他一直以来对学院的参与程度）。

夏天与冬天

事实上，黑山学院相当于多年前包豪斯在其各种转变中所代表的东西。包豪斯学院曾几经变迁，1919 年至 1925 年在魏玛，1925 年至 1932 年在德绍，1932 年至 1933 年在柏林时被纳粹官方关闭。1933 年 12 月，北卡罗来纳州的一份阿什维尔报纸刊印过一条不怎么友好的标题：《德国人在学院授课……》

单单是阅读那份印着教员、学生、访客和表演者的名单，往昔的记忆就会浮现在眼前，让人不胜唏嘘。与其他艺术聚集地一样，这里冬天和夏天的人员组成也不同。比如，在冬天的黑山学院，汉斯·霍夫曼的学院生气蓬勃，正如他夏天在普罗温斯敦的

黑山学院暑期艺术学院教员（从左至右）：约瑟夫·亚伯斯和安妮·阿尔伯斯、J. B. 纽曼和一位身份不明的女士（艾尔莎·施密德？），1944 年

学校一样。无论在哪里，他都轻松自在地强调着其著名的"推拉"理论以及能量驱动理论，也强调隐喻和意义。的确，夏日的集聚因为闪闪发光的在场人物而充满奇幻色彩。在不同时间到过黑山的人有：美国诗人查尔斯·奥尔森、保罗·布拉克本、罗伯特·克里利、罗伯特·邓肯、丹妮斯·莱维托芙、乔纳森·威廉姆斯和路易斯·朱科夫斯基；画家约瑟夫·亚伯斯、詹姆斯·毕晓普、罗伯特·德尼罗、利奥尼·费宁格、海伦·弗兰肯瑟勒、雷·约翰逊、威廉·德库宁和伊莱恩·德库宁、罗伯特·马瑟韦尔、肯尼斯·诺兰、阿梅德·奥占芳、罗伯特·劳森伯格、多萝西娅·洛克伯尼、本·沙恩、西奥多洛斯·斯塔莫斯、赛·托姆布雷、杰克·特沃科夫和埃斯特伯·文森特；雕塑家奥西普·扎德金、理查德·利波尔德、约翰·张伯伦；织物设计师安妮·亚伯斯；编舞家保罗·泰勒和默斯·坎宁安、建筑师和发明家巴克敏斯特·富勒；作曲家约翰·凯奇、罗杰·塞欣斯和大卫·都铎；作家阿娜伊丝·宁；艺评家克莱门特·格林伯格；还有摄影师鲁迪·柏克哈特、哈里·卡拉汉和阿伦·西斯金德。

黑山学院的纽约艺术家常常会在佩吉·古根海姆美术馆、查尔斯·伊根美术馆、塞缪尔·库兹美术馆和贝蒂·帕森斯美术馆展出作品，这些美术馆都在纽约。暑期班不仅增加了合作的强度，而且由于明星艺术家之间的摩擦，也滋生了忌妒心理。关于黑山学院，很重要的一方面是，冬季课程的学生和教师往往都是同一类型，而暑期则挤满了受邀前来的明星人物，他们并不关心如何在学院社群与外界社群之间寻找一种合适的生活方式。事实上，由于暑期班的明星太多，以及一些人的恶名和日常生活带来的混乱，许多人产生了负面情绪。这些名人并不打算在黑山学院求职，事实上，短期时间上的付出恐怕也限制了情感上的付出。暑期的职员常常为这段时间有限的乌托邦而变得狂喜，似乎全然没意识到冬天生活的困难。一些暑期班像传说一样——音乐和编舞学校请来了约翰·凯奇和默斯·坎宁安，艺术学校的人物包括摄影家约瑟夫·布赖滕巴赫和芭芭拉·摩根，还有画家让·夏洛，建筑师约瑟夫·路易·塞特、格罗皮乌斯和奥占芳。

克莱门特·格林伯格十分反对几何概念，即便在艺术中也不例外，他认为德库宁和马瑟韦尔太过依赖图形和背景的认知原则[1]。他声称现代主义要求艺术的表面是粗糙的（第八章对圣艾夫斯的讲述中引用过大卫·西尔维斯特的评论），而相比之下，克里福特·斯蒂尔的方向是正确的。

当然，在所有艺术聚集区和机构，总而言之在任何地方，并不总是存在友谊：在黑山学院，埃斯特伯·文森特和约瑟夫·亚伯斯明显合不来，以至于除非亚伯斯离开，否则文森特是不会来学院的。本·沙恩和罗伯特·马瑟韦尔也是死对头，沙恩更倾向于象征主义和人性，而马瑟韦尔则侧重抽象，或者说现实主义。有一次，在黑山学院创始人之一——西奥多·德赖尔缺席的时候，亚伯斯夫妇把他们的半个房子收拾得井然有序。他们和房子中其他教员的闲散形成了鲜明的对比，让人想起米罗和马松在布洛美街的公寓：一个整洁，一个混乱，而混乱无序反而更加欢迎创意人士。这份名单还可以列得更长，但总而言之，敌对的关系和紧张的氛围，给了各个地方的团体以生命和力量。

晚上这里有各种表演：音乐、舞蹈、戏剧。其中最重要也是最华丽的，要数 1948 年萨蒂的剧目《美杜莎的诡计》（*Le Piège de Meduse*，1913）。凯奇把整个暑期的课程都献给了萨蒂——他的偶像。这让音乐学者埃尔温·伯德基十分恼火，他当时在教授贝多芬的奏鸣曲。惊奇的是，他们竟然说服了高大而害羞的巴克敏斯特·富勒在剧中担任主要角色，而富勒似乎很享受这部剧（从照片里他灿烂的笑容判断），当然观众也是如此。如此多的演出和课程交织在一起：包豪斯艺术家桑迪·沙文斯基的多媒体课程"舞台研究"，预示着十五年后凯奇的《剧场作品 No. 1》（*Theatre Piece*

[1] 指格式塔（Gestalt）理论中的"图形与背景"（Figured-Ground）关系原则，即视觉的认知总是倾向于对图形和它的背景进行分辨。

巴克敏斯特·富勒在黑
山学院的曲面几何穹顶
下，1949 年

no. 1，1952）——这部同样出现在黑山学院，通常被当作第一部
偶发而成、未经排演的作品。英国的一本设计杂志《形式》(*Form*)
在对黑山学院的专题报道中称，"（黑山学院）通过教育，有序而
全面地在学生身上撬开缝隙"，[10] 这说得没错。在这里，在北卡罗
来纳州的西南部，的确是这样。

重要性

对一些艺术家来说，黑山学院给他们带来了巨大的影响和改
变。当然，对任何艺术聚集区和学校来说，实用性都体现在个体

雷·约翰逊,《无题（黑
山学院）》［Untitled (Black
Mountain College)］,
1953—1959 年

从业者在不同艺术运动和影响派别中周旋的能力。举两个例子，罗伯特·德尼罗于 1939 年在普罗温斯敦跟着汉斯·霍夫曼工作，接着在 1940 年去了黑山学院，跟约瑟夫·亚伯斯一起工作。20世纪 50 年代，德尼罗作为动态态势画家回到学院，从依赖画架和画框转移到创作大尺寸的画作。一个更近些的例子是肯尼斯·诺兰，他在 1946 年至 1948 年曾跟随抽象画家伊利亚·波洛托夫斯基以及亚伯斯夫妇、格林伯格、德库宁和富勒学习，接着在巴黎跟随扎德金，又在 1950 年夏天回来跟格林伯格以及弗兰肯瑟勒一起学习。富勒也激发了凯奇开始写《日记：如何让世界变得更好（你只会让事情变得更糟）》[*Diary: How to Improve the World (You Will Only Make Matters Worse)*]：

> 1965 年，我开始了这本日记。我带着积极乐观的心态，想致敬 R. 巴克敏斯特·富勒，他不仅对人类需求和世界资源有着真切的关怀，而且为了使地球上的所有生命实现绝对共赢，进行了全面的科学设计，并坚持所有问题的解决方法必须持续改善、更新。[11]

各式各样的人物

黑山学院训练的方方面面错综复杂地交织在一起，正如马丁·杜伯曼在《黑山学院：一次社群的探索》（*Black Mountain: An Exploration in Community* ）中所写，其中不乏"间隙与分裂""后续与延续"，以及"对社群的重新定义"，当然还有那些"进入与退出"，那些过渡时期先是引领了"新黑山学院"的形成，后又演变成了奥尔森口中这一社群"排斥并破除"的因素，而这一社群影响力的种子的确传播得很深远。[12]

奥尔森是那种会强行向他人施加自己的想法、性格，还有教学方法的人物，正如作家埃里克·本特利离开前一样——他也有着绝不妥协的性格。[13]奥尔森对这里的工作计划嗤之以鼻，他还发现这里的学生不如他所期望的那样对创新持开放的态度。有趣的是，本特利从不认为贵格式的集会精神能够被成功地运用于黑山学院的实验，因为这里的人物个性如此多样。事实证明本特利是对的。

至于争议和混乱持续发酵，偶尔会扰乱群体里多样的人物构成，这在任何社群里都会出现。如果人们看得足够仔细，这些细节自然会暴露出来，而一些细节也会召唤特定的阐述。黑山学院关于种族融合和性取向方面的立场，在文森特·卡兹、玛丽·艾玛·哈里斯和克里斯托弗·班菲的主要著作中有着详尽的探讨，包括教区神父罗伯特·乌施因同性取向遭遇的困难——他因"犯下违反自然的罪名"遭到逮捕，最终声名扫地，离开了小镇。

作为一个客观的历史学家，杜伯曼承认，他也许在描述社群对此的反应时有些夸张，把社群反应当作了"我自己——作为一名同性取向的潜在受害者——愤怒的延伸，也许，社群和个体一样，同样有权因一时糊涂而犯错"。当然也许确实是这样，但拥有杜伯曼这样能如此坦率做出声明的人，我们是幸运的。[14]

一些书中探讨的与所有社群相关的问题，比如个体创造力和社群的关系，也体现在许多个性极为鲜明的教师之间发生的冲突中，比如剧作家约翰·沃伦与约瑟夫·亚伯斯的矛盾。亚伯斯的导向更加面向公众，他关心的是"多数"，而非少数富有想象力的人。正如罗伯特·克里利描述的那样，把这些极具口才和创新力的人放在一个封闭的环境中，注定会产生巨大的冲突。再如，内部社群与外部联络的重要问题，还有"团队过程"的问题：在沃伦的指挥下，所有人都在一起工作、游戏、表演。在沃伦的戏剧课上，也会用角色扮演的方式解决各种各样的问题。马丁·杜伯曼无比坦诚地说："（我）无法进入这些充斥着兴奋和失望的混沌——我是说进入，而不是在边缘观望。"[15] 作为一个故事讲述者，我讲述的只是关于这些社群的某些版本的故事，我完全承认这些故事也处于边缘，但我很乐意讲述它们。

再讲一个故事：1965 年夏天，罗伯特·劳森伯格回到黑山，跟随马瑟韦尔学习，劳森伯格的新朋友赛·托姆布雷也是如此。作家菲尔丁·道森这样讲述道：

　　劳森伯格和托姆布雷站在学习楼下面的沙砾露台上向下看，下面是一张几乎涂满了焦油的巨型帆布。他们抓了满手的石子扔向帆布。马瑟韦尔站在他们中间，做了个手势，让他们多扔点，于是他们照做了。[16]

罗伯特·马瑟韦尔在黑山学院教书，1945 年夏天

这是随意又伟岸的手势。鉴于学院建立的体制，一切事都要依靠个体，正如马瑟韦尔和费宁格。因此，除去亚伯斯夫妇的教学，黑山学院并不存在大体的导向，直到1951年"大人物"查尔斯·奥尔森到来。这样看来，在黑山学院的最后几年，诗歌不仅吞并了一切，而且引领了一切。

相关元素

现在，当人们感觉诗歌出现了确切的变动时，重要的是考察细节，以及看一件作品的整体效果是如何由细节决定的。例如，罗伯特·马瑟韦尔始终坚持色彩的现象和物质构成，他声称："没有'纯粹的红色'……它是不存在的……任何红色都植根于血液、玻璃、葡萄酒、猎人的帽子，以及成千上万种具体的现象。"[17] 但至于马瑟韦尔作品中的细节，在1950年之后就再也没有人像，而只有竖向的图形，以及其他附着在竖向图形上的不规则图形。而且他忠心于油画，拒绝任何形式的背景，这让他的作品看起来像是切断了跟外界的联系。1948年秋天，马瑟韦尔参与了位于纽约市东80街35号的"艺术家学院项目"——在场的还有巴尼特·纽曼、威廉·巴齐奥蒂、大卫·黑尔和马克·罗斯科——一个季度之后，这里成了"俱乐部"，即抽象表现主义和他们的后继者在20世纪五六十年代著名的聚会地点的前身。

后来证明，诗歌是十分重要的。在西班牙的马略卡岛，诗歌杂志《黑山评论》（*Black Mountain Review*）刊印，因为当时罗伯特·克里利就住在那里。但事实上，一共有两本彼此完全不相关的《黑山评论》。1951年6月，学院用该名字出版了一本印有学生和教师作品的杂志，但因资金缺乏，只发行了一期。接着奥尔森和克里利在不知情的情况下，用同样的名字出版了一份新的刊物，只有乔尔·奥本海默和菲尔丁·道森是被重复刊印的作家。在1954年至1957年出版的《评论》杂志里，只有一小部分供稿人是和学院直接相关的。

但在 1960 年唐纳德·艾伦主编的诗歌选集《美国新诗：1945—1960》（*The New American Poetry,1945—1960*）里，有十位诗人被归为"黑山派"。选集指出了他们和罗伯特·克里利在法国和马略卡主编的杂志《源头》（*Origin*），还有（第二本）《黑山评论》的关联，同时仔细地把他们和实际的黑山学院进行了区别。第二本《评论》杂志的四位供稿编辑包括保罗·布拉克本、欧文·莱顿、查尔斯·奥尔森和肯尼斯·雷克思罗斯（然而他在第一期之后就退出了）。克里利在给杜伯曼的一盘磁带里，指出"我们无疑是把奥尔森当作中心的"。[18] 当然，明显的区别还是有很多，但"黑山评论"的名称被保留了下来。

　　一些偶然的联系生发了巧妙的结果。1952 年，一个为期 10 天的陶瓷学院诞生了，即便是计划好的，也不可能比当时的情况进展得更顺利了。当时，一些陶艺家聚集在英格兰德文郡的达廷顿厅，并打算到美国再聚一次。在长时间的通信和协商后，这一想法终于实现了：伯纳德·利奇原来也在达廷顿，后来在圣艾夫斯开办了著名的利奇陶器（他觉得北卡罗来纳州的陶土不够好）。滨田庄司最初在日本和利奇一起工作，后来从 1920 年开始在圣艾夫斯工作。加入他们的还有柳宗悦，日本民艺馆的馆长，以及"驻场陶艺家"玛格丽特·威尔登海因（原姓福里兰德），她曾在包豪斯学习，后来在加利福尼亚的池塘农场开始了她的陶艺生涯。[19] 当时，大卫·魏恩瑞和他的妻子凯伦·卡恩斯已经在那里了，他们是黑山的驻校陶艺家，在暑期课程结束后留了下来，但不是教员。这个项目获得了巨大的成功。尽管手头的材料和英格兰的并不相同，但善于变通的滨田庄司说服了所有人，使用当地的材料是可行的。于是，当地的艺术家，还有希腊美籍艺术家彼得·沃克思都加入了。

尾声

在克里斯托弗·班菲为玛丽·艾玛·哈里斯《从零开始：黑

山学院 1933—1957》(*Starting at Zero: Black Mountain College, 1933—1957*)所写的文章中，他总结说，亚伯斯是极简主义，而奥尔森是至多主义（见奥尔森的《马克西姆斯诗抄》），两个人是黑山的阿尔法和欧米伽[20]——亚伯斯精准的手势，以及他在作品上用小写的"a"所做的签名；奥尔森身高 6 英尺 7 英寸，体重 250 磅，用默斯·坎宁安的话说，他跳起舞来，像一头非常严肃的大象。

奥尔森无论做什么都十分投入——写作、吃饭，还有从晚饭后一直教课到凌晨两点。在奥尔森收到学院邀请，接替爱德华·达赫伯格之后，他在诗歌领域的主导跟他在私人领域的主导是并行的。刚开始，达赫伯格为这里的景色和学院的情形激动不已，把其比作《伊利亚特》和《创世记》中的快乐之地，但是很快，这成了他所有经历中最糟糕的一次，就连这里野蛮的植被也令他恐惧，这就像第八章提到的，蒙德里安从本·尼科尔森在伦敦的窗户看出去，被目之所及的树木恶心到了。达赫伯格是一只城市动物，他在

约瑟夫·亚伯斯在黑山学院教书，20 世纪 40 年代

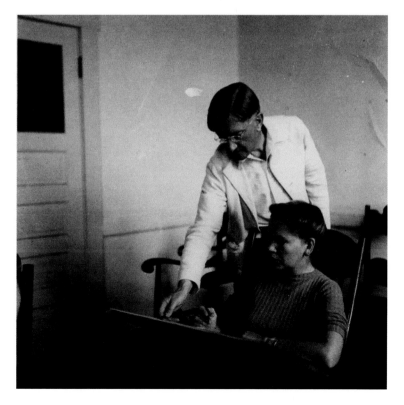

这儿只逗留了几天。达赫伯格离开之后，诗人 M. C. 理查兹马上劝说奥尔森来到学院，奥尔森也因此主导了黑山实验的最后五年。

正如许多人所评价的那样，所有这些不同凡响的人，在不可思议的孤立环境中，做了一些在其他地方无可比拟的事情。他们必须要在同一个地方，适应不同的程序和变化，钻研他们富有教义但时常兼具毁灭性的魔法。孤立的环境有时候像施咒般让事情变得更加美妙，奥尔森倾向于把事物视为一个神奇的整体。这与亚伯斯的看法完全相反，对亚伯斯来说，重要的是个人因素以及创作过程。奥尔森一直十分痴迷于埃及［想想他的诗《埃及的默斯》(*Merce of Egypt*)］、美索不达米亚和墨西哥——只要是欧洲和

纪念黑山学院的路标

欧洲文明以外的任何地方。一切都关于"当下"，他最后一门课的题目也是如此，当时他疲于教书，干脆就让学生自己读《纽约时报》和阿什维尔报纸，让他们从那儿开始发挥。

多年来，其他人也陆续离开，原因不同，结果也不同。作曲家斯蒂芬·沃尔普在 1956 年离开了，因为他不能在黑山学院教授专业人士，而他的妻子希尔达·莫尔丽——一位著名诗人，也随他一起离开了；克里利也走了，随后在 1956 年的春天，乔纳森·威廉姆斯离开了。在最后的几年间，黑山学院财政紧张，甚至在当地的 A&P 杂货店，一位好说话的女孩答应让学院免费拿走一些货物，也算是一种帮助。其他压力也很大，1954 年到 1955 年的冬天是最难熬的。奥尔森和其他几个人仍在努力，直到最后在财政方面无能为力，当时的学生太少了：最后一年只有六个学生，学院难以为继。

奥尔森一直和他的新婚妻子贝蒂·凯瑟以及他们刚出生的小儿子查尔斯·皮特住在一起。他卖掉了黑山的房产，处理了约翰·安德鲁·赖斯的私人图书馆（图书馆此前一直属于学院），然后回到了他位于马萨诸塞州格洛斯特的家。走之前，他给备受爱戴的 M. C. 理查兹留了一条信息，这条充满活力的指令在今天读来，同样适用于我们各不相同的事业和我们热爱的事物："振奋！"

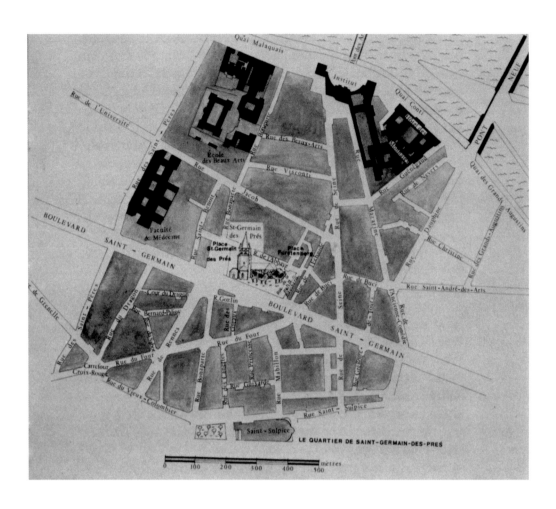

LE QUARTIER DE SAINT-GERMAIN-DES-PRÉS

19

塞纳河左岸的传奇咖啡馆—蒙帕纳斯

他把咖啡

放入杯子

他把牛奶

放入咖啡杯

他把糖

放入牛奶咖啡

然后他放下杯子

却不跟我说话……

——雅克·普雷维尔《早餐》(*Morning Breakfast*),

出自《话语集》(*Paroles*,1945)

奇闻逸事比比皆是,正如蒙帕纳斯的过去和现在都不乏提着大包小包或富有创意的顾客一样。怎么没有呢?1921年在圆亭咖啡馆,日本画家藤田嗣治遇到了露西·巴杜尔,他管她叫Youki(粉雪),然后他们住到了一起,接着,一天晚上,藤田嗣治出门"买雪茄",之后就再也没有回到她身边。重要的是,后来Youki和超现实主义诗人罗伯特·德斯诺斯成了当时最著名的一对情侣,她给他带来无数灵感,正如过去歌手伊冯娜·乔治斯所做的那样。从这次邂逅和持久的爱情中,生发出了最伟大的超现实主义诗歌。

在圆亭咖啡馆,一切似乎都在发生:想象一下,1916年8月,马克斯·雅各布、巴勃罗·毕加索和玛丽·瓦西利夫就在这里。无意看到那一时期的照片,我们也会想象,那年在以乔治·布拉克之名举办的宴会上,瓦西利夫手里拿着一把刀、一个盆,马蒂斯正准备把火鸡放进去;桌子旁边围坐着布莱斯·森德拉尔、巴

勃罗·毕加索、费尔南德·莱热、马克斯·雅各布、比阿特丽斯·黑斯廷斯和胡安·格里斯，还有头戴花环的乔治·布拉克。阿梅代奥·莫迪利亚尼站在入口处，高兴地举起双臂，或者耸耸肩。瓦西利夫每年都会在咖啡馆举办派对，纪尧姆·阿波利奈尔和其他人总是会出席。

　　2015 年 11 月，恐怖分子袭击了巴塔克兰剧院、几家咖啡馆及餐厅。之后在 2016 年，《费加罗报》（Le Figaro）指出，蒙帕纳斯的圆亭咖啡馆、穹顶咖啡馆和精英咖啡馆——最后一家价格要便宜一些——因失去了大量国外客源，面临着倒闭的危险。劳伦·埃尔金最近出版的一本极其引人入胜的书《漫游女子》（Flâneuse: Women Walk the City，2016）或许会吸引一些人回到咖啡馆，她在书中讲述了自己在巴黎漫步的经历：我们步行前往咖啡馆也是在向她致敬。[1]

　　圆亭咖啡馆位于瓦文路口，天气好的时候总是洒满阳光。这里曾是一家小鞋店，后来改成了咖啡馆，布莱斯·森德拉尔喜欢在

（从左至右）莫伊斯·奇斯林、巴克海特和巴勃罗·毕加索在圆亭咖啡馆，1916 年

圣日耳曼，圆亭咖啡馆

1911 年的和平咖啡馆

这里玩吃角子老虎机，艺术家们在这里可以用画作付账。店主维克多·利比庸从不允许服务员询问客人是否需要续饮，这样客人就可以不受打扰地在这里待上好几个小时。唯一的问题是女性在主厅必须戴帽子，因此著名的不戴帽子的蒙帕纳斯的吉吉无法进入。

能想到的人都聚在这里，熙熙攘攘：模特和资产阶级人士聚在这里看热闹，政界和其他各行各业的人来来往往。这里曾充满色彩，也总飘着音乐，波兰人、俄国人、意大利人和西班牙人蜂拥而至。你可以在这里找到莱昂-保尔·法尔格，还有莫迪利亚尼和柴姆·苏丁。这里挤满了优雅人士，正因如此，海明威更喜欢坐在街对面，由恩斯特·弗罗和勒内·拉封于 1927 年开设的穹顶咖啡馆（也叫"美国酒吧"）。

穹顶咖啡馆意味着一切：它是公共广场、是论坛，也是廉价

（从左至右）阿梅代奥·莫迪利亚尼、巴勃罗·毕加索和安德烈·萨尔蒙，在圆亭咖啡馆前，让·科克托摄，1916 年

罗伯特·德斯诺斯在蒙帕纳斯圆顶咖啡馆的露台上，约 1900 年，中间是保加利亚画家朱尔斯·帕辛

住所。正如作家安德烈·华诺（1885—1960）所描述的那样，谈话声、嘈杂声、盘子和勺子发出的噪声以及玻璃杯撞击桌面的声音，赋予这里以独特的性格。"咖啡馆是避难所、是乘船的码头，也是铁路的候车站，而你等待的那辆列车永远不会到来。"[2]

　　除此之外还有绿洲咖啡馆，阿根廷人聚在这里享用西班牙海鲜饭和鱿鱼，而就在对面的佩尔格拉餐厅，非裔美国人唱着灵歌，大口吃下白葡萄酒烩青口贝和意大利面。还有变色龙咖啡馆，这里后来变成了赛马师夜总会，位于蒙帕纳斯大道 146 号，常来这里的有曼·雷、特里斯唐·查拉、让·科克托、蒙帕纳斯的吉吉，还有英国现代主义者米娜·罗伊。圆顶咖啡馆由保罗·尚邦于 1927 年创立，他深受人们的喜爱，以至于他 1958 年去世时，蒙帕纳斯的所有艺术家都来送他一程。最初光顾咖啡馆的是斯堪的纳维亚人，后来是有钱的德国人，这些人离开后，咖啡馆的常客就回来了。也是在那里，安托南·阿尔托给朋友留了一张字条，说他为《新法兰西评论》（*Nouvelle Revue Française*）写完了《佩奥特之舞》（*The Peyote Dance*）。当然，每个咖啡馆都有自己的故事。

　　在蒙帕纳斯大道 171 号，历史性的丁香园咖啡馆占地广阔，周围环绕着许多丁香。这里曾是布利耶 – 丁香园之家。多亏弗朗索瓦·布利耶（大茅舍艺术学院最早的学员之一）在巴黎第五区乔治·贝尔纳诺斯路 39 号创办了布利耶舞厅。丁香园成了最著名的户外餐饮聚集地，几乎全巴黎从事创作的人都是这里的常客：夏尔·波德莱尔、保尔·魏尔伦、奥古斯特·斯特林堡、奥斯卡·王尔德、埃米尔·左拉、保罗·塞尚、阿尔弗雷德·雅里、阿波利奈尔、安德烈·纪德、斯图尔特·梅里尔、马克斯·雅各布、海明威、F. 斯科特·菲兹杰拉德、塞缪尔·贝克特、亨利·米勒，还有剩下的几乎所有人。咖啡馆四周挂有许多刻有这些常客名字的定制金属牌：马克斯·雅各布、安德烈·布勒东等。

　　这里总是不乏饮酒、跳舞和大声朗诵的人。1925 年 7 月 2 日，一场以来自布列塔尼的象征主义诗人圣波尔·鲁为名举办的宴会上，发生了一起有名的争斗事件。超现实主义者为了反对诗人保尔·克洛岱尔，往每只盘子下面都塞了一张血红的纸，上面写满了攻击性的话语，他们还大喊 "Vive l'Allemagne!"（德国万岁！）和 "À bas la France!"（打倒法国！），打破了这里平日祥和的气氛。

蒙帕纳斯大道上的圆顶咖啡馆

插画描绘了圆亭咖啡馆
的热闹场景，1923 年

各种团体——不论是音乐领域还是其他艺术领域，不论是倾向视觉表达还是口头表达——都在巴黎乃至整个欧洲有聚会的地点。对很多人来说，拉威尔的"捣蛋帮"恐怕格外有趣。他们每周六会聚在成员的家中或工作室里，成员包括画家保罗·索尔德，诗人兼画家特里斯坦·克林索以及作曲家莫里斯·德拉赫。关于拉威尔的团体，让·艾什诺兹的著作《拉威尔》（*Ravel: A Novel*，2005）作为一本别出心裁的传记，能给人带来很多启发。2012 年的电影《云图》（*Cloud Atlas*），也有一部分是专门献给这位神秘的作曲家的。

吉尔斯·施莱瑟有一本书叫《圣日耳曼 – 德普雷斯》（*Saint-Germain-des-Prés*），副标题是"传奇之地：传说中的咖啡馆、酒窖、舞厅、出版社及艺术画廊"（*Les lieux de légende: cafés mythiques, caves et cabarets, maisons d'édition, galeries d'art*）。这本书插图精美，信息全面，地图准确，处处展现了丰富的内容。这本书开头便向书名中的那八个字致敬，将其比作唱响五湖四海的乐谱，仅仅是说出这几个字便能让人打个激灵。[3] 大家都在这里：让 – 保罗·萨特和鲍里斯·维昂、朱丽特·格蕾科和雷蒙德·邓肯……的确，在这里，我们能找到我们知道的所有人、所有事：从哲学到时尚，从音乐到珠宝，从歌手到价格高昂的奢侈品牌，如阿玛尼、路易威登，等等。这么小的一块地方——它的边界不过是圣伯努瓦街、雅各布街、塞纳路还有圣日耳曼大道——怎么能容纳如此多的差异？它地方很小，但包罗万象。正如该地区的一位著名步行者莱昂－保尔·法尔格所说，这里的传奇"是活生生的，在三大咖啡馆（花神咖啡馆、双叟咖啡馆和利普酒馆）中呼吸、跳动、入眠，在今天如同任何国家机构一样受人尊敬"。[4]

在施莱瑟书的封面上，一群魅力难挡的人聚集在普罗可布咖啡馆的一张桌子旁。普罗可布咖啡是巴黎最古老的咖啡馆，从1686年开业营业至今。这是第一家卖咖啡的咖啡馆（而非酒馆），当然也是"咖啡馆"（Café）一词的由来。18世纪最著名的作家都聚在这里，孔多塞侯爵、让－弗朗索瓦·德拉·哈普、狄德罗、伏尔泰（他每天要喝40杯混合巧克力的咖啡），还有本杰明·富兰克林、约翰·保罗·琼斯和托马斯·杰斐逊。当时的情景一定和封面上的那张图相差不远：萨特正在点他的烟斗，鲍里斯·维

普罗可布咖啡馆内景

罗伯特·德斯诺斯(1900—1945，左）在蒙帕纳斯圆顶咖啡馆的露台上

昂正在说话，他的妻子米歇尔也在，还有面容高贵、无比优雅的西蒙娜·德·波伏娃正在认真倾听。这张图片还有个小故事，我们都知道，维昂心脏不好，医生不让他做吹小号之类容易激动的事情，因此把这些人全部聚在一起，似乎就已经是一件英雄壮举了，他们每个人都那么不同，却都受人爱戴。维昂最终确实死于心脏衰竭，那是 1959 年，他正在马尔贝夫电影院观看由自己的作品《我唾弃你们的坟墓》（*I Will Spit on Your Grave*）改编的电影，空气中弥漫着不祥但优雅的气息。从过去到现在，花神咖啡馆和双叟咖啡馆吸引的都是作家和画家，包括阿波利奈尔、布勒东、季洛杜、德斯诺斯、毕加索、德兰、马尔罗、圣埃克絮佩里还有普雷维尔，而政客们通常都在利普酒馆。

　　战争期间，花神咖啡馆大受追捧，因为这里有加热器，作家们可以围在一起打发时间。当时，圣日耳曼 – 德普雷斯的地铁正常运行，爵士乐俱乐部拉贝尔（L'Abbaye）、伽利玛出版社（《新

法兰西评论》的大本营）就在附近；酒店宜居（朱丽特·格蕾科和安妮 – 玛丽·卡扎利斯经常光顾路易斯安那酒店；皮埃尔·普雷维尔常住蒙塔纳酒店；除此之外还有麦迪逊酒店），就餐可以选在附近的刺客餐厅和小圣贝诺餐厅，那里的桌子排成一排，就像一个社区，常客们——比如住在同一条街上的玛格丽特·杜拉斯——会把他们的餐巾摆成一个圆圈，方便再回来入座。

其他咖啡馆也有自己的常客，目前为止我最喜欢的咖啡馆是塞纳路上的调色盘咖啡馆：勒内·夏尔和加缪在这里见面，还有后来的吉姆·莫里森和保罗·奥斯特。变色龙咖啡馆最出名的是它的爵士乐，正是在这里，迈尔斯·戴维斯发现了钢琴家凯斯·杰瑞；再后来，这里变成了赛马师夜总会，因进行的毒品交易而闻名。从毕加索位于大奥古斯丁路 7 号的公寓兼阁楼工作室出来，在前奥古斯丁修道院的旧址上，莫里斯·德赛利开了一间位于 25 号的卡塔兰小餐厅，毕加索常在这里和朋友一起吃饭。出席的还有布拉塞和他的妻子吉尔贝特、保罗和努施·艾吕雅，以及多拉·玛尔（在她精神崩溃之前，毕加索邀请她的时候她会来）。巴黎解放之后，其他许多人也聚到了这里：马克斯·恩斯特和多萝西娅·坦宁、林飞龙、汉斯·贝尔默、丽兹·德哈默、保罗·瓦莱里，

左页：双叟咖啡馆

还有巴尔蒂斯、乔治·奥里克、让·科克托、亚历山大·考尔德。来的人越来越多，德赛利最终把餐厅搬到了位于 16 号的更大的场地。

　　马塞尔·塞林的剧作《中国双叟》(*Les deux Magots de la Chine*)的大获成功，也让这里出现了一家新奇的店铺"双叟"——意指两个中国雕像，后来两位酒商比乌和尼欧分别在 1884 年和 1886 年接手这家店铺，登记为 "cafetiers"，即咖啡馆老板。1891 年，格拉瑟在官方电话簿上注册了双叟咖啡馆。魏尔伦、兰波和马拉美，还有后来的龚古尔兄弟、阿尔弗雷德·雅里就是在这里喝酒、争论、打发时间的。1912 年，奥古斯塔·布莱买下了这里。20 世纪 20 年代早期，超现实主义者安德烈·布勒东和路易·阿拉贡常来这里，就坐在大门正对面，这样他们就可以随意评论新来者了。

双叟咖啡馆的雕塑

和蒙帕纳斯的圆亭咖啡馆一样，这里规定穿着得体才能进入，蒙帕纳斯的吉吉不允许进入圆亭咖啡馆的主厅，不穿外套就出现的阿拉贡也无法进入双叟咖啡馆。1927 年 11 月，双叟咖啡馆的名人，后来成为 1929 年杂志《短稻草》(*La Courte Paille*) 编辑的菲利蓬，会在晚上 6 点来这里会见文学界人士，比如安德烈·纪德、斯蒂芬·茨威格和埃德蒙·雅卢。他在出版界的同事也习惯拿着稿件到咖啡馆来找他。

之前的超现实主义者，比如罗伯特·德斯诺斯、雅克·普雷维尔、格诺、乔治·巴塔耶和米歇尔·莱里斯，在被布勒东逐出

双叟咖啡馆里的巴黎人，
1958 年

团体之后就聚在这里（布勒东盘踞在西哈诺咖啡馆），并于 1930 年出版了小册子《尸体》（Un Cadavre），将布勒东描绘成了一个警察，甚至比警察还糟。两次世界大战期间，出版商贝尔纳·格拉塞在双叟咖啡馆工作，于是所有人蜂拥而至：阿尔托、科克托、安德烈·萨尔蒙、保罗·莫朗、弗朗索瓦·莫里亚克、海明威、乔伊斯、纳博科夫等。让·季洛杜每天去外交部办公室之前，会在早上 10 点左右来这里，拿着他的奶油蛋卷和报纸，点一杯奶油咖啡。圣埃克絮佩里来的时候还带上了年轻可爱的弗朗索瓦·纪胡，当时纪胡在卢滕西亚酒店誊抄圣埃克絮佩里小说《南方邮航》（Courrier sud，1929）的不同版本。至于毕加索，他总是和他的西班牙朋友坐在正门对面的第二张桌子上，在回家之前，慢慢喝着他的矿泉水（他只喝这种饮品）。多拉·玛尔也在这里被介绍给了毕加索，引荐人也许是保罗·艾吕雅，他在玛尔还是片场摄影师的时候认识了她。

有时，龚古尔奖也是在这里决定的（现在是在安托万·威斯特曼的德鲁昂餐厅），1933 年，该奖颁给了安德烈·马尔罗的《人的境遇》（La Condition Humaine）。雷蒙·格诺凭借《麻烦事》（Le Chiendent）拿下了双叟文学奖，而后去了隔壁的花神咖啡馆举行庆祝仪式。1936 年，奥古斯塔·布莱去世，他的遗孀玛丽接替了他的工作，直到 1949 年，咖啡馆由她的女婿雷内·马蒂瓦接手（"二战"期间，德国人占领了这家咖啡馆，但德斯诺斯等好几位抵抗运动的成员仍照来不误）。双叟咖啡馆因聚集在这里的作家而闻名，比如让·热内、薇奥莱特·勒迪克和西蒙娜·德·波伏娃。

布勒东从美国回来后，每周四下午和朋友本雅明·佩雷特、马塔·埃乔伦及维克多·布罗纳在双叟咖啡馆聚会，重建分裂的超现实主义。后来萨特、罗歇·尼米埃，还有《你好，忧愁》的作者弗朗索瓦丝·萨冈也来了。

位于圣日耳曼大道 170 号的桅楼书店（La Hune）曾是引以为傲的聚会地，它恰好夹在双叟咖啡馆和花神咖啡馆之间，之前兼作艺术画廊，也是著名的"les intellos"——反对阿尔及利亚酷刑的知识分子的聚集地，由此诞生了莫里斯·纳多的《文学半月谈》（*La Quinzaine littéraire*）杂志，1958 年，该杂志把奖颁给了玛格丽特·杜拉斯的《琴声如诉》（*Moderato Cantabile*）。布勒东、马克斯·恩斯特和阿拉贡在绝交四十年后，也是在这里再次见面的。后来，桅楼书店搬到了圣日耳曼教堂对面的街角，只作为书店营业，如今被一家时装店取代。文化界的许多聚集地也就这样消失不见了。

而在圣日耳曼大道 172 号，花神咖啡馆仍在，而且气势不减。该咖啡馆建于 1880 年，名字取自花园女神的雕塑。1912 年至 1924 年，这里的店主是来自阿韦龙省的弗朗索瓦·吉塔德，花神咖啡馆立刻成为文学聚会场所。也就是说，1913 年，阿波利奈尔就是在这里，端着他最喜欢的柠檬皮贡酒，跟他的朋友一起创办了《巴黎之夜》（*Soirées de Paris*）。阿波利奈尔闻名世界的诗《米拉波桥》（*Le Pont Mirabeau*）就首次发表在这本杂志上。杂志上还发表过毕加索、"海关税员"卢梭、布莱斯·森德拉尔、马克斯·雅各布、阿尔弗雷德·雅里、乔治·德·基里科和弗朗西斯·毕卡比亚的作品。（据说创办杂志这一历史性的事件就发生在吧台和楼梯中间左边的那张小桌子上。）《米拉波桥》这首诗及该桥本身极具文学和悲剧色彩，诗人保罗·策兰从该桥上自杀，后来，罗马尼亚诗人兼理论家盖拉西姆·卢卡在留下五份字迹逐渐模糊的遗言后，也纵身跳下了米拉波桥。

阿波利奈尔住在圣日耳曼大道 202 号附近，他把菲利普·苏波介绍给了布勒东，料到他们会成为朋友，而他自己每周二晚上 5 点至 6 点，都在花神咖啡馆见朋友，脸上总是挂着笑容。苏波写道："皮埃尔·勒韦迪通常不说话，马克斯·雅各布话很多，布莱斯·森德拉尔喜欢嘲弄，劳尔·杜飞冷漠疏离。"[5] 咖啡馆曾关闭 6 个月，一支女性管弦乐队入驻了这里。重新开张之后，不同的画家和作家又聚在了这里：乔治·巴塔耶、罗伯特·德斯诺斯、

右页：在花神咖啡馆，围绕西蒙娜·德·波伏娃的茶壶的聚会。正中间的是让－保罗·萨特，他右边是小说家雅克－劳伦特·博斯特，波伏娃在他左边，她身边是萨特的秘书让·考

莱昂－保尔·法尔格、雷蒙·格诺、米歇尔·莱里斯、安德烈·德兰、奥西普·扎德金还有龚古尔兄弟。

1930 年至 1935 年，大多数时候的早上和晚上，安德烈·马尔罗会来这里喝一杯冰茴香酒；毕加索会和克里斯提安·泽沃斯、伊冯娜·泽沃斯来到这里；贾科梅蒂兄弟会跟贝尔纳·格拉塞一起来，格拉塞总是不离他的烟斗。还有十月剧团的成员，这个工人戏剧团体又称"普雷维尔帮"，名字来自雅克·普雷维尔的哥哥皮埃尔。皮埃尔会把他的朋友聚在一起，包括马赛尔·迪阿梅尔、

罗歇·布兰、西尔维娅·巴塔耶、让–路易斯·巴劳特、伊夫·阿莱格雷和一些演员。

有一件事至关重要：保罗·布巴尔作为花神咖啡馆的老板接手这个地方之后，将成为"圣日耳曼–德普雷斯的国王"，虽然这是个私底下的称号，但名副其实。他立即在花神咖啡馆里安装了一个巨大的煤炉，西蒙娜·德·波伏娃主要就是因为这一热源，才离开圆顶投奔花神的。咖啡馆一开门她就来了，好占据炉子边上最暖和的位置。1941 年，萨特从德国获释回来之后，也离开了蒙帕纳斯来到花神，那里，德国人似乎从未涉足。用他自己的话说：

> 没多久我们就搬到了那里。我们从早上九点工作到中午，然后出去吃午饭，两点回来，和朋友聊天到四点。之后一直工作到八点……也许这听起来很奇怪，但我们在花神宾至如归。[6]

布巴尔当然对萨特和波伏娃很不满，他们两人各点一杯饮料，然后一连几个小时都"在纸上划拉"。[7]但更糟糕的是歌手马塞尔·穆卢吉，因为他从不付钱买饮料，因此很自然地，他怕极了布巴尔。当他凭小说《恩里科》（Enrico）获得七星诗社的巨额奖金时，布巴尔叫道："你给我那么多钱，我就给你写写我母亲是怎么发了疯！"[8]

这里最具个性的人物之一是长期服务生帕斯卡尔，另一位常客阿尔贝·加缪将他称为"笛卡尔"！1930 年至 1970 年，帕斯卡尔一直在这里，见证了一切，从战争期间平和的写作时期［萨特在写《自由之路》（Les Chemins de la liberté），波伏娃在写《人都是要死的》（Tous les hommes sont mortels），为了写这两本书，他们搬到了楼上的公寓］，到巴黎解放后的转变，彼时，萨特和波伏娃为逃离人群去了不远处的皇家酒吧，而取代他们的是鲍里斯·维昂、朱丽特·格雷科等人，后来是电影人和共产主义者，其中包括玛格丽特·杜拉斯、克洛德·罗阿和罗歇·瓦扬。

萨特离开酒店，搬去和他母亲住在波拿巴路 42 号的四层楼上。透过窗户，他能看到圣日耳曼 – 德普雷斯的教堂和双叟咖啡馆，他也曾站在那里欢迎《摩登时代》（*Les Temps Modernes*）杂志的成员：波伏娃、莱里斯、莫里斯·梅洛 – 庞蒂、阿尔贝·奥利耶还有让·波朗。在 1962 年 1 月遭到秘密军事组织 OAS 攻击后，萨特搬到了拉斯帕伊大道 222 号。但无论他们在哪里和同伴相聚，存在主义哲学没变，成员也没变。

许多艺术家成群结队地来到花神咖啡馆，服务生总是把其他客人从常客的桌子旁赶走。入口对面的第一张桌子是留给亨利·菲利巴希和乔治·杜哈曼的；左边隐藏在收银台和楼梯之间的桌子是萨特的；收银台旁边如果有空位，是留给"河狸"波伏娃的；不过，雅克·普雷维尔坐在哪里都无所谓。这里灯光昏暗，但就像家一样，你可以在安静的氛围中写作，没有人会打扰这些作家。

有些人会去二楼聊天或写作。允许我附带说一句，也就是在那里，我接受了保莱·泰韦宁的采访，她是疯狂的天才作家安托南·阿尔托的编辑，总是对那些像我一样写阿尔托的人感到不安：她的声音因这一切的情绪而略微颤抖，我也一样。这也是花神咖啡馆给人的感觉：严肃的工作。并不是说这里不能干别的事，但如果你想独自或换个同伴找点乐子，你自然会移步去双叟咖啡馆。

据《法兰西晚报》（*France-Soir*）1949 年 7 月 2 日刊称，花神成了世界上最著名的咖啡馆，以至于在伊夫·阿莱格雷的电影《梦之盒》（*La Boîte aux rêves*）中得以再现，布巴尔在其中饰演自己。而在让·科克托的电影《奥菲斯》（*Orphée*）中，所有演员都是花神的常客。"圣日耳曼 – 德普雷斯的国王"在 1983 年卖掉了他的咖啡馆，客人也发生了变化，就如同周围的世界一样。桅楼书店消失了，花神咖啡馆和双叟咖啡馆虽然有所改变但仍然存在。这对于那些热爱聚会的人来说非常很重要。

　　花神咖啡馆最有趣的虚构报道之一来自格雷厄姆·罗布的《巴黎人：巴黎的冒险史》（*Parisians: An Adventure History of Paris*，2010）。他创造了一个电影场景，虽然是想象出来的，但也十分贴切，里面的人物一眼就能辨认：音乐家迈尔斯·戴维斯（广受法国人民喜爱）、歌手朱丽特·格蕾科（完美展现了存在主义的瞬间）、还有让－保罗·萨特和西蒙娜·德·波伏娃，这些人确实都常来花神。电影场景设置在花神咖啡馆，对话不断，服务员大声点餐，托盘在手中转来转去，人流匆匆而过：

　　　　萨特：……因为你的音乐里有一种政治的回响……

　　　　戴维斯：我只是个吹号子的，兄弟。我吹号子，声音一出来，猫就很喜欢……或者不喜欢；反正对我来说都一样……

波伏娃和萨特在巴黎的一家咖啡馆，1970 年

政治是我想回避的东西。

萨特：在我看来，这也是一种政治行为。

戴维斯（向萨特靠过去）：音乐而已，兄弟。

萨特：是的，爵士乐，是一种自由的表达。

……

萨特：我说"玻璃杯"，玻璃杯和原来一模一样，什么都没发生，也许会有颤动，但不明显。就好像玻璃杯根本不在乎一样。

戴维斯：嘿！这是存在主义，是吧？

萨特：不……如果你相信记者的话，格蕾科才是存在主义。

……

纪尧姆·阿波利奈尔纪念雕塑，1959 年，圣日耳曼

波伏娃：但你知道关于作者的责任，萨特是什么时候说的吗？他当时受邀去联合国教科文组织开会。他喝得酩酊大醉，第二天早上却要发言，他一句话都没写。

戴维斯指着萨特：老师没做家庭作业！

波伏娃：对。加缪也醉得厉害，他说"你得自己干，不要指望我了"，萨特说，"我倒希望我可以，不用指望我自己"。[9]

对话中的机智、人物的个性、争论以及滑稽的模仿，我们一眼就能认出。这样的场景就发生在 1941 年的咖啡馆，话题严肃，但总像跳华尔兹一样快乐地进行。在圣日耳曼的这一区域，这点并没有完全改变。

帕蒂·史密斯在 2017 年出版的新书《奉献》(*Devotion*)中，描述了自己刚到巴黎的情形：当时酒店房间还没准备好，于是她去花神咖啡馆享用了法棍和咖啡。她走到圣日耳曼教堂和旁边的小广场，凝视着入口处标有"献给纪尧姆·阿波利奈尔，诗人中的王子"的雕像。所有人都能看到这句献词，也想知道阿波利奈尔怎么长了这样一张脸……

现在，洛朗·普拉什广场上的这尊雕塑其实是多拉·玛尔的头像。毕加索出于迷信不愿使用阿波利奈尔的头像，因为他害怕想到死亡或提及死亡，不愿意用祭奠的方式使用他挚爱的阿波利奈尔的头像。他原本还画了《阿波利奈尔纪念碑》的草图，但最终没有使用，而是用了他（彼时仍在世的）情妇的石膏头像，并在 1941 年将其做成了青铜雕像——事实上，这是她的第二件头像雕塑，因为第一件塑像从铸造厂拿出来后，他连续几天都在上面小便，马约尔也是这样给他花园里的雕塑"浇水"的，好让雕塑形成铜锈。

波利多的墙上菜单

很明显，这一次这招不奏效了。布拉塞找出了第二个没有被尿的脑袋作为塑像。1959 年，他当着阿波利奈尔夫人和诗人的一些朋友——包括安德烈·萨尔蒙和让·科克托的面，进行了一场严肃的雕塑奠基仪式。据说，毕加索跟布拉塞说过，选择玛尔的头像是一场"意外"。[10] 真迷人啊，要知道连性别都换了。

但是，令事情更为复杂的是，1999 年 3 月 30 日或 31 日，多拉·玛尔的头像被偷了。三年后，头像在布列塔尼的路边被找到，2002 年又重新放回了洛朗·普拉什的小广场。这就是这件雕塑的

圣日耳曼波利多餐厅

故事。[11]

　　帕蒂·史密斯描述说，她第二天早上回到花神咖啡馆，看到煎蛋完美地放在火腿上面，开心不已："鸡蛋是正圆形的，放在一片正圆形的火腿上面。我为这个盘子上展现出的天才赞叹不已。"[12]显而易见，花神咖啡馆正是天才聚集的地方。

注释

前言：一条聚集的线索

1 关于阿尔伯斯的引言，见克里斯托弗·班菲的《红砖，黑山，白土：对艺术、家庭和生存的思考》（Christopher Benfey, *Red Brick, Black Mountain, White Clay: Reflections on Art, Family, and Survival*; New York），p.144。伊瑟·查德威克（Esther Chadwick）用这句话作为安妮·阿尔伯斯所有作品的源头，她创造了"语言之线，编织之技法，哲学之基础，预言家之政治……编织是一切关系的演练"。[《在泰特现代美术馆》（Esther Chadwick, "At Tate Modern", *London Review of Books*，2018 年 12 月 6 日刊，p.40）]。

2 罗宾·米德顿等《艺术家及作家聚居地：创意工作者的隐居、静修与栖息之地》（Robyn Middleton et al. *Artists and Writers Colonies: Retreats, Residencies, and Respites for the Creative Mind*, Portland, OR, 2000）。

3 马丁·杜伯曼《黑山学院：一次社群的探索》（Martin Duberman, *Black Mountain: An Exploration in Community*, New York, 1972），p.13。亦见《红砖，黑山，白土》，上文引用过，十分感人。

4 斯坦因 1939 年的信，引自吉哈德·波纳《美国人在巴黎》（Gerard Bonal, *Des Américaines à Paris*, Paris, 2017），p.337。

5 在标准收藏 DVD 版《泯灭天使》（*The Exterminating Angel*, 1966）中，布努埃尔

的儿子讲述了这一场景。

6　引自塞巴斯蒂安·史密《对抗的艺术：
四段友谊、背叛与现代艺术的突破》
（Sebastian Smee, *The Art of Rivalry: Four
Friendships, Betrayals, and Breakthroughs in
Modern Art*, New York, 2016），p.130。

7　塞巴斯蒂安·史密《对抗的艺术》，
p.132。

8　若利斯–卡尔·于斯曼《咖啡馆常客》
（Joris–Karl Huysmans, *Les Habitués de
Café*, Paris, 2016），pp.7–11。

9　除了《有或没有毕加索的多拉·玛尔》
（*Dora Maar With and Without Picasso: A
Biography*, London, 2000），我还在不同的
地方详细写过这个迷人的人物：她激发
了我对本书及其他项目展开研究，迷恋
就是迷恋。

10　理查德·达文波特–海因斯《1922年宏
伟酒店的一晚：普鲁斯特和伟大的现代
主义晚宴》（Richard Davenport–Hines, *A
Night at the Majestic: Proust and th e Great
Modernist Dinner Party of 1922*, London,
2006），p.135。

11　同上，p.136。

12　同上，p.42。

13　本杰明·泰勒《追寻普鲁斯特》（Benjamin
Taylor, *Proust: The Search*, New Haven, CT,
and London, 2015），p.135。

14　塞西莉亚·博克斯《背景与人物：塞西
莉亚·博克斯自传》（*Background with
Figures: Autobiography of Cecilia Beaux*,
Boston, MA, and New York, 1930），p.106。

15　露西·利帕德《伊娃·海瑟》（Lucy Lip-
pard, *Eva Hesse*, New York, 1976），p.131。

16　更多咖啡馆的故事，以及关于双叟咖啡
馆、花神咖啡馆和丁香园咖啡馆，见约
翰·巴克斯特《蒙帕纳斯：巴黎的记忆
与欲望之区》（John Baxter, *Montparnasse:
Paris's District of Memory and Desire*, New
York, 2017）。

1　甘纳客栈与巴比松画派 | 巴比松

1　乔治·嘉西《巴比松旧事》（Georges
Gassies, *Le Vieux Barbizon*; Paris, 2004），
p.41。

2　阿尔弗雷德·森西尔《让–弗朗索瓦·米
勒：农民与画家》（Alfred Sensier, Jean–
François Millet, *Peasant and Painter*, Paris,
2008），p.201。

3　玛丽–泰雷兹·嘉西（Marie–Thérêse
Caille, Editions Gaud），引自莫尼克·卢
塞内《印象主义在欧洲的路径》（Monique
Lucenet, *Les Routes des impressionnismes
en Europe*; Moret–sur–Loing, 2016），p.34。

4　龚古尔兄弟《玛奈特·萨洛蒙》（Edmund
et Jules de Goncourt, *Manette Salomon*, Paris,
1867），p.47。

5　关于史蒂文森的闲散漫步："《森林笔记》
是一篇散文，记录了他1875—1876年
在枫丹白露森林中进行的较为短途的散
步……散文发表两年后，他又在1878年
9月（准确来说是9月22日到10月3日），
与慕德斯汀（Modestine）在法国中央高
原（Massif Central）、维莱（Velay）、热
沃当（Gevaudan）和塞文山脉（Cevennes）
延续了这次徒步旅行。"参见英国外交
官（克里斯托弗·麦克雷 Christopher
MacRae）的私下谈话。

6　嘉西《巴比松旧事》，p.230。

2　作家、艺术家的流亡之地 | 佛罗伦萨

1　见马可·波利佐蒂风趣严肃的作品《对背叛者的同情：翻译宣言》（Mark Polizzotti, *Sympathy for the Traitor: A Translation Manifesto*, New York, 2018）。

3　亨利·詹姆斯与水边的艺术家 | 威尼斯

1　阿德里安·斯托克斯《15世纪》（Adrian Stokes, *The Quattro Cento* [1932]; New York, 1969），p.11。

2　玛丽·麦卡锡《我眼中的威尼斯》（Mary McCarthy, *Venice Observed*, New York, 1963），p.15。

3　就连曼哈顿也在1972年开了一家备受喜爱的哈利酒吧（Harry's Bar）。

4　约翰·拉斯金《祈祷》（John Ruskin, "Benediction"），1872年7月5日，出自《天才约翰·拉斯金作品选》（*The Genius of John Ruskin: Selections from His Writings*, New York, 1963），约翰·罗森伯格（John D. Rosenberg）编并作序，pp.392–394。

5　马塞尔·普鲁斯特《追忆似水年华》（New York,1982），英译自C. K. 斯科特·蒙克里夫（C. K. Scott Moncrieff）、特伦斯·卡尔马丁（Terence Kilmartin）、安卓雅斯·梅尔（Andreas Mayor），Vol.3，p.661。

6　亨利·詹姆斯《鸽翼》（*The Wings of the Dove*,New York, 1964），p. 248。

7　B. A. 夏皮罗《艺术伪造者》（B.A. Shapiro, *The Art Forger: A Novel*, New York, 2013）。

8　詹姆斯《鸽翼》，p. 321。

9　同上，p. 281。

10　詹姆斯·惠斯勒《温柔的树敌艺术》（James Abbott McNeill Whistler, *The Gentle Art of Making Enemies*, New York, 1904），p.161。

11　阿拉斯泰尔·格里夫《惠斯勒的威尼斯》（Alastair Grieve, *Whistler's Venice*, New Haven, CT, 2000），p.61。

12　圣威尔格福蒂斯（Saint Wilgefortis Triptych）刻画了圣威尔格福蒂斯，又名安坎伯（Uncumber）或立伯雅塔（Liberata）的殉难；还有《隐士圣徒三联画》（*Three Hermit Saints*）和《天堂与地狱》（*Paradise and Hell*）。

4　大放异彩的先锋艺术家 | 朱利安学院

1　见极为有用的短文编选：马拉·R. 维茨灵《说出我们的愿景：女性艺术家的写作》（Mara R. Witzling, *Voicing our Visions: Writings by Women Artists*,New York, 1991），p.185。

2　见凯瑟琳·费勒（Catherine Fehrer）极为重要的书：《巴黎朱利安学院，1868—1939：春季展览1989》，展览目录，夏皮得美术馆，纽约（1989），p. 18。

3　同上。

4　维茨灵编《说出我们的愿景》，pp. 114, 116。

5　同上，p. 116。

6　同上，p. 118。

7　同上，p. 14。

8　1879年6月15日，维茨灵编《说出我们的愿景》，p. 13。

9　维茨灵编《说出我们的愿景》，pp. 113, 123。

10　同上，p. 113。

11　同上，p. 14。

12　同上，p. 12。

13　塞西莉亚·博克斯《背景与人物：塞西莉亚·博克斯自传》，p. 10。

14　同上，p. 121。

15　同上，p. 122。

16　同上，pp. 118–123。

17　同上，p. 123。

5　美国画家的理想之地｜旧莱姆

1　参见苏珊·丹丽、托马斯·尼伯格和艾米·库尔特·兰辛，《海岸的召唤：新英格兰的艺术集群》（Susan Danly, Thomas Denenberg & Amy Kurtz Lansing, *Call of the Coast: Art Colonies of New England*,New Haven, CT, 2009 ）。

2　卡洛琳·西博姆《拯救伊甸园：美国历史花园的保护》（Caroline Seebohm, *Rescuing Eden: Preserving America's Historic Gardens*,New York, n.d. ）照片。

3　道格·斯图尔特《印象主义的美国柴尔德》（Doug Stewart, "Impressionism's American Childe", *Smithsonian Magazine* ），2004 年 8 月，www.smithsonianmag.com。

4　我曾向《哈珀拉吉克周末》（*Hyperall-ergic Weekend* ）讲过一个悲伤的故事。我当时疯狂地痴迷于维亚尔在 1897 年画的一幅画，在当时，我不知道这幅画的出处，也太过幼稚没有去问，我答应一个画廊（现在已不复存在）的主人到我的公寓，拿走了凡诺的《格雷的桥》（ *The Bridge at Grez* ）"作为交换"获得了这幅画（只不过我加了一大笔钱）。后来发现这幅画缺失了另一半，而那一半仍属于前主人。我不只问过一次，想再把那幅画买来，因为凡诺把这幅画送给了我的祖母，我十分喜欢它。但故事就这样结束了。见《爱上半幅画》（"Falling in Love with One–half of a Painting", www.hyperallergic.com/weekend ），2012 年 12 月 10 日。

5　理查德·霍姆斯在《脚印：罗曼蒂克传记作家的冒险》（ Richard Holmes, *Footsteps: Adventures of a Romantic Biographer*, London, 1985 ）中的讲述，pp. 42–43。

6　罗伯特·路易斯·史蒂文森《森林笔记》中的"愉悦盛宴"，见《散步沉思》（ *Thoughts on Walking*, London, 2014 ），p.36。

7　《龚古尔日记：文学生活回忆录》（ *Journal: Mémoires de la vie littéraire*; Paris, 1891 ），第 二 卷，1863 年 7 月 24 日。可见 https://fr.wikisource.org/wiki/Journal_des_Goncourt，2018 年 11 月 26 日访问。

8　多年以来，斯堪的纳维亚艺术家常来格雷。

9　威廉·杰尔斯（William H. Gerdts）以他对美国艺术的研究而闻名：《持久印象：法国的美国画家，1865—1915》（ *Lasting Impressions: American Painters in France, 1865—1915*; Chicago, IL, 1992 ）。

10　同上。

6　高更与蓬塔旺画家｜布列塔尼

1　柯文·林森《法国艺术界的美国画家》（ Corwin Linson, *American Painters on the French Scene, 1874—1914*,New York,

1996），n.p.

2　同上。

3　摘自玛丽·亨利别墅中的文献，它之前是普度的海滩酒店（La Buvette de la Plage）。

4　出处同上，n.p.

7　马拉美的聚会 | 巴黎

1　斯特芳·马拉美《书信选》，罗斯玛丽·洛德译（*Selected Letters*, trans. Rosemary Lloyd, Chicago, IL, 1988），p.70。

2　斯特芳·马拉美《马拉美书写时尚：时尚杂志〈最新时尚〉的翻译与评论》，P.N. 福班克编（*Mallarmé on Fashion: A Translation of the Fashion Magazine La Dernière Mode, with Commentary*, ed. P.N.Furbank;London, 2004），p.182。

3　雅克·杜塞文学图书馆（Bibliothèque littéraire Jacques Doucet, MNR MS 20），1897 年 1 月 5 日，MVL Enr 1。

4　C. P. 巴比尔编《马拉美与惠斯勒的通信》（C. P. Barbier ed. *Correspondance: Mallarmé-Whistler*, Whistler, Paris, 1964），p. 102。

5　R. 霍华德·布洛赫《骰子一掷，一首诗如何将我们带向现代》（R. Howard Bloch, *One Toss of the Dice; or How One Poem Made Us Modern*, New York, 2016）。

6　若利斯 – 卡尔·于斯曼《逆天》（1884），摘自斯坦梅茨《马拉美：一天天的绝对》（Steinmetz, *Mallarmé: l'absolu au jour le jour*, Paris, 1998），p. 230。

7　斯坦梅茨《马拉美》，p.233。

8　渔民小镇的英式艺术热潮 | 圣艾夫斯

1　马里恩·怀布罗《圣艾夫斯，1883—1993：一个艺术聚集区的画像》（Marion Whybrow, *St Ives, 1883—1993: Portrait of an Art Colony*, Woodbridge, Suffold, 1993），大卫·布朗（David Brown）作序。这本书对本章帮助极大，布朗描绘了 1883—1930 年的聚居地原貌。

2　本章大部分内容基于保罗·丹尼森（Paul Denison）、萨拉·马特森（Sara Matoson）、瑞秋·史密斯（Rachel Smith）、克里斯特·史蒂芬斯（Christ Stephens）和迈克尔·怀特（Michael White）所著的《现代艺术与圣艾夫斯：国际交流，1915—1965》（*Modern Art and St Ives: International Exchanges, 1915—1965*,London, 2014）；尤其是瑞秋·史密斯的《共同立场：圣艾夫斯和战后社群的交流》（"Common Ground: St Ives and Post-war Communities of Exchange"）；迈克尔·伯德（Michael Bird）《圣艾夫斯的艺术家：关于时间与地点的传记》（第二版）（*The St Ives Artists: A Biography of Place and Time*, 2nd ed, London, 2016）。或见怀布罗的《圣艾夫斯，1883—1993》（*St Ives, 1883—1993*）。

3　伯德《圣艾夫斯的艺术家》，p.27。

4　怀布罗《圣艾夫斯，1883—1993》，p.43。

5　伯德《圣艾夫斯的艺术家》，pp.55, 51，《健忘症与贫困》（"dementia and destitute"）。

6　怀布罗《圣艾夫斯，1883—1993》，p.119。

7　罗杰·希尔顿的《思想的图像语言》（Roger Hilton, *The Figured Language of*

Thought,London, 2007）是一份有趣的文献。

8　马修·盖尔（Matthew Gale）和克里斯·斯蒂芬斯（Chris Stephens），《芭芭拉·赫普沃斯在泰特美术馆工作》（*Barbara Heptworth Works in the Tate Collection*, London, 2003, p.24）。

9　大卫·西尔维斯特《关于现代艺术》（David Sylvester, *About Modern Art*, London, 1996, p.49）。

10　怀布罗《圣艾夫斯，1883—1993》，p.35。

11　盖尔和斯蒂芬斯《芭芭拉·赫普沃斯》，p.143。

12　伯德《圣艾夫斯的艺术家》，p.16。

13　约翰·伯格《新政治家》（John Berger, *New Statesman*），1952 年 10 月 11 日刊。

14　《我们时代的画家》后序，（*A Painter of Our Time*, p.198），1958 年伦敦原版后的第二版。见伯德《圣艾夫斯的艺术家》，p.162。

15　伯德《圣艾夫斯的艺术家》，p.13。

16　同上。

17　詹姆斯·福克斯《康沃尔郡的艺术》（James Fox, *The Art of Cornwall*, BBC4, 2010）。

18　彼得·兰永，同上。

19　伯德《圣艾夫斯的艺术家》，p.101。

20　同上，p.102。

21　怀布罗《圣艾夫斯，1883—1993》，p.46。

22　伯德《圣艾夫斯的艺术家》，p.191。

23　同上，p.143。

24　同上，p.104。

25　同上，p.101。

26　同上，p.12。

27　福克斯《康沃尔郡的艺术》。

28　怀布罗《圣艾夫斯，1883—1993》，p. 234。

29　伯德《圣艾夫斯的艺术家》，p.15。

30　泰特档案，录音采访 TAV265 AB。

31　伯德《圣艾夫斯的艺术家》，p.269。

32　引言，同上，p.56。

33　伯德《圣艾夫斯的艺术家》，p.181。

34　同上，p.16。

35　弗吉尼亚·伍尔夫《存在的瞬间》，珍妮·苏尔坎德编（*Moments of Being*, Jeanne Schulkind ed., London, 2002），pp.133-134。

36　弗吉尼亚·伍尔夫《弗吉尼亚·伍尔夫日记第二卷：1920—1924》（*The Diary of Virginia Woolf*, London, 1978），pp. 105-106。

37　弗吉尼亚·伍尔夫《弗吉尼亚·伍尔夫信件第一卷：1888—1912》（*The Letters of Virginia Woolf*, New York, 1975），1905 年 9 月 7 日。

38　《到灯塔去》（*To the Lighthouse*, New York, 1927），pp.24，147。

39　阿德里安·斯托克斯《颜色与形式》（*Colour and Form*, London, 1937），pp.39-40。

40　帕特里克·赫伦《颜色的颜色》（*The Colour of Colour*,Austin, TX, 1979）。

41　同上。

42　伯德《圣艾夫斯的艺术家》，p.256。

9　里尔克与德国画家群体 | 沃普斯韦德

1　特特雷泽·阿埃伦·奥格斯特（Therese Ahern Augst），《我是回声：保拉·贝克尔、里尔克及静止的美学》（"I Am Echo: Paula Modersohn-Becker, Rainer Maria

Rilke and the Aesthetics of Stillness"），《现代主义 / 现代性》（*Modernism/Modernity*），XXI/3（2014 年 9 月），pp. 624–625。

2 保拉·莫德松 – 贝克尔《信件与日记》，君特·布施、莉泽洛特·冯·赖因肯编（Paula Modersohn–Becker, *The Letters and Journals*, ed. Günter Busch, Liselotte Von Reinken, Evanston, IL, 1998）。

3 见里尔克《佛罗伦萨日记》（*Journal Florentin*, Paris, 1998）。

4 海因里希·福格勒《海因里希·福格勒的出现，插图本》，佩德拉·汉普尔编选，伊恩·彼尔德译（Heinrich Vogeler, *Heinrich Vogeler's Emerging—with Illustrations*, ed. Petra Hempel, trans. Ian Bild, Fischerhude, 2012），p. 28。

5 莱纳·马利亚·里尔克《沃尔普斯韦德：一片风景和它的画家专著》（Rainer Maria Rilke, *Worpswede: Monographie d'un paysage et votre peintre*, Hamburg, 1903），pp. 17–26。

6 我恐怕不敢苟同（不止我一人）。对我来说，他写给克拉拉·韦斯特霍夫的关于塞尚的信件是艺术诗意写作中巨大的胜利。参见里尔克的《塞尚信件》（*Letters on Cézanne*, New York, 2002）。

7 莫德松 – 贝克尔《信件与日记》。

8 关于保拉·莫德松 – 贝克尔，尤其参见戴安·拉德基的《保拉·莫德松 – 贝克尔：第一位现代女性画家》（Diane Radycki, *Paula Modersohn–Becker: The First Modern Woman Artist*, New Haven, CT, 2013）；同样参见我的《光荣与古怪：现代女性绘画与写作》（*Glorious Eccentrics: Modernist*

Women Painting and Writing, London, 2006），pp. 95–107。

9 戴安·拉德基《保拉·莫德松 – 贝克尔：第一位现代女性画家》，p.224。

10 艾德丽安·里奇《保拉·贝克尔写给克拉拉·韦斯特霍夫》（Adrienne Rich, "Paula Becker to Clara Westhoff, 1975—1976"）。在我论述贝克尔的作品时，友好的艾德丽安曾允许我引用这首诗。

11 海因里希·福格勒《海因里希·福格勒的出现》，p. 50。

12 同上，p. 56。

10 毕加索与四只猫咖啡馆 | 巴塞罗那

1 我或多或少描述过这些充满感情色彩的旅途，见《到船屋去：回忆录》（*To the boathouse: A Memoir*, Tuscaloosa, AL, 2004）。

2 当然，这里着重参考了约翰·理查森的《毕加索天才的一生》（John Richardson, *A Life of Picasso: The Prodigy, 1881—1906*, New York, 2007）。

3 对整个场景的美妙描述，包括四只猫咖啡馆、它周围的景色和历史，请见玛丽琳·麦卡丽《四只猫：巴塞罗那 1900 年前后的艺术》（Marilyn McCully, *Els Quatre Gats: Art in Barcelona aorund 1900*, Princeton, NJ, 1978）。

11 海边小镇上的绘画课 | 普罗温斯敦

1 2013 年，我有幸为埃尔斯佩思·哈尔沃森在普罗温斯敦贝塔·沃克画廊的展览《沙子，秋千和月亮》（*Sand, Swings, and Moon*）撰写了展览手册。

2　塞西莉亚·博克斯《背景与人物：塞西莉亚·博克斯自传》，p.106。

3　埃莉诺·门罗《特立独行：美国女性艺术家》（Eleanor Munro, *Originals: American Women Artists*, New York, 2000），p.290。

4　引用汉斯·霍夫曼的话，见伊莱恩·德库宁，《汉斯·霍夫曼创作一幅画》（"Hans Hofmann Paints a Picture", *Artnews*, 19 November 2012, www.artnews.com）。

5　汉斯·霍夫曼《当我开始画画……》（"When I start to paint..."），打印稿，1950年4月1日，摘自汉斯·霍夫曼手稿，美国艺术档案馆。

6　伊莱恩·德库宁《汉斯·霍夫曼》。

7　门罗引用欧姬芙，《特立独行》，p.291。

8　门罗引用玛丽·弗兰克，《特立独行》，p.290。

9　同上。

10　门罗引用琼·米切尔，《特立独行》，p.246。

11　同上。

12　马蒂斯与野兽派 | 科利乌尔

1　杰克·弗兰姆《马蒂斯和德兰：野兽派的夏天》（Jack Flam, *Matisse-Derain: Collioure 1905, un été fauve*, Paris, 2005），塞雷现代艺术博物馆展览手册，p.32。

2　保罗·西涅克1887年住在喷泉客栈；1923年，叙尔瓦奇和荷内·普一家也来了；宝琳娜和荷内创办了喷泉咖啡，后改名为体育咖啡，最后改成了圣殿骑士酒店，这是野兽派画家聚集——也是后来我们聚集——的核心之地。接下来到来的是马蒂斯和德兰，德兰带了大包小包，包括他的画材还有一顶阳伞；紧随其后的是芒更、马尔凯、弗拉芒克、卡穆安和马约尔；1914年，马克斯·雅各布和胡安·格里斯也来了，之后又来了更多的画家——杜飞、皮尼翁、毕加索、达利和吕尔萨。因此，与圣保罗·德旺斯的金鸽餐厅一样，这里的精神得以保留了下来。

3　迈尔斯·安格尔《毕加索和他的惊世之作》（Miles Unger, *Picasso and the Painting that Shook the World*, New York, 2018），p.223。

4　德兰致弗拉芒克：雷米·德布鲁斯等人《马蒂斯和德兰：野兽派的真理》（Rémi Debrusse et al., *Matisse-Derain: La Vérité du Fauvism*, Paris, 2005），p. 223。这一章的许多材料取自西尔·德布莱编的《安德烈·德兰1904—1914：激进的十年》（Cécile Debray, ed., *André Derain 1904—1914: La décennie radicale*, Paris, 2017）；德布鲁斯等人，《马蒂斯和德兰》；《野兽派，火的淬炼》（*Le fauvisme, ou l'épreuve du feu*, Paris, 1999）展览目录，巴黎现代艺术博物馆。

5　德布鲁斯等人，《马蒂斯和德兰：野兽派的真理》，p. 57。

6　这种暴力维系着野兽派的野性创作。正如安格尔指出，用"野兽"一词形容这些欢快又伟大的画作，是源于评论家沃克塞尔（Vauxcelles）看到阿尔贝·马尔凯画作中一个小孩长着文质彬彬的脑袋，评论说："看！多纳泰罗被一群野兽围在中间。"见安格尔，《毕加索和他的惊世之作》，p. 224。

7　弗兰姆《马蒂斯和德兰》，p.28。

8　马蒂斯对一位当地画家格休德（Grieud）说："你看到这种颜色的沙滩可能会吃惊，现实中沙滩上都是黄色的沙子。我发现我把它画成了红色，第二天我又试了黄色，但效果不好，于是我又换回了红色。"见安格尔，《毕加索和他的惊世之作》，p.54。

9　《德兰：致弗拉芒克的信》（*Derain: Lettres a Vlaminck*, Paris, 1994），p.57。我觉得德兰与乔治·德修特（Georges Duthuit）在交谈中提到对野兽派的评价格外有趣："即便是在扁平的地方，我们也保留了聚集的感觉，比如给一块沙地添加更多的质量，强调水的流动性和天空的轻盈。"以上出自德修特《野兽派风格》（"Le Fauvisme"），《艺术备忘录》（*Cahiers d'art*, 6 ,1929），p.268。

13　卡夫卡、阿波利奈尔的咖啡馆记忆｜布拉格

1　弗兰兹·卡夫卡致一位笔迹学家（日期不详）。

2　见亚斯伯·提波芮《蓝色指南：布拉格》（Jasper Tilbury, *Blue Guide: Prague*,London and New York, 2004），pp. 46–47。当然，为了对布拉格整座城市有个大体的印象，有必要阅读布拉格复杂且重要的历史，但不管怎么说，用一两段详细的说明介绍咖啡馆的历史和聚集之地——这些地方可不少——是十分必要的。

3　这条信息还有下面关于卡夫卡"饥饿艺术家"的内容，都是来自《废除布拉格，文章与干预》这本精彩的书，路易·阿芒编（ed. Louis Armand, *Abolishing Prague, Essays and Interventions*,Prague,

2014）。尤其参见大卫·维奇纳《朝向诗歌主义的心理地图》（David Vichnar, "Toward a Psychogeography of Poetism"），以及米歇尔·戴尔维尔《马戏舞台和饥饿之墙》（Michel Delville, "Circus Rings and Hunger Wall"）。

4　见罗浮咖啡馆分发的宣传页，咖啡馆位于布拉格一区，民族大街 22 号。

5　弗兰兹·卡夫卡《变形记》（Franz Kafka, *On Metamorphosis*, London, 2009），p. 32。

6　弗兰兹·卡夫卡《论譬喻》，摘自《卡夫卡基本著作》，埃里希·海勒编（Franz Kafka, ed. Erich Heller, *The Basic Kakfa*,New York, 1979），p. 158。

7　纪尧姆·阿波利奈尔《异数创始人》，安妮·海德·格里特译（Guillaume Apollinaire, "L'Hérésiarque", trans. Anne Hyde Greet），见《纪尧姆·阿波利奈尔作品选》，罗杰·沙塔克编（ed. Roger Shattuck, *Selected Writings of Guillaume Apollinaire*, New York, 1971），p. 263ff。

8　卡雷尔·泰格《诗歌主义宣言》，杰拉尔德·特纳译，《在两个世界之间：中欧先锋主义原始资料集，1910—1930》（Karel Teige, "Poetism Manifesto", in *Between Two Worlds: A Sourcebook of Central European Avant-gardes, 1910—1930*, trans. Gerald Turner,Cambridge, MA, 2001），pp. 593ff。

9　维杰斯拉夫·奈兹瓦尔《布拉格散步者》（Vítězslav Nezval, "The Prague Stroller"），这本旅行日志记录了他在城市之间的散步，从 1937 年 6 月到 1938 年 6 月，为期一年。摘自阿芒编《废除布拉格》

（Armand, ed., *Abolishing Prague*），p. 45。

10　同上。

14　达达主义与伏尔泰酒馆｜苏黎世

1　见保罗·卡门施《达达的妈妈：欧洲女性先锋艺术家》（Paula K. Kamenish, *Mamas of Dada: Women of the European Avant-garde*,Columbia, SC, 2015）。

2　鲁道夫·昆斯利《达达》（Rudolf Kuenzli, ed., *Dada*, London, 2006），p. 18；对伏尔泰酒馆的详尽描述可见 pp. 18–22。

3　雨果·鲍尔《逃离时间：达达日记》，约翰·埃尔德菲尔德编（Hugo Ball, ed. John Elderfield, *Flight Out of Time: A Dada Diary*, Berkeley, CA, 1990），p. 54。

4　这种发明的语言旨在模仿非洲的韵律和声音。随着一声锣响，特里斯唐·查拉赞美了苏菲·陶柏-阿尔普（Sophie Tauber-Arp）的光脚面具舞，他说："手的蜘蛛里有一个极度错乱的怪人，振动的节奏随着讽刺善变美丽的疯狂而迅速加快。"见安妮·瓦格纳《我的妻子炫耀圆和线》，发表于《伦敦书评》（Anne Wagner, "My wife brandishes circle and line", *London Review of Books*），2018 年 12 月 6 日，p. 39。

5　《上帝》有时候被认为是莫顿·尚伯格的作品，但在我看来，没有理由不认为这是一个双人作品。

6　卡尔文·汤姆金斯编《马塞尔·杜尚：午后访谈》（Calvin Tomkins, ed., *Marcel Duchamp: The Afternoon Interviews*,New York, 2013），与保罗·陈（Paul Chan）的采访，p. 13。

7　库尔特·施维特斯《奶牛宣言》，见《宣言：一个世纪的主义》，玛丽·安·考斯编（Kurt Schwitters, "Cow Manifesto" (1922), in *Manifesto: A Century of Isms*, ed. Mary Ann Caws,Lincoln, NE, 2001），pp. 390–391。

8　鲁道夫·昆斯利（Rudolf Kuenzli）在关于达达的文章中做出了引用，见佩里克斯·路易斯编《欧洲现代主义剑桥指南》（ed. Pericles Lewis, *Cambridge Companion to European Modernism*,Cambridge, 2011），p. 208。

9　荒川修作（Shusaku Arakawa, 1936—2010）；可参见我写荒川修作的文章《无有丢失：荒川修作和玛德琳·吉恩斯》，发表于《高古轩季刊》，2018 年秋季（"Losing Nothing: Arakawa and Madeline Gins", *Gagosian* Quarterly），pp. 60–64。

15　超现实主义咖啡馆｜巴黎

1　玛丽·安·考斯和约翰逊·伊本编《超现实主义》（Mary Ann Caws & Jonathan Eburne, *Surrealism*,London, 2004），p. 51。

2　艾伦·卡普洛在 1958 年 4 月呈现了他的第一次公开"偶发"，名为"交流"（"communication"），地点在新泽西州新不伦瑞克省的道格拉斯学院。

3　安德烈·布勒东《娜嘉》，理查德·霍华德译（trans. Richard Howard, *Nadja*, New York, 1978），p. 13。

4　让·卢瑟编《法国巴洛克诗学文选》（Jean Rousset, ed., *Anthologie de la poésie baroque française*,Paris, 1961; 1988 年重印），p.21；引用自玛丽·安·考斯《超现实主义凝视：际遇的欲望》（Mary Ann

Caws, *The Surrealist Look: An Erotics of Encounter*, Cambridge, MA, 1997), p. 61。

5　路易·阿拉贡，《巴黎农民》，西蒙·沃森·泰勒译（Louis Aragon, *Le Paysan de Paris*, 1926, trans. Simon Watson Taylor, New York, 2006), p.13。

6　路易·阿拉贡《论拉封丹的命运》，艾莉森·沃特译（Louis Aragon, "The Fate of La Fontaine", trans. Alyson Waters）；见玛丽·安·考斯《超现实主义绘画和诗歌选》（Mary Ann Caws, *Surrealist Selected Paintings and Poetry*, Cambridge, MA, 2001), p. 77。

7　关于超现实主义运动更为权威的观点，可见杰拉德·杜罗佐伊《超现实主义运动历史》，艾莉森·安德森译（Gérard Durozoi, *History of the Surrealist Movement*, trans. Alison Anderson, Chicago, IL, and London, 2002）。

8　令我感到极为幸运的是，兰巴把布勒东给她写的第一封情书委托给了我，我发表在《伦敦书评》（2011 年 9 月 8 日刊）。在他们的女儿奥布·埃勒乌埃（Aube Elléouët，原姓布勒东）的鼓励下，我把标题定为《恋爱中的布勒东》。任意一段节选都闪烁着抒情的光芒："我很爱你，我都意识不到我们仍在这个世界上。我想为你把自己散布在水里，在阳光下，在风里……我沉溺于你，美丽的水元素。是否有足够苍老的灌木丛、足够尖锐的岩石、足够空旷的森林——供你我今晚一同逃走？再多说一个字，但至少请用我的声音说出来：我爱你。"

9　安德烈·布勒东《交流容器》（1932），

玛丽·安·考斯和杰奥夫瑞·哈里斯译（trans. Mary Ann Caws & Geoffrey Harris, Lincoln, NE, 1990), p. 139。

10　这个论据是真实的，确实有一颗会跳舞的墨西哥豆子，在超现实主义历史上，这颗豆子代表了一个团体中不同的思考方式，这和任何群体都别无二致。

11　继续从私人的观点来说，尤其因为我四十八年以来，每年夏天都有一部分时间在沃克吕兹省度过。

12　布勒东《娜嘉》，p. 152。

13　同上。

14　保罗·艾吕雅《让坚硬的欲望持续》（Paul Éluard, *le dur désir de durer*, Paris, 1968）。

16　街道上的艺术工作室｜布洛美街

1　皮艾特·利维克等人《布洛美街 45–47 号：艺术家的地址》（Pierrette Levêque et al, "45–47 rue Blomet: adresse d'artistes", Association Blomet Paradiso, Paris, 2009）。

2　胡安·米罗《布洛美街的记忆》，见玛吉特·罗威尔编《胡安·米罗：写作和访谈选》（Joan Miró, "Memories of the rue Blomet", from *Joan Miró: Selected Writings and Interviews*, ed. Margit Rowerll, New York, 1992), p. 100。

3　同上，pp. 79, 103。

4　利维克等人《布洛美街 45–47 号》，p. 34。

5　雅克·维奥（Jacques Viot, 1925），米罗《胡安·米罗：写作和访谈选》，p. 72。

6　洛琳·兰赫纳《胡安·米罗》（Carolyn Lanchner, *Joan Miró*, New York, 1993), p. 87。海明威讲了一个好故事，但事实上他说服了艾文·希普曼从他们朋友那里筹到了钱买下了这幅画，并于1925年在皮埃尔画廊作为他的画展出；后来希普曼把这幅画给了海明威。米罗讲的故事和这差不多，他也是个讲故事的好手。见米罗，《胡安·米罗：写作和访谈选》，p. 312，n. 7，sec. 8，pt 2。

7 布勒东的第二任妻子兰巴曾经讲述他们拮据到都没有钱给孩子和他们自己买食物，而家里全是无价的艺术品（这是在20世纪30年代，布洛美的鼎盛时期过后，而布勒东的经济状况没什么改观）。来自杰奎琳·兰巴给朋友的信以及与作者的对话。

8 "噢，毕加索，你所承载的精神不再充满矛盾，而是极尽模糊。你在每一幅画里，都放下了一条绳梯，或者说用你的床单做成的梯子，而我们，也许你和我们一起，只渴望沿着绳梯攀登入眠，再从上面下来。"安德烈·布勒东《超现实主义和绘画》，西蒙·沃森·泰勒译（Surrealism and Painting, trans. Simon Watson Taylor, Boston, MA, 2002），p.6。

9 见玛丽·安·考斯《安德烈·马松，欲望神话：1925到1945大师作品集》（Mary Ann Caws, André Masson, The Mythology of Desire: Masterworks rom 1925 to 1945, New York, 2012），p. 21。

10 米罗《布洛美街的记忆》，pp. 100–101。正如罗威尔的解释："布勒东和超现实主义者把他们的活动集中在蒙马特和皮加勒附近的街区，而米罗、马松和其他人则待在左岸的蒙帕纳斯区域，这里因前一代艺术家而闻名。因此超现实主义者的同行认为他们过时且守旧。"《胡安·米罗：写作和访谈选》p.313，n. 10，sec. 9，pt 2。

11 法国诗人皮埃尔·勒韦迪曾在他的诗歌和1917—1918年出版的《北南》杂志（Nord-Sud）中称颂过著名的北南公司地铁线路。见胡安·米罗，《布洛美街的记忆》（"Memories of the rue Blomet"，ed. Mary Ann Caws, New York, 2013），玛丽·安·考斯编。

12 乔治·兰布赫为安德烈·马松所作的序，《乔治·夏博尼耶访谈》（Georges Limbour, Entretiens avec Georges Charbonnier, Paris, 1958），引用自利维克等人，《布洛美45–47号》，p. 85。

13 安德烈·马松《超现实主义的反叛：写作与艺术》（La Rebelle du surréalisme: écrits et propos sur l'art, ed. Françoise Will-Levaillant, Paris, 1976），p. 80。

14 《胡安·米罗：写作和访谈选》，p. 211，m. 3，sec. 5，p. 12。

15 根据雅克·杜宾（Jacques Dupin）的说法，青草是从蒙特罗格德坎普（New York, 1994, p. 96），而米罗回忆说青草是从布洛涅森林带回来的，好"给我自己以虚幻的现实"。米罗，《布洛美街的记忆》，《琼·米罗：写作和访谈选》，p.103。

16 阿格尼斯·安格利维尔编《胡安·米罗，1917—1934》（ed., Agnes Angliviel de La Beaumelle, Joan Miró, 1917—1934, Paris, 2004），p. 54，fig. 6。

17 胡安·米罗《米罗说》（Joan Miró, Miró Parle, Paris, 2003），p. 19。

18 兰布赫写给马松的序言，《乔治·夏博尼耶访谈》。

19　马松《超现实主义的反叛：写作与艺术》，p. 45。

20　安德烈·马松《我的宇宙解剖》，迈耶·夏皮罗译（*Anatomy of My Universe*, trans. Meyer Schapiro, New York, 1943），pt. 5。页码不明。

21　马松《超现实主义的反叛：写作与艺术》，p. 45。

22　保罗·艾吕雅《痛苦的都城》，玛丽·安·考斯、帕特丽夏·泰利和南希·克蓝译（Paul Éluard, *Capital of Pain*, trans. Mary Ann Caws, Patricia Terry & Nancy Kline, Boston, MA, 2006），p. 177。

23　T. J. 克拉克《死亡的视野：艺术写作实验　》（T. J. Clark, *The Sight of Death: An Experiment in Art Writing*, New Haven, CT, 2006），其中，普桑的《风景与被蛇杀死的人》是这本书的核心焦点。

24　乔治·马尔金《乔治·马尔金：超现实主义流浪者》（Georges Malkine, *Georges Malkine: Le Vagabond du surréalisme*, Paris, 1999）。

25　欧内斯特·莱亚德《欧内斯特·莱亚德讲述：本叔叔的比吉音乐》（Ernest Léardée, *La Biguine de l'Oncle Ben's: Earnest Léardée raconte*, Paris, 1989），pp. 151–152。

26　布洛美天堂协会，2003 年成立的社区理事会，出版了关于布洛美街的两本套书：《揭开布洛美街的面纱》（"La Rue Blomet dévoilée", 2006）和《布洛美街 45–47 号》（"15–17 rue Blomet", 2009）。

17　伍尔夫与布鲁姆斯伯里团体｜查尔斯顿农庄

1　弗吉尼亚·伍尔夫《弗吉尼亚·伍尔夫日记，第二卷：1920—1924》（*The Diary of Virginia Woolf, Vol. II: 1920—1924*, London, 1980），p. 326。

2　安杰丽卡·加奈特《为善良所骗：布鲁姆斯伯里的童年》（Angelica Garnett, *Deceived with Kindness: A Bloomsbury Childhood*, New York, 1984）。

3　伍尔夫《日记》，Vol. II, p. 133。

4　见伍尔夫《罗杰·弗莱：传记》（*Roger Fry: A Biography*, New York, 1968）。

5　玛丽·安·考斯和萨拉·伯德·怀特《布鲁姆斯伯里和法国：艺术与朋友》（Mary Ann Caws & Sarah Bird Wright, *Bloomsbury and France: Art and Friends*, New York, 2000），p. 303。

6　弗吉尼亚·伍尔夫《弗吉尼亚·伍尔夫日记，第五卷：1936—1941》（Virginia Woolf, *The Diary of Virginia Woolf, Vol. V: 1936—1941*, London, 1995），p. 305。

7　伍尔夫《罗杰·弗莱》，p. 291。

8　弗吉尼亚·伍尔夫《弗吉尼亚·伍尔夫日记，第一卷：1915—1919》（Virginia Woolf, *The Diary of Virginia Woolf, Vol. I: 1915—1919*, London, 1980），pp. 140, 141。

9　休·李《篱笆上的塞尚，以及其他查尔斯顿和布鲁姆斯伯里的回忆》（Hugh Lee, *A Cézanne in the Hedge and Other Memories of Charleston and Bloomsbury*, London, 1993）。

10　凯蒂·罗芙《不同寻常的安排：七段婚姻》（Katie Roiphe, *Uncommon Arrangements:*

Seven Marriages, New York, 2007），p. 145。

11　另见朱利安・霍华德・贝尔编《我们没有战斗：1914—1918 反战经历》（Julian Howard Bell, ed., *We Did Not Fight: 1914—1918, Experiences of War Resisters*,London, 1935）。

12　夏尔・莫隆《精神批评介绍：个人迷思挥之不去的隐喻》（Charles Mauron, *Des métaphores obsédantes au mythe personnel. Introduction à la psychocritique*,Paris, 1989）。

18　影响一代人的艺术实验场 | 黑山学院

1　文森特・卡兹《黑山学院：实验艺术》（Vincent Katz, *Black Mountain College: Experiment in Art*, Cambridge, MA, 2013），p.4。

2　MBC 打印稿，黑山学院研究项目（Black Mountain College Research Project），北卡罗来纳州，黑山学院，州级档案。

3　约翰・凯奇《沉默：讲座和写作》，凯尔・甘编（John Cage, *Silence: Lectures and Writings*, ed. Kyle Gann, New York, 2013），p.13。

4　同样参见亚伯斯对梅斯特・艾克哈特（Meister Eckhart）的喜爱："把瓦罐做成人形，是为了满满地抓一把陶土，这陶土是他工作的介质，他赋予陶土以自己体内的形式，而这形式比材料更为高贵。"见克里斯托弗・班菲的《红砖，黑山，白土》，p.131。

5　参见雅克・德里达《安托南・阿尔托的秘密艺术》（*The Secret Art of Antonin Artaud*, Cambridge, MA, 1998），玛丽・安・考斯译。

6　亚伯斯夫妇自 1935 年去过墨西哥之后，往学院的墨西哥珍宝展览中增添了 21 项物品，其中大多来自玛雅文明——是从玛雅文明的遗址阿尔班山带回的。关于墨西哥，以及对亚伯斯夫妇和他人都十分重要的"回纹"（meander）概念，参见班菲的《红砖，黑山，白土》，pp. 148–150。

7　同上，p. 168。

8　茱莉亚・费宁格《觉知与信任》（Julia Feininger, "Perception and Trust"），《设计》IV/8（1946 年 4 月）。

9　费宁格，卡兹《黑山学院》，p. 65。

10　卡兹《黑山学院》，p. 33。

11　菲利普・克拉克（Philip Clark）引用凯奇的《我说，我没什么好说的》，发表于《伦敦书评》（"I have nothing to say and I am saying it", *London Review of Books*），2016 年 12 月 15 日，pp. 29–31。

12　马丁・杜伯曼《黑山学院：一次社群的探索》，p. 322。

13　我记得和埃里克・本特利一起参加过一个反越战游行，他的确是一位毫不妥协的完美领导者。

14　杜伯曼《黑山学院》，p.327。

15　同上，p.412。

16　菲尔丁・道森《1951年夏天》，见道森《黑山学院之书：新版》（Fielding Dawson, 'Summer of '51', *The Black Mountain Book: A New Edition*,Rocky Mount, NC, 1991），p. 113。附言：我很开心能结识罗伯特・马瑟韦尔，也很喜欢以他为题进行书写：参见我的书《罗伯特・马瑟

韦尔：艺术的承载》（*Robert Motherwell: What Art Holds*, New York, 1995），以及《罗伯特·马瑟韦尔与笔和画刷》（*Robert Motherwell with Pen and Brush*, London, 2003）。

17　道森《黑山学院之书》，p.390。

18　同上，p. 343。

19　杜伯曼《黑山学院》，p. 412。关于黑山学院制陶，可以在班菲《红砖，黑山，白土》书中的《彻罗基陶土》（"Cherokee Clay"）一篇中找到详尽而精彩的叙述。

20　克里斯托弗·班菲《黑山来信》，见玛丽·艾玛·哈里斯等，《从零开始：黑山学院，1933—1957》（"Letters from Black Mountain", *Starting at Zero: Black Mountain College, 1933—1957*, Bristol, 2005），p.184。

19　巴黎左岸的传奇咖啡馆｜蒙帕纳斯

1　劳伦·埃尔金《漫游女子》（Lauren Elkin, *Flâneuse: Women Walk the City*, New York, 2017）。

2　安德烈·华诺《蒙马特之地》（André Warnod, *Le Vieux Montmartre*, Paris, 1911），p. 22。

3　吉尔斯·施莱瑟《圣日耳曼–德普雷斯》（Gilles Schlesser, *Saint-Germain-des-Prés*, Paris, 2014）。

4　莱昂–保尔·法尔格《巴黎步行者》（Léon-Paul Fargue, *Le Piéton de Paris*, Paris, 1939），引用自施莱瑟，《圣日耳曼–德普雷斯》，p. 11。

5　菲利普·苏波《遗忘的记忆》（Philip Soupault, *Mémoires de l'oubli*, Paris, 1981），引用自施莱瑟，p. 92。

6　原话是由奥蒂立·巴耶（Othilie Bailly）收集的，出自马塞尔·卢提耶《圣日耳曼–德普雷斯》（Marcelle Routier, *Saint-Germain-des-Prés*, Paris, 1950），引用自施莱瑟，p. 94。

7　同上。

8　施莱瑟《圣日耳曼–德普雷斯》，p. 96。

9　格雷厄姆·罗布《巴黎人：巴黎的冒险史》（Graham Robb, *Parisians: An Adventure History of Paris*, New York, 2012），pp. 207-209。

10　见本人的《有或没有毕加索的多拉·玛尔》，p. 212。

11　同上。

12　帕蒂·史密斯《奉献》[Patti Smith, *Devotion (Why I Write)*, New Haven CT, 2017]，p. 13。

参考文献

前言：一条聚集的线索

Beaux, Cecilia, *Background with Figures: Autobiography of Cecilia Beaux* (Boston, MA, and New York, 1930)

Benfey, Christopher E. G., Red Brick, *Black Mountain, White Clay: Rections on Art, Family, and Survival* (New York, 2013)

Bowler, Gail Hellund, *Artists and Writers Colonies: Retreats, Residencies, and Respites for the Creative Mind* (Portland, OR, 2000)

Caws, Mary Ann, *Dora Maar With and Without Picasso: A Biography* (New York, 2000)

Danly, Susan, *Side by Side on Monhegan: The Henri Circle and the American Impressionists* (Monhegan, ME, 2004)

Davenport–Hines, Richard, *A Night at the Majestic: Proust and the Great Modernist Dinner Party of 1922* (London, 2006)

Denenberg, Thomas, Amy Kurtz Lansing and Susan Danley, *Call of the Coast: Art Colonies of New England* (New Haven, CT, 2009)

Duberman, Martin, *Black Mountain: An Exploration in Community* (New York, 1972)

Elkin, Lauren, *Flâneuse: Women Walk the City* (New York, 2017)

Huysmans, Joris–Karl, *Les Habitués de café* (Paris, 2016)

Lippard, Lucy R., *Eva Hesse* (New York, 1976)

Martin, Justin, *Rebel Souls: Walt Whitman and America's First Bohemians* (New York, 2016)

Phillippon, Henri, et al., *Almanach de SaintGermain–*

des-Prés (Paris, 1950)

Pinskers, Shachar, *A Rich Brew: How Cafés Created Modern Jewish Culture* (New York, 2018)

Schlesser, Gilles, *Saint-Germain-des-Prés: Les Lieux de Legende* (Paris, 2014)

Smee, Sebastian, *The Art of Rivalry: Four Friendships, Betrayals, and Breakthroughs in Modern Art* (New York, 2016)

Taylor, Benjamin, *Proust: The Search* (New Haven, CT, and London, 2015)

1 甘纳客栈与巴比松画派｜巴比松

Gassies, Georges, *Le Vieux Barbizon* (Paris, 2004)

Lucenet, Monique, *Les Routes des impressionnismes en Europe* (Moret-sur-Loing, 2016)

Sensier, Alfred, *Jean-François Millet: Peasant and Painter* (Paris, 2008)

Stevenson, Robert Louis, *Travels with a Donkey in the Cévennes: An Inland Voyage* [1879] (New York, 2017)

2 作家、艺术家的流亡之地｜佛罗伦萨

Bardazzi, Francesca, and Carlo Sisi, *Americans in Florence: Sargent and the American Impressionists* (Venice, 2012)

James, Henry, 'The Large Family', in James and Horace Smith, *A Family Narrative Based upon Hitherto Unpublished Private Diaries, Letters, and Other Documents* [1899] (Ithaca, NY, 2009)

3 亨利·詹姆斯与水边的艺术家｜威尼斯

Grieve, Alastair, *Whistler's Venice* (New Haven, CT, 2000)

James, Henry, *The Wings of the Dove* [1902] (New York, 1964)

Proust, Marcel, *Remembrance of Things Past*, Vol. iii (New York, 1982)

Ruskin, John, *The Genius of John Ruskin: Selections from His Writings*, ed. and intro. John D. Rosenberg (New York, 1963)

Tintner, Adeline, *Henry James and the Lust of the Eyes: Thirteen Artists in His Work* (Baton Rouge, LA, 1993)

4 大放异彩的先锋艺术家｜朱利安学院

Beaux, Cecilia, *Background with Figures: Autobiography of Cecilia Beaux* (Boston, MA, and New York, 1930)

Fehrer, Catherine, Robert Kashey and Elisabeth Kashey, *The Julian Academy, Paris, 1868-1939: Spring Exhibition, 1989* (New York, 1989)

Witzling, Mara R., *Voicing Our Visions* (London, 1991)

5 美国画家的理想之地｜旧莱姆

Bessie Potter Vonnoh Papers, c. 1860-1991, American Archives of Art, Smithsonian Institution, Washington, DC

Cogeval, Guy, and Antoine Salomon, *Edouard Vuillard: Catalogue Raisonné* (Toronto, 2003)

Danly, Susan, Thmas Denenberg and Amy Kurtz Lansing, *Call of the Coast: Art Colonies of New England* (New Haven, CT, 2009)

Gerdts, William, *Lasting Impression: American Painters in France, 1865-1915* (Chicago, IL, 1992)

Greenhouse, Wendy, *Robert Vonnoh: American*

Impressionist (Chicago, IL, 2010)

Hill, May Brawley, *Grez Days: Robert Vonnoh in France* (New York, 1997)

Holmes, Richard, *Footsteps: Adventures of a Romantic Biographer* (London, 1985)

Larkin, Susan, *The Cos Cob Art Colony: Impressionists on the Connecticut Shore* (New Haven, CT, 2001)

Seebohm, Caroline, *Rescuing Eden: Preserving America's Historic Gardens* (New York, 2015)

Three Artists of Pleasant Valley: Robert Vonnoh, Oscar Fehrer, Eugene Higgins, exh. cat., Florence Griswold Museum, Old Lyme (Old Lyme, ct, 1991)

6　高更与蓬塔旺画家 | 布列塔尼

Caldecott, Randolph, and Henry Blackburn, *Breton Folk: An Artistic Tour in Brittany* (n.p., 1880)

Gauguin et la Bretagne: Pont-Aven-Le Pouldu, Ouest-Franc (Pont-Aven, 2017)

Merlhès, Victor, *Correspondance de Paul Gauguin: Documents, témoignages*, Vol. i: 1873–1888 (Paris, 1985)

Zafran, Eric M., ed., *Gauguin's Nirvana: Painters at Le Pouldu, 1889–1890* (Hartford and New Haven, CT, 2001)

7　马拉美的聚会 | 巴黎

Barbier, C. P., *Mallarmé – Whistler Correspondence* (Paris, 1964)

Caws, Mary Ann, *Mallarmé in Prose* (New York, 2001)

——, *Stéphane Mallarmé: Selected Poetry and Prose* (New York, 1982)

Mallarmé, Stéphane, *Divagations* [1897], trans. Barbara Johnson (New York, 2009)

——, *Mallarmé on Fashion: A Translation of the Fashion Magazine La Dernière Mode, with Commentary*, trans. with commentary by P. N. Furbank and A. M. Cain (London, 2004)

Steinmetz, Jean-Luc, *Mallarmé au jour le jour* (Paris, 1998)

8　渔民小镇的英式艺术热潮 | 圣艾夫斯

Berger, John, *A Painter of Our Time* [1958] (New York, 2011)

Bird, Michael, *The St Ives Artists: A Biography of Place and Time* (London, 2016)

Cross, Tom, *Shining Sands: Artists in Newlyn and St Ives, 1880–1930* (Cambridge, 1995)

Denison, Paul, et al., *Modern Art and St Ives: International Exchanges, 1915–1965* (London, 2014)

Heron, Patrick, *The Colour of Colour* (Austin, TX, 1978)

Lambirth, Andrew, *Roger Hilton: The Figured Language of Thought* (London, 2007)

9　里尔克与德国画家群体 | 沃普斯韦德

Caws, Mary Ann, *Glorious Eccentrics: Modernist Women Painting and Writing* (New York, 2006)

Radycki, Diane, *Paula Modersohn-Becker: The First Modern Woman Artist* (New Haven, CT, 2013)

Rilke, Rainer Maria, *Diaries of a Young Poet*, trans. Edward Snow and Michael Winkler (New York, 1998)

——, *Worpswede: Monographie einer Landschaft und ihrer Maler* (Hamburg, 2011)

Vogeler, Heinrich, *Emerging*, trans. Ian Bild (Fischerhude, 2012)

10　毕加索与四只猫咖啡馆 | 巴塞罗那

Caws, Mary Ann, *Glorious Eccentrics: Modernist Women Painting and Writing* (New York, 2006)

McCully, Marilyn, Els Quatre Gats: Art in Barcelona around 1900 (Princeton, NJ, 1978)

Richardson, John, *A Life of Picasso: The Prodigy, 1881–1906* (New York, 2007)

11　海边小镇上的绘画课 | 普罗温斯敦

Beaux, Cecilia, *Background with Figures: Autobiography of Cecilia Beaux* (Boston, MA, and New York, 1930)

Black, Cheryl, *The Women of Provincetown, 1915–1922* (Tuscaloosa, AL, 2002)

Halvorsen, Elspeth, *Beach Series* (Provincetown, MA, 2015)

Munro, Eleanor, *Originals: American Women Artists* (Cambridge, MA, 2000)

12　马蒂斯与野兽派 | 科利乌尔

Debray, Cécile, ed., *André Derain, 1904–1914: La décénnie radicale/The Radical Decade* (Paris, 2017)

Debrusse, Rémi, et al., *Matisse–Derain: La vérité du fauvisme* (Paris, 2005)

Le fauvisme, ou l'épreuve du feu, exh. cat., Musée d'Art Moderne de la Ville de Paris

Flam, Jack, *Matisse–Derain: Collioure 1905, un été fauve*, exh. cat., Musée départemental d'art moderne, Céret (Paris, 2005)

Unger, Miles, *Picasso and the Painting that Shook the World* (New York, 2018)

13　卡夫卡、阿波利奈尔的咖啡馆记忆 | 布拉格

Apollinaire, Guillaume, The Heresiarch and Co., trans. Anne Hyde Greet (Ann Arbor, MI, 1965)

Armand, Louis, *Abolishing Prague: Essays and Interventions* (Prague, 2014), especially David Vichnar, 'Toward a Pyschogeography of Poetism', and Michel Delville, 'Circus Rings and Hunger Walls'

Tilbury, Jasper, *Blue Guide to Prague* (London, 2004)

Wilson, Neil, *Prague: City Guide* (Melbourne, Oakland and London, 2005)

14　达达主义与伏尔泰酒馆 | 苏黎世

Ball, Hugo, *La Fuite hors du temps: journal, 1913–1922* (Monaco, 1981)

Caws, Mary Ann, *Manifesto: A Century of Isms* (Lincoln, NE, 2001)

DADA: Zurich–Paris, 1916–1922 (Paris, 2016)

Kenley, Stefania, *Du fictif au réel: Dix essais sur le Pop art anglais et le Nouveau Brutalisme en architecture* (Paris, 2016)

Kuenzli, Rudolf, *Dada* (New York, 2006)

Sanouillet, Michel, *dada à Paris* (Paris, 1965), trans. as Dada in Paris (Boston, ma, 2012)

Tzara, Tristan, *Approximate Man and Other Writings*, trans. Mary Ann Caws (Boston, MA, 2005)

15　超现实主义咖啡馆 | 巴黎

Aragon, Louis, *The Treatise on Style*, trans. Alyson Waters (Lincoln, NE, 1991)

Breton, André, *Communicating Vessels*, trans. Mary Ann Caws and Geo£rey Harris (Lincoln, NE, 1990)

——, *Nadja*, trans. Richard Howard (New York, 1994)

Caws, Mary Ann,*The Milk Bowl of Feathers: Essential Surrealist Writings* (New York, 2018)

——, *Surrealism*, ed. Jonathan Eburne (New York, 2004)

——,*The Surrealist Look: An Erotics of Encounter* (Cambridge, MA, 1997)

Durozoi, Gérard, *History of the Surrealist Movement*, trans. Alison Anderson (Chicago, IL, and London, 2002)

Rousset, Jean, *Anthologie de la po é sie baroque française* (Paris, 1988)

16　街道上的艺术工作室 | 布洛美街

Angliviel de la Beaumelle, Agnès, *Joan Miró, 1917–1934* (Paris, 2005)

Breton, André, *Surrealism and Painting*, trans. Simon Watson Taylor (Boston, MA, 2002)

Caws, Mary Ann, *André Masson:The Mythology of Desire, Masterworks from 1925 to 1945* (New York, 2012)

——, *Surrealism and the Rue Blomet* (London and New York, 2013)

Clark, T. J., *The Sight of Death: An Experiment in Art Writing* (New Haven, CT, 2006)

Dupin, Jaques, *Miró* (Paris, 2004)

Éluard, Paul, *Capital of Pain*, trans. Mary Ann Caws, Patricia Terry and Nancy Kline (Boston, MA, 2006)

Lanchner, Carolyn, *Joan Miró* (New York, 1993)

Leardee, Ernest, *La Biguine de l'Oncle Ben's: Ernest Léardée raconte*, ed. Jean–Pierre Meunier and Brigitte Léardée (Paris, 1989)

Levêque, Pierrette, et al., '45/47 Rue Blomet: Adresse d'Artistes' [Association Blomet Paradiso] (Paris, 2009)

Limbour, Georges, *André Masson: Entretiens avec Georges Charbonnier* (Paris, 1958)

Malkine, Georges, *Georges Malkine: Le Cagabond du Surrealisme* (Paris, 1999)

Masson, Andr é , *Anatomy of My Universe*, trans. Meyer Shapiro (New York, 1943)

——, *Le Rebelle du surréalisme: Écrits et propos sur l'art*, ed. Francoise Will–Levaillant (Paris, 1976)

Miró, Joan, *Miró parle* (Paris, 2003)

Rowell, Margit, *Joan Miró: Selected Writings and Interviews* (New York, 1987)

17　伍尔夫与布鲁姆斯伯里团体 | 查尔斯顿农庄

Bell, Vanessa, *Selected Letters of Vanessa Bell*, ed. Regina Marler (London, 1993)

Caws, Mary Ann, and Sarah Bird Wright, *Bloomsbury and France: Art and Friends* (New York, 1999)

——, *Women of Bloomsbury: Virginia, Vanessa and Carrington* (London, 1990)

Garnett, Angelica, *Deceived with Kindness: A Bloomsbury Childhood* (New York, 1985)

Shone, Richard, *The Art of Bloomsbury: Roger Fry, Vanessa Bell, and Duncan Grant* (Princeton, NJ, 2002)

——, *Bloomsbury Portraits: Vanessa Bell, Duncan Grant and Their Circle* (London, 1993)

Woolf, Virginia, *The Diary of Virginia Woolf*, Vols i–5 (New York, 1979–1985)

——, *Roger Fry* [1940] (New York, 1968)

——, *To the Lighthouse* [1927] (London, 2011)

18　影响一代人的艺术实验场｜黑山学院

North CarolinaBenfey, Christopher E. G., Red Brick, *Black Mountain, White Clay: Reections on Art, Family, and Survival* (New York, 2013)

Caws, Mary Ann, *Robert Motherwell with Pen and Brush* (London, 2003)

——, *Robert Motherwell: What Art Holds* (New York, 1995)

Derrida, Jacques, *The Secret Art of Antonin Artaud*, trans. Mary Ann Caws (Cambridge, ma, 1998)

Duberman, Martin, *Black Mountain: An Exploration in Community* [1972] (Evanston, il, 2009)

Harris, Mary Emma, *Remembering Black Mountain College*, exh. cat., Black Mountain College Museum and Arts Center (Black Mountain, NC, 1996)

——, et al., *Starting at Zero: Black Mountain College, 1933–1957* (Bristol, 2005)

Katz, Vincent, *Black Mountain College: Experiment in Art* (Cambridge, MA, 2013)

19　巴黎左岸的传奇咖啡馆｜蒙帕纳斯

Phillippon, Henri, et al., *Almanach de Saint-Germain-des-Prés* (Paris, 1950)

Schlesser, Gilles, *Saint-Germain-dés-Prés: Les lieux de légende (cafés mythiques, caves et cabinets, maisons d'édition, galeries d'art)* (Paris, 2017)

Smith, Patti, *Devotion (Why I Write)* (New Haven, CT, 2017)

致谢

这本书的每个章节，都有太多的人要感谢，而这部作品永远也写不完，永远都在聚合的过程中！首先，我想感谢我的丈夫博伊斯·本内特，他有着无比的耐心和体贴，开车带我们从枫丹白露森林和巴比松到斯特芳·马拉美在瓦尔凡的故居，去我们最爱的普罗旺斯，再远到布列塔尼、蓬塔旺和普度。这些旅途是必要的，因为我想感受这些地方的现在而不是记忆中过去的样子。在这之前，我们去了沃普斯韦德，我的祖母——画家玛格丽特·利比特，曾在20世纪早期来到这里，结识了里尔克、奥托·莫德松（保拉·莫德松－贝克尔的丈夫）等人。我的祖母虽已去世，但仍陪在我身边，这本书是献给她的。书中还写到了许多其他祖母去过的地方，如位于康涅狄格州旧莱姆的弗罗伦斯·格里斯沃德别墅，她和她的朋友——包括罗伯特和贝丝·波特·凡诺——常常去那里；再如巴黎的朱利安学院，我的祖母，以及这本书中提到的许多艺术家，都曾在那里就读。我非常高兴能在这本书中收入她的画《静物珠宝》，这幅画见证了亚历山大·卡巴内尔——她在朱利安学院的老师之一——给她带来的灵感，在这里要感谢位于北卡罗来纳州威明顿市的卡梅伦艺术博物馆及馆长安妮·布伦南。

我同样要把这本书献给我的孩子希拉里·考斯－埃尔维特和她的丈夫乔纳森，马修·考斯和他的妻子艾米莉，以及我的姐姐玛格丽特·利比特·罗里森。我要感谢我的家人，尤其是切切·利比特·斯诺和马克·利比特，他们对曾祖母玛格丽特·利比特的悉心记忆对本书做出了不可估量的贡献。

我深深感激这本书涉及的所有地点、所有人，以及与之相关的朋友们——是他们给了这本书温度。与佛罗伦萨相关：感谢凯瑟琳·莫邦、苏珊·巴里勒、约翰·加夫尼，我的堂亲贝蒂·利比特和萨莉·马尔库奇·利比特，以及詹姆斯·布拉德伯恩；与威尼斯相关：感谢丹妮拉·达妮埃莱、巴勃罗·埃乔伦、苏珊·扎尔姆和弗里德·达尼埃利斯；与布拉格相关：感谢伊雷娜·默里和艾里克·奥姆斯比，还有薇拉·默里和唐·默里；与旧莱姆和弗罗伦斯·格里斯沃德别墅相关：感谢约翰·哈格里夫斯和南茜·纽科姆；与黑山学院相关：感谢克里斯托弗·班菲和他的书，还有我的姐姐佩格·利比特·罗里森；与巴黎、圣日耳曼、达达与超现实主义咖啡馆相关：感谢玛丽－克莱尔·杜马和她的好朋友们，包括艾蒂安－阿兰、妮科尔·休伯特、玛丽－葆拉·贝朗热、凯特·康利、理查德·斯托梅尔曼、帕特里克·尼、米歇尔·奇恩，还有伊莎贝尔·阿萨尔、法布里斯·弗拉休特、卡米尔·莫兰多及劳伦·埃尔金；与超现实主义与布洛美街相关：感谢克丽丝蒂·布赖斯、苏珊·沃勒克、皮埃雷特·莱韦克和斯科特·居尔；与查尔斯顿农庄相关：特别感谢我的堂亲德博拉·盖奇；与布鲁姆斯伯里派系相关：感谢我的至爱、我的老友弗朗西斯·帕特里奇，我永远不会忘记她，还要感谢安杰丽卡·加奈特；与沃克吕兹相关：感谢珍妮特·斯旺、克里斯托弗、梅特·麦克雷，还有迪迪埃·雷文和朱迪思·贝克；与科利乌尔相关：感谢莫妮克·亚历山大和杰克·弗拉姆；与普罗温斯敦相关：感谢伊丽莎白·霍尔沃森、雷娜特和利塞·马瑟韦尔，还有塔比莎·维弗尔；一切与艺术相关的事情，我要感谢阿拉卡瓦·金斯、马德琳·金斯、怀亚特·奥尔盖耶、查尔斯·伯恩斯坦、苏珊·比、艾米莉·布朗、伊曼纽尔·迪·唐纳、瑟奇·加夫隆斯基、安妮－玛丽·加夫隆斯基、卡罗琳·吉尔、李·豪曼、菲力潘德·费彻·休斯、诺尔玛·赫尔伯特、马克·波利佐蒂、约翰·理查德森爵士、玛格达·萨尔韦森、查尔斯·斯塔基、贝利斯·托马斯、弗雷德里克·塔滕；还有其他太多的事情，我要感谢伊莎贝尔·洛伦茨、玛丽斯·孔戴、理查德·菲考克斯、米歇尔·科恩、罗斯玛丽·罗伊德，还要感谢我的朋友——古典学者乔伊·康诺利；我要感谢我在纽约城市大学研究生学院所有过去和现在的学生，谢谢他们勇于创造，杜绝乏味，感谢他们一直以来的热情；谢谢我的经纪人格洛里亚·卢米斯和凯瑟琳·福塞特，在本书短暂成书期间的种种激动，我都曾和她们分享。剑桥大学的克莱尔学院、洛克菲勒的贝拉吉奥基金会以及洛杉矶的盖蒂基金会对我表示欢迎，并用种种聚会慷慨地表达了支持，我向他们表示感激。我十分感谢我的编辑艾米·塞尔比和玛莎·杰，还有图片编辑苏珊娜·杰伊斯，永远感谢瑞艾克申出版社（Reaktion Books）的迈克尔·利曼，是他的长久合作应允了创意和聚合的魔法在此发生。

现代主义群星闪耀

[美] 玛丽·安·考斯 著

连汀 译

Creative Gatherings

by Mary Ann Caws

图书在版编目（CIP）数据

现代主义群星闪耀 / (美) 玛丽·安·考斯著；连汀译. -- 北京：北京联合出版公司, 2022.9
ISBN 978-7-5596-6330-6

Ⅰ. ①现… Ⅱ. ①玛… ②连… Ⅲ. ①艺术家－列传－世界 Ⅳ. ①K815.7

中国版本图书馆CIP数据核字(2022)第146633号

Creative Gatherings: Meeting Places of Modernism by Mary Ann Caws was first published by Reaktion Books, London, 2019.
Copyright © Mary Ann Caws 2019
Simplified Chinese edition © 2022 by United Sky (Beijing) New Media Co., Ltd.
All rights reserved.

北京市版权局著作权合同登记号 图字：01-2022-3773号

出 品 人	赵红仕
选题策划	联合天际·文艺生活工作室
责任编辑	徐 樟
特约编辑	张雅洁　徐立子　邢 莉
美术编辑	梁全新
封面设计	碧 君

出　　版	北京联合出版公司 北京市西城区德外大街83号楼9层 100088
发　　行	未读（天津）文化传媒有限公司
印　　刷	北京雅图新世纪印刷科技有限公司
经　　销	新华书店
字　　数	279千字
开　　本	700毫米 × 980毫米 1/16 21.5印张
版　　次	2022年9月第1版　2022年9月第1次印刷
I S B N	978-7-5596-6330-6
定　　价	138.00元

关注未读好书

未读 CLUB
会员服务平台